일본어와 한국어의 추측 표현

일본어와 한국어의 추측 표현

지은이 | 김동욱

한국외국어대학교 일본어과 졸업
서울대 언어연구소가 주관한 국비유학생 선발 시험에 합격하여 일본 정부 초청으로 6년간 유학
일본 쯔꾸바대학 문예언어연구과 언어학 석, 박사 학위 취득
한국외국어대학교, 경희대학교, 단국대학교 강사 역임
현 백석대학교 어문학부 교수(일본어와 한국어 대조언어학 전공)
경찰청 자문위원(법의학용어 개선위원회)
법제처 전문위원(알기쉬운 법령만들기위원회)
한국법제연구원 자문위원(법조문 개선위원회)

일본어와 한국어의 추측 표현

초판 인쇄 2012년 12월 21일
초판 발행 2012년 12월 28일

지은이 김동욱
펴낸이 박찬익
편집장 김려생
책임편집 오유정

펴낸곳 도서출판 **박이정**
주소 서울시 동대문구 용두동 129-162
전화 02) 922-1192~3 | 팩스 02) 928-4683
홈페이지 www.pijbook.com
이메일 pijbook@naver.com
등록 1991년 3월 12일 제1-1182호

ISBN 978-89-6292-349-0(93700)

* 책값은 뒤표지에 있습니다.

일본어와
한국어의 추측 표현

김동욱

도서
출판 박이정

　우선 이 책의 저자가 한국어 모어화자이고 한국인이면서, 책 제목을 '한국어와 일본어의 추측 표현'이 아니라 '일본어와 한국어의 추측 표현'으로 정한 까닭부터 이야기해야 할 것 같다. 학부를 일본어과를 졸업하고 석박사 학위도 일본에서 취득하였기에, 아무래도 나의 언어학적 틀과 기반이 일본어 연구 위주로 이루어졌다는 사실을 부정할 수 없다. 더욱이 한국어의 형태와 문장 구조가 일본어에 비하여 다루기 힘든 것도 사실이여서, 감히 '한국어'를 책 제목으로 앞으로 먼저 내세울 만한 학술적 자신이 없었기 때문이다. 내가 한국어 모어화자가 아니었다면, 한국어 문법을 과연 충분히 숙지할 수 있었을까 싶을 정도로 어렵다고 느낀다.

　단 그나마 위안이 되는 점은 이 책의 6장의 내용이 한국어 연구의 대표적 학회지로 손꼽히는 '국어학' 제35집에 개재된 내용이라는 것이다. 즉 권위 있는 한국어 전문 연구자들의 엄격한 심사를 거친 내용이다. 많은 한국인 연구자들이 일본어와 한국어의 대조 연구로 일본에서 박사학위를 취득해 놓고도, 귀국 이후 연구 결과를 한국어학 전문 학술지에 투고하는 비율이 높지 않은 점은 아쉽게 생각한다. 이 책의 내용은 일본 츠꾸바대학에서 일본어로 작성한 박사학위 논문을 바탕으로, 귀국 후 국내에서 학술지에 발표하여 지적받은 내용들을 수정 보완하여 재구성한 것이다. 발표한 학술지들은 해당 부분의 각 장 첫 쪽에 각주로 명시하였다. 또한 새로이 부록의 형태로 '일한 양국어의 가치 판단 서술 태도'를 추가하였다. 이론적 설명들은 수정 보완한 부분들이 많은데 반하여, 일본어 예문들은 거의 바꾸지 못 한 것이 아쉬움으로 남는다. 일본 체류 기간 중에는 주위에 일본어 모어화자들이 많아서 충분히 검증 받아서 일본어 예문을 만들 수 있었다. 이후 그 보다 더 적절한 일본어 예문을 만들기 힘들었던 어려움이 있었다.

끝으로, 박이정 출판사 박찬익 사장님과 김려생 편집장님 및 편집부 오유정님께 감사드린다. 원고를 보내기로 약속한 날짜를 3차례 연기하는 등, 약속을 제대로 못 지켰음에도 불구하고 출판을 허락하여 주셨다. 3번째 연기할 때는 없던 일로 하자고 하실까봐 걱정했던 기억이 추억으로 남을 것 같다. 단행본으로 학술 서적을 처음으로 출판하게 되어 참으로 기쁘다. 그 동안 연구 실적이 사장되지 않고 한 권의 책으로 세상에 남겨질 수 있도록 해 주신 점, 다시 한 번 감사드린다.

최종 단계에서 내용 점검을 해 준 분들께 감사 인사를 남기고 싶다. 1-4장(일본어 부분)을 도와준 서교초등학교 6학년 11반 동창인 김효정님, 서울 용산구청 사회복지 팀장으로 근무하면서, 직무와 무관하게 오로지 지적 호기심에 이끌려, 공인자격증 최고 등급인 일본어능력시험1급을 취득하였다. 놀랍다! 5-7장(한국어 부분)을 도와 준 나의 아내 김수정님, 한국어 부분만큼은 비전문가가 읽더라도 쉽게 이해할 수 있어야 한다고 생각했기 때문에 부탁하였다. 잘 이해되었다는데, 철학을 전공한 아내가 철학적으로 이해한 건 아닌지 약간의 걱정은 남는다. 9-11장(한일 대조 부분)을 도와준 이종원님, 백석대학교 일본어전공 교수추천 장학생으로 오랫동안 여러 가지로 도움을 주어 온 졸업 예정자이다. 겸손하고 온화한 성품이라서 어느 조직에서도 잘 화합하고 효율적으로 일 처리를 할 수 있을 인재이다. 12장(부록)을 도와준 한규철, 백석대 일본어 전공장으로 항상 웃는 얼굴로 밝고 명랑하게 학생들을 리드하고 있다. 정말 고맙습니다. 기억할께요!

2012년 12월 28일 연구실에서, 김동욱

차례 |

들어가며

1. 분석 범위

이 책은 1부에서 일본어 추측 표현의 의미, 2부에서 한국어 추측 표현의 의미, 3부에서 상호 대응관계를 다루었다. (1a)와 (1b)의 예문은 각각 말하는 사람이 말하고자 하는 내용을 중심으로 하는 부분과, 그에 대해 말하는 사람이 나타내는 태도를 중심으로 하는 부분으로 크게 둘로 나눌 수 있다. 이 책에서는 전자를 '명제내용(Proposition)', 후자를 '서술태도(Modality)'라고 부르기로 하겠다.

(1a)(1b)에서는 각각 '明日は雨が降る' '내일은 비가 오(ㄹ)'이 '명제내용'을, 그 뒤에 접속하는 문말형식(文末形式)들이 '서술태도'를 구성한다고 볼 수 있다. '명제내용'에 대해서 말하는 사람이 나타내는 '서술태도'에는 여러 가지가 있는데, 이들은 명제내용을 불확실하게나마 '참'이라고 승인하는 이른바 '추측'의 의미를 나타내는 것들이다.

<table>
<tr><td>(1a) 明日は雨が降る/だろう。</td><td>(1b) 내일은 비가 오ㄹ것이다</td></tr>
<tr><td>/ようだ。</td><td>/(오)겠지</td></tr>
<tr><td>/らしい。</td><td>/것 같다.</td></tr>
<tr><td>/みたいだ。</td><td>/듯 하다.</td></tr>
<tr><td>/(り)そうだ。</td><td>/(건)가 보다.</td></tr>
<tr><td>/かもしれない。</td><td>/모양이다</td></tr>
<tr><td>/にちがいない。</td><td>/(오)겠다.</td></tr>
<tr><td></td><td>/지도 모른다.</td></tr>
<tr><td></td><td>/게 틀림없다.</td></tr>
</table>

이들 문말형식들은 '추측'의 의미를 나타낸다는 점에서는 공통되지만, 각기 미묘한 의미 차이가 있을 것으로 생각된다. 이 책은 그러한 의미 차이를 분석하고, 양언어의 추측형식의 의미적인 대응관계를 밝히고자 한다.

분석 범위는 주문(主文)의 문말(文末)에 위치하면서 이른바 조동사 또는 하나의 고정된 표현형식으로 굳어진 복합형식(조동사 상당어구)으로 한정한다. 지금까지 분류에서 하나의 단위로 여기지 않았던 'かもしれない' 'にちがいない'에 대해서도 동사, 조동사, 조사였던 것들이 서로 결합하여 한 단어가 된 결과, 명제내용 전체에 대하여 말하는 사람의 서술태도를 나타내는 형식으로 굳어졌다고 보는 寺村秀夫(1984)의 견해를 따라서 분석 범위에 포함시킨다. 또한 한국어의 경우도 이에 상응하는 표현형식을 분석에 포함시킨다.

앞서 말한 명제내용에 대하여 나타내는 서술태도 이외에, 듣는 사람에 대하여 나타내는 서술태도가 있다. 본 연구는 益岡隆志(1987c/p2)를 따라서 전자를 '명제에 대한 서술태도(命題目当てモダリティ)', 후자를 '청자에 대한 서술태도(聞き手目当てモダリティ)'라고 부르기로 하겠다. 일본어는 문말(文末)에 'よ' 'ね' 등의 '종조사(終助詞)'를 뒤에 접속시켜서 '청자에 대한 서술태도'를 나타내는 일이 있는데, 이러한 '청자에 대한 서술태도' 그 자체를 분석 범위에 포함시키지는 않겠다. 단 분석을 위한 보조 수단으로 활용하는 일은 있을 것이다. 그 밖에 '～と思う'와 같은 어휘적 표현, 진술부사, 음성적 특징 등, 여러 다양한 형태로 말하는 사람의 심적 태도를 나타낼 수도 있으나, 본 연구의 분석 범위에 포함시키지는 않기로 한다.

2. 일본어의 선행 연구

일본어의 문장을 '명제내용(Proposition)'과 '서술태도(Modality)'로 크게 둘로 나누는 견해는 대다수 일본어 연구자들이 받아들이는 유력한 견해로 보인다. 이러한 견해는 時枝(1941)의 '詞辞論'가 시초에 해당하고, 渡辺(1971)의 '叙述と陳述'에서 체계화되었다고 말할 수 있을 것 같다. 용어나 세부적인 설명에 약간의 차이가 있지만, 中右(1979)、寺村(1982)、仁田(1989)、益岡(1991) 등도 동일한 취지의 설명을 하고 있다.

일본어 문장이 명제내용과 서술태도라는 2대요소로 구성된다는 견해가 굳어진 것은 일본어 문장의 구조가 그러한 견해를 갖게 할 만한 특징을 지니고 있기 때문일 것이다. 특히 일본어의 추측문은 사실상 그 자체만으로도 하나의 독립된 문장을 구성하는 명제내용(明日は雨が降る)에, 'だろう' 'ようだ' 'らしい' 'みたいだ' 'かもしれない' 등의 문말형식을 덧붙이는 단순한 문장 구조를 지니는 등, 명제내용과 서술태도의 경계가 상당히 명확한 편이라고 할 수 있다.[1] 일본어 추측문의 문장 구조의 특징에 관하여는 제3장에서 자세히 다루기로 하겠다.

한편 한국어학에서는 문장의 구성성분을 '명제내용'과 '서술태도'로 크게 둘로 나누는 견해가 일본어만큼 일반적이지 않다고 보인다. 한국어 문장 구조가 그렇게 생각하게 할 만한 구조적 특징을 별다르게 가지지 않기 때문일 것이다. 다시 말해 명제내용과 서술태도의 대립이 일본어만큼 문법화되지 못 하였다는 것이다. 이른바 추측문에 한정하여 말하자면, 일본어는 추측의 의미를 나타내는 문말형식들이 한 단어로 굳어져 조동사(助動詞)라는 동일한 문법 범주에 속하는 등으로 안정된 반면에, 한국어는 '것+같다' '듯+하다' '가+보다'와 같이 두 단어 이상의 여러 합성 형태로 '추측'의 의미를 나타내는 것이 일반적이다. 두 언어의 추측문의 문장 구조 차이에 관해서는 8장에서 다루기로 하겠다.

그럼 선행연구의 대표 사례를 소개하고, 그에 대한 본 연구의 기본 입장을 밝히기로 하겠다. 단 여기서는 본 연구의 기본 입장에 직접 관련되는 대표적인 선행연구만을 소개하고, 그 밖의 선행연구들은 그 때 그 때 구체적인 분석 내용에 맞추어 사안별로 소개하기로 하겠다. 각각 일본어 선행연구로 寺村秀夫(1984), 森山卓郎(1989b), 益岡隆志(1991)를, 한국어 선행연구로 張京姬(1985), 徐

---

1) (し)そうだ' '명사+(の)ようだ' 등은 예외.

正洙(1996)를 대표 사례로 소개한다.

2.1. 寺村秀夫(1984)

寺村(1984)는 '무드(ムード)'라는 관점에서 분석을 진행하였는데, 寺村의 '무드'라는 개념은 용언의 활용형뿐만 아니라 무드적 의미를 나타내는 문말형식(文末形式) 전반에 걸치는 광범위한 것으로 보인다.

寺村는 문장을 말하는 사람이 객관적인 세계의 사물, 상황을 표현하는 부분과, 그것을 소재로 하여 말하는 사람의 태도를 상대에게 제시하는 부분으로 이루어진다고 하고, 전자를 '명제내용(こと)[2]'라고, 후자를 '(무드)ムード'라고 불렀다. 문장의 필수 구문요소인 활용형을 '1차적 무드', 활용형 뒤에 접속하는 추측의 조동사[3]와 설명의 조동사를 '2차적 무드'로, 종조사, 특립조사(取り立て助詞), 감동사, 간투사(間投詞)를 '3차적 무드'의 형식으로 자리매김하였다. '추측(概言)'의 조동사는 "*ある事態の真偽について、それを自分が直接見たり、経験したりしたのでないから確言はできないが、自分の過去の経験、現在もっている知識、情報から概ねこうであろうと述べるもの。*"라고 정의하였다. 구체적으로는 'だろう' 'ようだ' 'らしい' '(し)そうだ' 'にちがいない' 'かもしれない' 등이 있다. '설명'의 조동사는 "*現に事実として聞き手が知っていることについて、その事態が生じる理由・原因とか、あるいはある状況に照らしてみた場合の特別な意味、意義とかを相手に説明しようとするもの。*"라고 정의하였다. 구체적으로는 'わけだ' 'ものだ' 'のだ' 'ことだ' 'はずだ' 등이 있다(p222). 이전 연구에서는 '형식명사+ダ'라고 취급되었던 'のだ' 'ものだ' 'ことだ' 'はずだ' 등을 조동사라고 인정하였다. 또한 'かもしれない' 'にちがいない'에 대해서도 본래는 동사, 조동사, 조사였던 것이 서로 결합하여 굳어져 한 단어가 된 것으로 간주하여 전체적으로는 하나의 조동사라고 인정하였다(p223).

---

2) 필자 자체 번역.
3) 概言の助動詞.

‘だろう’ ‘ようだ’ ‘らしい’를 비롯해 ‘のだ’ ‘はずだ’나 ‘かもしれない’ ‘にちがいない’까지 조동사로 인정하는 寺村의 견해는 이전 연구와는 달리, 이러한 문말형식들의 의미・통어적 특징을 처음으로 정확하게 기술한 것이라고 생각된다. 이들 문말형식이 용언의 기본형 및 활용형 뒤에 접속하는 통어론적 특성과, 명제내용을 구성하는 문장 전체에 대하여 말하는 사람의 서술태도를 나타내는 의미론적 특성을 고려하면, 寺村의 견해는 타당하다고 생각된다. 본 연구는 이러한 寺村의 견해를 받아들여, 이하 이들 문말형식을 ‘조동사[4]’라고 부르기로 하겠다.

또한 ‘はずだ’를 ‘說明’의 의미를 나타내는 형식으로 분류한 것도 적절하였다고 생각된다. ‘はずだ’는 ‘わけだ’ ‘のだ’에 비하면 명제내용의 진위 여부를 문제시하는 부분도 얼마간 있어 보이지만, 본래 ‘はずだ’의 중심 의미는 ‘설명’이라고 생각된다. ‘はずだ’의 의미에 관해서는 4장 3.2.1에서 분석하기로 하겠다.

그런데 寺村가 ‘ようだ’와 ‘らしい’의 의미 차이를 설명할 때 “推量のラシイは、推量のヨウダと共通する部分が大きい。客観的な事実を拠りどころにして、概ねこうであろうと推量できるということを相手に言おうとする時に使われる(P250)。”등과 같이 ‘주관적’ ‘객관적’이란 용어로 설명한 부분에 대해서는 의견이 다르다. ‘객관적’이란 용어에는 “어느 쪽에도 치우치지 않는” “진실에 가장 가까운”등과 같이 판단이 올바르고 정확하다는 의미를 암묵적으로 내포하기 때문에 오해가 생길 수 있다. 판단을 할 때는 사실 뿐만 아니라, 그것을 처리하기 위하여 말하는 사람의 ‘주관’이 항시 필터처럼 작용하고, 말하는 사람은 그러한 ‘주관’이란 필터를 통해서 어떤 사실을 스스로 ‘객관적 사실’로 인정하게 되는 것이다. 본 연구는 “ ‘ようだ’ ‘らしい’ 등의 문말형식(文末形式)은 모두 명제내용에 대하여 말하는 사람의 ‘주관’을 나타내는 형식이며, 이들 형식의 의미 차이도

---

4) 단 ‘조동사(助動詞)’라는 명칭은 반드시 적절하다고만 볼 수는 없을 것 같다. ‘だろう’ ‘ようだ’ ‘らしい’ 등은 동일하게 조동사로 분류되는 ‘れる・られる’ ‘せる・させる’ ‘ない’ ‘た’ 등에 비하면, 사물의 움직임(動)을 나타내는 의미가 약해서 이른바 ‘동사성(動詞性)’ 술어로 인정하기 힘든 면이 있다. 寺村는 일본의 전통적인 ‘국어학(國語學)’에서 종래에 ‘형용동사(形容動詞)’로 분류하였던 ‘健康だ’ ‘自由だ’ ‘きれいだ’ 등을 ‘명용사(名容詞)’라고 이름지었다. 이들의 ‘동사성(動詞性)’ 보다 ‘명사성(名詞性)’을 중요시한 시각이라고 생각된다. 마찬가지 시각을 ‘だろう’ ‘ようだ’ ‘らしい’에도 적용하면 ‘조동사(助動詞)’란 명칭은 적절하지 못 하다고 생각된다.

‘주관’의 표출 방식의 차이에 한정하여 논해야 한다." 는 기본 입장을 취한다. 상세한
내용은 2장에서 밝히기로 하겠다.

2.2. 森山卓郎(1989b)

森山(1989b/p61)는 무드를 명제내용(コトガラ)에 대한 인식을 나타내는 ‘인식
적 무드(epistemic mood)’와 명제내용의 필요·허가·원망·명령·의도 등을 나
타내는 ‘책동적 무드(deontic mood)’로 나누었다. 다시 인식적 무드를 형식 자체
에 시제의 분화가 있을 수 없는 ‘だろう’와, 있을 수 있는 ‘협의 개연성 인식(狹
義蓋然性認識)’으로 나누었다. 또 다시 ‘협의 개연성 인식(狹義蓋然性認識)’을 ‘협
의 판단(狹義判斷)’ ‘상황 파악(狀況把握)’ ‘정보 파악(情報把握)’으로 나누었다. 정
리하면 다음 표와 같다.

인식 무드		だろう・まい	
	협의 개연성 인식	협의 판단	かもしれない・にちがいない・(はずだ)
		상황 파악	ようだ・みたいだ・らしい)
		정보 파악	そうだ・(らしい)

森山는 ‘협의 개연성 인식’의 하위분류를 위하여 다양한 테스트를 시도하였
다. 공기(共起) 테스트, 담화적 취소(談話的キャンセル), ‘思うに’ 테스트 등이다. 이하
森山가 제시한 테스트의 역할이다.

• 공기(共起) 테스트
어떤 두 형식이 한 문장 안에 서로 함께 공존 할 수 있는가 없는가 하
는 것은 각 형식의 의미를 반영하는 것이다. 동일한 범주에 속하는 형식
들의 세밀한 의미 차이를 면밀히 점검할 수 있는 유효한 수단이다.

• 담화적 취소(談話的キャンセル)
‘정보 파악’ 형식들은 기본적으로 말하는 사람 고유의 판단과는 무관하

기 때문에, 문장을 도중에 멈춘 후 'それは違うと思う'라는 표현을 끼워 넣어 명제내용에 대하여 일종의 담화적 취소를 할 수가 있다.

• '思うに'테스트

문장 앞에 '思うに'가 올 수 있다는 것은 "다른 누구도 아닌, 내가 생각하기에는"이란 전제 조건이 자연스럽게 어울린다는 것이며, 말하는 사람 고유의 판단이라는 인식을 나타내는 것이다. 반면에 '思うに'가 문장 앞에 올 수 없다는 것은 말하는 사람 고유의 판단이 아니라, 오히려 말하는 사람에게는 딴 곳으로부터 온 정보로 파악되었다는 것을 나타낸다. 때문에 '협의 판단'과 '상황 파악'은 '思うに'와 공기(共起)할 수 있는데 반하여, '정보 파악'은 공기할 수 없다.

森山의 테스트는 유사한 의미를 나타내는 형식 사이의 미묘한 의미 차이를 끄집어내는데 유효한 수단이라고 생각된다. 단 森山는 "??思うに、そろそろ来年あたり、恐慌がくるらしい。"와 같이 'らしい'와 '思うに'가 한 문장 안에서 부자연스러운 이유는 'らしい'가 '상황 파악(종래의 추측)'에도 '정보 파악(종래의 전문(傳聞))'에도 동시에 속하기 때문이라고 보았는데, 이 점은 재고해 볼 필요가 있다고 보인다. 'らしい'는 말하는 사람이 판단을 해놓고도 자신의 판단에 대해서 심리적인 거리를 두고 제삼자 같은 태도를 취하는 특성이 있다. 때문에 '思うに'와 같이 판단에 대하여 주인된 태도를 드러내는 표현과 어울리지 못 하는 측면이 있다. 이런 점을 고려하면, '思うに'테스트는 '상황 파악'과 '정보 파악'를 구분하는 수단으로는 부적절하다고 생각된다. 'らしい'와 전문(傳聞)의 'そうだ'와의 차이를 포함하여, 'らしい'의 의미 특성에 대해서는 2장 4절 이하에서 상세히 다루기로 하겠다. 또한 森山는 구체적인 분석 없이 'はずだ'를 'にちがいない'와 같은 부류의 의미를 나타낸다고 분류하고 있다. 이 점에 대해서는 4장 3.2.1에서 재검토하기로 하기로 하겠다.

2.3. 益岡隆志(1991)

益岡(1991/p6)는 '명제'와 '서술태도'를 문장을 구성하는 2대요소로 인정하고, '명제'는 객관적인 사항을 나타내는 요소, '서술태도'는 주관적인 판단·태도를 나타내는 요소라고 정의하였다. 益岡(1991/p29)는 '무드'라는 용어와 '서술태도'라는 용어를 구별하는 입장을 취하였다. '무드'는 "*動詞類の屈折体系に関する文法範疇で、屈折の体系を有する類型の言語に対してのみ有意義な概念である。*"라고 정의하였다. 한편 '서술태도'는 "*言語の個別的、類型的なあり方に縛られない、一般性の高い概念なので、その現われ方は言語によって様々であるが、何らかの形ですべての言語に関わり得る文法概念である。*"라고 정의하였다.

益岡는 일본어 서술태도를 '표현계 서술태도'와 '판단계 서술태도'로 2분하였다. '표현계 서술태도'는 문장 표현을 유형화하는 표현유형의 서술태도(서술형, 의문형, 호소형 등), 듣는 사람의 존재를 배려하는 서술태도('よ' 'ね' 등),정중함을 표현하는 서술태도('です' 'ます' 등)로 세분하였다. 한편 '판단계 서술태도'는 표현하는 사람이 표현 당시의 판단만 나타낼 수 있는 '1차적 서술태도[5]'와 객관화를 허용하는 '2차적 서술태도'로 나누었다. '판단계 서술태도'의 상세한 내용은 다음 표와 정리 할 수 있다.

---

5) 益岡가 '1차적 서술태도'로 분류한 것 중에는 'ほうがよい' 'なければならない' 'らしい' 'かもしれない' 등, 객관화를 허용하는 '2차적 서술태도'도 다수 포함되어 있어서 '1차적' '2차적'이란 상위분류가 과연 유용한 것인지에 대한 의문이 남는다.

판단계 서술태도	1차적 서술태도	대상이 되는 사항에 대한 판단을 나타내는 것	진위 판단	미정(未定), 단정, 단정 보류
			가치 판단	'ほうがよい' 'べきだ' 'なければならない' 등
		명제 사이의 통합적 관계에 관한 것	설명	'のだ' 'わけだ' 등
	2차적 서술태도	대상이 되는 사항에 대한 판단을 나타내는 것	시제	ル형、タ형
			인정 방식	긍정, 부정
		명제 사이의 범렬(範列)적 관계에 관한 것	특립 (取り立て)	'は' 'も' 'ばかり' 등

이 중에서 본 연구의 분석 대상인 '진위판단 서술태도'에 초점을 맞추어 입장을 밝히기로 하겠다. 益岡(1991)는 '진위판단 서술태도'를 "*対象となる事柄の真偽に関する判断を表すモダリティである。*"라고 정의하고, 말하는 사람 입장에서 명제내용의 진위 여부가 이미 정해진 '기정(規定) 진위판단(서술형)'과, 아직 정해지지 않는 '미정(未定) 진위판단(의문형)'으로 2분하였다(p109). 다시 '기정(規定) 진위판단'을 명제내용을 '참'으로 무조건 인정하는 '단정'과, 조건을 붙여서 한정적으로 인정하는 '단정 보류'로 2분하였다. '단정'은 술어에 아무런 표식이 없는 무표형(無標形)으로 표현하고, '단정 보류'는 'だろう' 'ようだ' 'らしい' 등의 표식을 덧붙인 유표형(有標形)으로 표현한다고 설명하였다. 또한 일본어는 단정적인 표현보다 단정을 보류하는 편을 선호하는 경향이 있다면서 "*日本語は、断定保留を表す述語の形式を豊富に有する言語で、このことは、日本語の文法研究において、いわゆる'推量を表す助動詞'が重要な位置を占めるものとして認められてきたという事実に如実に示されている。*"라고 지적하였다. (p111)。

益岡의 '진위판단 서술태도'라는 개념은 寺村의 '개언(概言)', 森山의 '개연성 인식(蓋然性認識)'에 비하여, 이른바 '추측(推量)'형식의 의미 특성을 명확하게 정의한 것이라고 평가하고 싶다. 이러한 정의는 특히 명제내용을 구성하는 문장 전체의 진위 여부를 따지는 형식과, 그렇지 않은 형식을 명확하게 구별할 수 있는 유용한 개념이기 때문이다. 단 益岡는 '진위판단 서술태도'란 개념을 최초로 제안했으면서도, 아쉽게도 '진위판단'의 의미를 나타내는 형식과 그렇지 않은 형식을 각각 명확히 구분하지는 않았다.

　예를 들면 '(し)そうだ'는 명제내용 전체에 대한 진위 여부를 따지는 'だろう' 'ようだ' 'らしい' 'にちがいない' 등과 성격이 다르다고 본다. '(し)そうだ'는 바로 앞의 술어만을 수식하여 재빨리 당시 현장 상황을 '묘사'하는 것이 본래 의미라고 생각된다. 또한 'はずだ'도 '진위 판단' 그 자체보다도 '진위판단'에 이르기까지의 '이치(理屈)'를 설명하려는 성격이 강하다고 생각된다. 이러한 부분에 대해서는 4장에서 상세히 다루도록 하겠다.

　그런데 '단정 보류'란 명칭은 말 그대로라면 '단정을 보류한' 것이 되기 때문에, 오해의 소지가 있다고 생각된다. 판단 자체가 성립하였는지 아닌지 하는 문제와, 성립한 판단이 확실한 것인지 아닌지 하는 문제는 별개로 다루어야 할 것이다. 益岡는 'だろう'와 'ようだ' 'らしい'를 동일하게 '단정 보류' 범주로 분류하였는데, 판단 그 자체가 성립했는가 여부를 따지는 관점에서 보면 'だろう'와 'ようだ' 'らしい'는 상당히 성격이 다르다고 생각된다. '단정(**斷定**)'을 "**斷**じて確実に結論を**定**める。"라고 정의하고, '(**推定**)'을 "**推**し量って、不確実ながら結論を**定**める。"라고 정의한다면, 'ようだ' 'らしい'는 불확실하나마 일단 결론을 내린 반면에, 'だろう'는 불확실한 결론조차 내리지 않고 아직 생각중임을 나타낸다. 'だろう'가 'ようだ' 'らしい'와는 달리, 'なぜだろう？'와 같이 문장 안에 'なぜ、どこ、だれ'등과6) 같은 부정어(不定語)를 허용하는 것은 이 때문이다. 이 점에 대해서는 2장에서 상세히 다루기로 하고, 여기서는 이 정도로 정리하겠다.

---

6) 김미선(1990/p28)

3. 한국어의 선행 연구

3.1 張京姬(1985)

장경희(1985)는 '양태(樣態)'라는 개념을 바탕으로 분석하였는데, '양태'를 "어떤 사건에 대하여 말하는 사람의 정신적 태도를 나타내는 문법범주."라고 정의하고, '양태'를 독립적인 문법범주로 자리매김하였다. 또한 한국어 양태소(樣態素)는 어휘어(語彙語)가 아니라 문법적 형태소란 점, 통어론적으로는 부정의 범위에 포함되지 않는 점을 설명하였다. 구체적으로는 다음과 같은 선어말어미(Prefinal Ending), 어말어미(Final Ending) 및 그 결합 형식을 분석 대상으로 삼았다.

- 선어말어미(先語末語尾) - '겠' '더'
- 어말어미(語末語尾) - '구나' '지' '네'
- 결합 형식 - '겠구나' '겠지' '겠네' '더구나' '겠더구나'

장경희(1985)는 각각 '겠'-'추측', '더'-'과거 지각', '구나'-'미지(未知)', '지'-'기지(旣知)', '네'-'현재 지각'의 의미를 나타내는 것으로 자리매김하고, 이들이 서로 결합한 형식의 의미에 대하여도 언급하였다. '겠'과 일반적인 서술형 어미인 '다'가 결합한 '겠다'를 분석하는 것에 그치지 않고, 결합형식인 '겠지' 등도 분석 범위에 포함시킨 점이 의의가 있다고 생각된다. 그런데 결합형식의 의미를 언급해 놓고도, 결합형식 전체의 의미를 단순히 각 형태소의 의미의 합계로 설명한 점은 아쉽다. 예를 들면 '겠지'의 의미는 '겠'의 '추측'의 의미와, '지'의 '기지(旣知)'의 의미가 결합하여 '이미 아는 정보로부터의 추측'이라고 하였는데(p133), 이러한 견해는 재고해 볼 필요가 있다고 생각한다. 듣는 사람에 대한 서술태도를 나타내는 어말어미인 '지'가 '기지(旣知)'의 의미를 나타내는 것과, 판단 근거가 되는 정보가 '기지'인 것과는 기본적으로 무관하다고 보아야 하지 않을까? 본 연구는 판단 근거와의 관계 설정을 포함하여 '겠다' '겠지'의 의미를 5장 및 7징에서 상세히 다루기로 하겠다.

3.2. 徐正洙(1996)

서정수(1996)는 총 1567페이지에 이르는 방대한 내용으로, 한국어 문법 체계 전반에 관한 그 동안의 연구를 집대성한 것이다. 서정수(1996)은 "'*서법(mood)'이란 말하는 사람이 명제내용에 대하여 정신적 태도(mental attitude)를 나타내는 문법범주이다. …중략… 이 문법범주는 용언의 굴절체계나 어미 또는 문말형태로 서법적 의미를 나타낸다.*"라고 정의하였다(p297). 서정수(1996)는 한국어 서법체계를 구문론적 분포를 기준으로 '문말 서법(sentence final mood)'과 '비문말 서법(non final mood)'으로 2분하였다. 전자는 문장 끝에 실현되는 형태소에 의한 서법이고, 후자는 문말 형태에 선행하는 형태소에 의하여 실현되는 서법이다. 상세한 내용은 다음 표와 같다.

분포	상위 범주	하위 범주	기본 형태	태도에 따른 구분
문말(文末) 서법	서술법	평서술	{(는/ㄴ)다}	명제적 서법
		감탄서술	(는)구나	" "
		확인서술	지, 것다	" "
	약속법		마	행위적 서법
	의문법	일반 의문	느냐?	" "
		확인 의문	지	" "
	명령법	지시	(어라)	" "
		청원	소서	" "
		허가	려무나	" "
	권유법		자	" "
비문말 서법	추정법		겠, ㄹ것이, 리	명제적 서법
	의도법		겠, ㄹ것이	행위적 서법
	통지법		더	" "

먼저 서정수(1996)의 서법체계에 대한 의견을 말하자면, 문말(文末)인가 비문말인가 하는 구문론적 체계와, 명제적인가 행위적인가 하는 의미론적 체계가 섞여

있는데, 좀 더 단순화시킬 수 없을까 하는 의문이 남는다. 예를 들면, '겠' 'ㄹ 것이'는 말하는 사람이 명제내용에 대해서 '지배성(Self-Controllable)'을 가지나 아닌가에 따라서 '의도'의 의미를 나타내기도 하고 '추정'의 의미를 나타내기도 한다. 이걸 아예 원천적으로 구별하여 한 쪽은 명제적 서법(추정)으로 분류하고, 또 한 쪽은 행위적 서법(의도)으로 분류하는 것은 타당하지 않은 것 같다. 본 연구는 문말서법은 표현 유형을 정하는 것으로, 비문말서법은 명제내용에 대한 서술태도를 나타내는 것으로 자리매김하고자 한다. 상세한 내용은 5장 2절에서 다루기로 하겠다.

서정수(1996)은 문법형식으로 추측의 의미를 나타내는 것은 비문말서법인 '겠' 'ㄹ 것이'만을 인정한다. '것 같다' '듯 하다' '모양이다' '지도 모른다' 등은 어휘적 레벨의 합성형태로 간주하고, 이들 형식은 분석 대상으로 다루지 않았다. 다음 은 서정수(1996/p308)의 인용이다.

> *'것 같다' '듯 하다' '모양이다' 등은 어휘적 합성형태로 추정의 의미를 나타낼 수 있고, '지도 모른다' 도 불확실성의 의미를 나타낼 수 있다. 그러나 이들은 문법범주로서 추정법으로 인정되지는 않는다. 그 대부분이 어휘적 성분으로 따로 따로 분해할 수 있기 때문에, 문법형식으로 굳어져 안정됐다고 인정되지는 않기 때문이다.*

서정수(1996)의 '서법' 개념은 상당히 엄밀한 범위로 제한적으로 쓰인 것으로 보인다. 서정수(1996)는 '것 같다' '듯 하다' '모양이다' '지도 모른다'를 모두 어휘적 합성형태로 간주하였는데, 본 연구는 이들 형식이 상당히 문법화가 진행되었다는 입장이다. 예를 들면 '학교를 자퇴할 모양이다.'의 '모양'은 '세모난 모양, 네모난 모양'의 '모양'과 같은 일반명사로서의 의미를 거의 상실하여 이미 형식명사화되었고, 단순한 어휘적 의미의 합계인 '모양+이다'가 아니라, 전체로는 '추측'의 의미를 나타내는 서술태도 형식으로 굳어졌다고 인정하는 입장이다. 또한 '것 같다' 는 '같다'의 '가정적 동일성', '듯 하다'는 '듯'의 '가정적 유사성'이란 어휘적 의미에 의존하고 있지만, 전체로는 어휘적 의미의 단순한 합계가 아니라 '추측'의 의미를 나타내는 서술태도 형식으로 기능한다. 현대 한국어에서 서술태도 형식으로 실제 언어생활에서 폭 넓게 사용되고 있는 것이 현실로 인정된다. 이 부분은 5, 6, 7장에서 자세히 다루기로 하겠다.

3. 기본 입장

다음 장부터 일본어와 한국어의 '추측'형식에 초점을 맞추어 구체적인 분석에 들어가는데, 그 전에 본 연구의 기본 입장을 밝혀두고자 한다.

益岡隆志(1991), 徐正洙(1996)의 정의에 따르면, '무드'는 술어의 굴절체계에 한정되는 개념이고, '서술태도(모달리티)'는 구체적인 표현 방식은 언어별로 다르지만, 어떠한 형태로는 모든 언어에 관계될 수 있는 보편적인 개념인 것으로 생각된다. '무드'는 문법의 형태적 관점에서 보는 개념이고, '서술태도(모달리티)'는 의미 기능의 관점에서 보는 개념이라고 생각된다. 의미적으로는 서로 유사한 추측 의미를 나타내는 두 언어의 추측형식이 유형적 체계로는 이질적인 경우가 흔히 있을 수 있다. '서술태도'는 언어의 개별성에 얽매이지 않는 보편적이고 폭 넓은 개념이라서, 본 연구와 같은 대조분석에는 유용한 개념이라고 생각한다. 본 연구는 '서술태도'라는 개념을 바탕으로 일한대조분석을 하기로 하겠다.

3.1. 진위판단 서술태도(모달리티)의 자리매김

본 연구는 명제내용에 대한 말하는 사람의 인식태도를 나타내는 '인식성 서술태도[7]'에 이질적인 2종류가 있다고 인정한다. '진위판단 서술태도'와 '정보전

---

7) '인식성 서술태도(모달리티)'의 개념은 Palmer(1986), 森山卓郎(1989)를 따르는 것이다. Palmer(1986/p51)는 '인식성(Epistemic) 모달리티'에 대해서 다음과 같이 말한다.

··· The status of speaker's understanding or knowledge ; this clearly includes both his own judgement and the kind of warrant he has for what he says.

달 서술태도'이다. '진위판단 서술태도'는 명제내용을 '참'으로 인정하는 서술태
도를 나타내는 형식이라고 정의하기로 한다. '정보전달 서술태도'는 명제내용에
대한 진위 여부 판단을 거치지 않고, 명제내용을 단지 정보로만 인식하고 정보
그 자체의 형태로 듣는 사람에게 전달하는 형식이라고 정의하기로 한다.

'정보전달 서술태도'는 전통 문법의 '전문(傳聞)'에 상당한다. '정보전달 서술태
도'는 명제내용의 진위 여부에 대한 말하는 사람의 판단과는 기본적으로 무관하
기 때문에, 다음 문장과 같이 일종의 담화적 취소까지도 가능하다[8].

> (5a) 彼が部屋にいるそうだが、それは違うと思う。
> (5b) 그가 방에 있다고 하지만, 난 아니라고 생각한다.

일본어에서는 '(傳聞의)そうだ', 한국어에서는 '(라)고 한다' 등이 '정보전달 서
술태도' 형식으로 인정된다. 종래에도 'そうだ'와 '(라)고 한다'의 대응관계는 일
반적으로 인정되었고 이견이 없으므로, '정보전달 서술태도'의 일한 대응관계에
관해서 따로 새로이 분석하지는 않기로 하겠다.

한편 '진위판단 서술태도'는 '단정'과 '추측'으로 2분한다. '단정'은 명제내용을
확실히 '참'으로 인식하는 서술태도를 나타내는 형식이고, '추측'은 명제내용을
불확실하나마 '참'이라고 인식하는 서술태도를 나타내는 형식이다. 일본어에서
'단정'은 술어에 아무런 표식이 붙지 않는 무표형(無標形)으로 표현되고, '추측'은
술어에 표식을 따로 붙이는 유표형(有標形)으로 표현된다. 구체적으로는 'だろ
う' 'ようだ' 'らしい' 'みたいだ' 'かもしれない' 'にちがいない' 등의 추측의 의미를
나타내는 형식을 문장 끝에 접속시키는 형태로 나타낸다. 한국어에서 '단정'은
일반서술형 종결어미 '(는)다'로 문장을 종결하는 형태로 나타내고, '추측'은 'ㄹ
것이다' '겠지' '것 같다' '듯 하다' '가 보다' '모양이다' 등의 형식을 문장 끝에 접
속시키는 형태로 나타낸다. 앞서 말했듯이 본 연구는 일한 양언어의 '추측' 형식
의 의미적 대응관계를 분석하는 것이 목적이다.

---

8) 森山卓郎(1989b/p69)

3.2. '추측' 형식의 3단계 분류

본 연구는 일한 양언어의 추측형식을 레벨을 달리 하는 3단계 기준에 따라 다음과 같이 분류한다.

첫 번째로, 말하는 사람의 확신의 정도에 따라 분류한다. 일한 양언어의 추측형식에는 확신의 정도를 나타내는 구성성분을 내포하는 것과, 내포하지 않는 것이 있다. 'かもしれない' 'にちがいない', '지도 모른다' '에 틀림없다'는 확신의 정도를 나타내는 구성성분을 내포하는 형식이다. 'かもしれない' '지도 모른다'를 확신의 정도가 약한 형식으로 설정하고 '가연성(可然性) 추측'이라고 부르기로 하겠다. 'にちがいない' '에 틀림없다'를 확신의 정도가 강한 형식으로 설정하고 '확연성(確然性) 추측'이라고 부르기로 하겠다. 'だろう' 'ようだ' 'らしい' 'みたいだ', 'ㄹ것이다' '겠지' '것 같다' '듯 하다' '가 보다' '모양이다'는 확신의 정도를 나타내는 구성성분을 내포하지 않는 형식이다. 이들을 확신의 강약을 특정하지 않는 형식으로 설정하여 '개연성(蓋然性) 추측'이라고 부르기로 하겠다.[9]

둘째로, '개연성 판단'을 현실세계에 실재하는 판단 근거를 전제로 하는가 하지 않는가에 따라서, 전제하는 '근거 전제형'과, 전제하지 않는 '근거 비전제형'으로 2분한다. '근거 비전제형'에는 'だろう'와 'ㄹ것이다' '겠지', '근거 전제형'에는 'ようだ' 'らしい' 'みたいだ'와 '것 같다' '듯 하다' '가 보다' '모양이다'가 있다. 이것은 Palmer(1986)를 기본으로 하는 개념이다.

셋째로, '근거 전제형'을 실재적 근거를 바탕으로 내린 최종 판단에 대하여 말하는 사람이 주체적 태도를 보이는지 객체적 태도를 보이는지에 따라서, '주체 추측'과 '객체 추측'로 2분한다. '주체 추측'은 판단의 주인된 태도, 즉 주체적 태도를 보이는 형식이다. '객체 추측'은 판단에 대하여 제삼자적인 태도, 즉 객

---

9) 추측 형식을 분류할 때, 연구자에 따라서는 판단 근거의 유무(또는 성질)를 우선적인 분류 기준으로 보는 시각도 있는데, 그 경우 약한 확신의 형식보다 강한 확신의 형식이 근거 유무에 더 제한받을 가능성도 있는 등, 균등한 취급에 어려움이 있을 수 있다. 본 연구는 확신도 차이를 우선적인 분류 기준으로 삼기로 하겠다.

체적 태도를 보이는 형식이다. '주체 추측'에는 'ようだ' 'みたいだ'와 '것 같다' '듯하다'가 있고, '객체 추측'에는 'らしい'와 '가 보다' '모양이다'가 있다.

이 밖에 '(し)そうだ' · '겠다'를 '현장 묘사'의 의미를 나타내는 형식으로 설정하였다. '(し)そうだ' · '겠다'는 명제내용 전체의 진위 여부에 대한 서술태도를 나타내는 형식이라기보다 술어만 수식하면서 현장을 재빨리 묘사하는 형식이라고 생각된다. 본 연구는 '(し)そうだ' · '겠다'를 본래의 '진위판단 모달리티'가 아니라 그 주변 형식으로만 자리매김하기로 하겠다. 단 이러한 기준은 + 또는 −의 변별 방식이 아니라, 어느 쪽 색채가 더 짙은가를 따지는 정도의 차이로 기술하는 것이다. 본 연구가 정리한 '인식의 서술태도'를 표로 나타내면 다음과 같다.

인식의 서술태도							
진위판단 서술태도							정보전달 서술태도
단 정	↔ ↔	추 측	개연성 (蓋然性)	가연성(可然性)		↔ ↔	전 문
				확연성(確然性)			
				근거 비전제형			
				근거 전제형	현장 묘사		
					주체적		
					객체적		

3.3. 대조분석에 관하여

본 연구는 일한 양언어의 구문론적 대응관계보다 의미론적 대응관계를 중시한다. 즉 일본어의 어느 추측형식이 한국어의 어느 추측 형식에 의미적으로 수평적 대응관계에 있는가를 밝히는 것이 목적이다. 이들 형식이 각기 개별언어에서 어떠한 형태론적 · 구문론적 특성을 지니는가는 의미적 대응관계에 직접 영향을 미치지 않는 한 대조 분석의 대상으로 삼지 않기로 하겠다.

예를 들면 본 연구가 'らしい'와의 의미적 대응관계를 밝히려는 '가 보다'는 형태론직 · 구문론적으로는 'らしい'와 상당히 이질적이다. 'らしい'는 불완전하긴 하지만 과거형·연체형·부정형이 있고, 문장 중간에도 쓰여 명제내용의 일부가 되기도 한다. 반면에 '가 보다'는 다른 활용형이 없고, 문장 중간에는 오지 못하고 문장 끝에만 위치한다. 다시 말해, 구문론적으로는 '가 보다'는 문말(文末) 전용의 순수한 서술태도 형식인데 반하여, 'らしい'는 명제내용의 일부가 될 수도 있는 차이가 있다. '순수 서술태도 형식(真性モダリティ)'인지 '유사 서술태도(疑似モダリティ)' 인지를 따진다면10), '가 보다'는 '순수 서술태도 형식'이고 'らしい'는 '유사 서술태도 형식'이라고 보아야 할 것이다. 'らしい'와 '가 보다'가 이렇게 형태론적·구문론적으로 서로 이질적이지만, 문말(文末)형식으로 쓰인 경우의 의미적 대응관계에 직접 영향을 끼치지 않는 한, 본 연구는 두 형식간의 대응관계를 인정하는 입장을 취하기로 하겠다. 이하 문말(文末)의 서술태도 형식으로 다루는 것 중에서, 문장 중간에도 쓰이는 것이 있더라도, 본 연구는 문말형식으로서의 쓰임새에만 한정하여 의미적 대응관계를 따지기로 한다.

또한 일본어 추측형식과 한국어 추측형식이 1대1 대응관계인 경우도 있지만, 일본어 추측형식 하나에 한국어 추측형식 둘 이상이 대응하는 경우도 있다. 그러한 경우 1대2(또는 1대3) 대응관계의 조건을 특정하기 위하여 노력하였다. 1대1 대응관계라도 서로 상당히 의미적 어긋남이 인정되는 경우에는 그러한 어긋남도 포함하여 분석하려고 노력하였다.

두 언어의 여러 추측형식의 의미적 대응관계를 명확하게 하기 위하여, 각 형식간의 의미적 유사점보다 상이점에 중점을 두었다. 또한 대조분석이 다른 요인에 의하여 방해받지 않도록, 동일한 분석 기준을 가지고 동일한 문맥 상황에서 동일한 추측의 의미를 나타내는지 아닌지를 엄밀히 확인하도록 하였다. 그 때문에 일한 대조분석 부분에는 분석내용 및 설명이 그대로 반복되는 일이 여러 곳 있는데, 일한 대응관계를 엄밀하게 따지기 위한 작업의 일환으로서 부득이한 측면이 있었다. 사용하는 예문은 목표로 하는 분석 내용에 맞추어 작례(作例)와 실례(實例)를 그 때 그 때 적절하게 나누어 사용하도록 노력하였다.

---

10) 真性モダリティと疑似モダリティ、仁田義雄(1991)、野田尚史(1989)

4. 전체 구성

이 책은 '들어가며'와 1~11장까지의 본장으로 구성하였다. 지금까지 '들어가며'에서는 본 연구의 목적 및 기본 입장을 밝혔다. 지금부터 Ⅰ부의 1~4장에서는 일본어 추측 형식에 관하여, Ⅱ부의 5~7장에서는 한국어 추측 형식에 관하여 각각 분석하고, Ⅲ부의 8~11장에서는 일한 대응관계를 대조 분석한다. 끝으로, 부록으로 덧붙인 12장에서는 가치판단 서술태도의 일한 대응관계를 다루었다.

본 연구는 종래 대응관계가 명확하지 못 하였던 부분에 초점을 맞춘다. 일본어 'だろう' 'ようだ' 'らしい'와 한국어 'ㄹ것이다' '겠지' '것 같다' '듯 하다' '가 보다' '모양이다'의 대응관계이다. 이들 대응관계는 9장과 10장을 따로 할당하여 자세히 분석하기로 하겠다. 이미 한국인용 일본어학습서 또는 사전에 실리는 등, 그 동안 일반적으로 인정해 왔던 대응관계에 관하여는 따로 많은 내용을 할당하지 않기로 한다. 'か・も・しれない'와 '지・도・모른다', 'に・ちがい・ない'와 '에・틀림・없다'와 같이 형태소끼리의 1대1 대응관계가 인정되고, 각 형태소의 단순 합계로도 추측형식 전체의 대응관계까지 인정되는 경우이다. 이런 경우는 일한 대응관계의 전반을 다루는 11장에서 간단히 언급하는 정도로 하겠다.

끝으로, 기호 및 표기법은 다음 기준을 따른다.

'*이태릭체*'는 다른 연구자의 분석 내용을 그대로 인용한 것이다.

'*'은 문법에 어긋나는 문장인 것을 나타낸다.

'?'은 문법에 어긋나지는 않지만, 문장이 부자연스러운 것을 나타낸다.

'#'은 문장 자체만으로는 자연스럽지만, 해당 대화 장면에서는 부자연스러운 것을 나타낸다.

1부

일본어

1장 | 추측 형식의 단독 형식화[*]

1. 문제 제기

> (1) '店は売れそうなの?'
> '*たぶんね*' (ノ下)

예문 (1)의 'たぶん' 등과 같이 진술부사가 구체적인 명제내용을 모두 생략한 채 단독으로 쓰여져 말하는 사람의 서술태도를 나타낼 수 있다는 사실은 이미 널리 알려져 있다. 일본어의 부사는 독립어적인 성격이 강하기 때문에 어찌 보면 당연하다고 할 수 있을 것이다. 위 예문 이외에도 일본어의 진술부사가 단독으로 쓰이는 실례를 다수 발견할 수 있었는데, 지면관계상 말미에 보충 자료로 제시해두기로 하겠다.

그런데 이들 진술부사와 문장 안에서 자주 호응하는[1] 'だろう' 'みたいだ' 'らしい' 'かもしれない[2]'등의 이른바 추측의 조동사도 (2)(3)(4)(5)와 같이 구체적인 명제내용을 모두 생략한 채 단독으로 사용되어 말하는 사람의 서술태도를 나타

---

[*] 이 장의 내용은 金東郁(1995)「単独形式化モダリティ」『日本語と日本文学21』(筑波大学国語国文学会) 및 김동욱(1994) '가치판단 모달리티의 한일대조'『日本學報33』(한국일본학회)을 수정 보완하여 재구성한 것이다.

1) 다음 실례는 진술부사와 추측의 조동사가 문장 안에서 밀접하게 호응하는 형식인 것을 나타낸다.
'じゃあ分かったね?これから決して熊谷やなんかと遊びはしないね?'
'うん'
'**きっと だろうね**?約束するね?' (痴)

2) 'かもしれない'는 두개의 조사와 동사의 부정형이 결합하여 하나의 조동사로 굳어졌다고 보는 寺村(1984)의 견해를 따른다.

내는 경우가 있다. 그러나 이러한 현상에 관해서는 지금까지 거의 논의된 적이 없는 것 같다. 종래에는 이들 조동사류가 단독으로는 문장의 성분이 될 수 없는 형식이라고 여겨져 온 때문일 것이다. 본 연구는 종래의 연구가 미처 눈을 돌리지 못 했던 이러한 현상에 주목하여, 그 원인 규명 및 근본 원리를 파악하기 위한 분석을 시도하고자 한다.

> (2) '最初がゼロだといろいろ学ぶことが多いわね'
>   'だろうね' と僕は言った。(ノ下)

> (3) 'あなたもだんだん世の中のしくみがわかってきたみたいじゃない'
>   'みたいですね' と僕は言った。(ノ下)

> (4) 'ええ、感じのいい方ね。高木さんの小父さんとお近いの?'
>   'らしいね。薬局の娘さんだそうだよ' (続氷上)

> (5) 達也'イヤそれ、まずいんじゃないかな、もしかして敵のヤクザとか'
>   悟郎'かもしれない' (さ)

일본어 문법체계에서 조동사류는 단독으로는 문장의 성분이 될 수 없다는 뜻에서 橋本는 '부속어(附屬語)', 時枝는 '辞'로 규정하였다.[3] 적어도 문법적인 문장에서 이들 조동사가 단독으로 문장의 구성 성분으로 실현되는 일은 있을 수 없다고 여겨져 온 것이다. 문장 레벨에서는 확실히 그러한데, 담화 레벨에서도 그러할까? 조사 결과, 실제 언어자료들 중에서 이들 조동사류가 상당한 정도로 단독으로 사용되고 있는 것이 확인되었다. 위 예문들은 그러한 실례의 일부일 뿐이다. 지면 관계상 다른 실례들은 이 장의 끝에 참고자료로 제시해 두기로 하겠다. 이하 (2)(3)(4)(5)와 같이 본래는 다른 형식의 부속어이어야 할 조동사가 단독으로 사용되어, 구체적인 명제내용을 모두 생략하고 서술태도만을 나타내는 경우를 '단독형식화 서술태도'라

---

3) 橋本進吉(1969)『助詞・助動詞の研究』岩波書店、時枝誠記(1941)『国語学原論』岩波書店

고 부르기로 한다.

그러나 모든 조동사류가 위 예문들과 같이 단독으로 사용되는 것은 아니다. 본 연구는 우선 어떠한 조건을 충족시키는 조동사가 단독으로 사용될 수 있는지를 형태적인 측면과 의미적인 측면의 2가지 관점에서 살펴보기로 하겠다.

(2)(3)(4)(5)의 ‘だろう’ ‘みたいだ’ ‘らしい’ ‘かもしれない’는 ‘추측’의 의미를 나타낸다고 하는 공통점을 갖는다. 특히 의미적인 측면에서는 어떤 이유로 ‘추측’의 조동사에 한하여 이런 ‘단독형식화 서술태도’가 나타나는가 하는 부분에 초점을 맞추어 분석한다. 3.2에서 자세히 설명하겠지만, ‘추측’ 형식은 ‘진위판단 서술태도’의 일부이다.

그렇다고는 하지만, 마찬가지로 추측의 의미를 나타내는 조동사인 ‘(し)そうだ’ ‘ようだ’에는 ‘단독형식화 서술태도’가 발견되지 않는다. 먼저 다음 제2절에서는 그 원인을 형태론적인 관점에서 밝히기로 한다. 다음 제3절에서는 이들 ‘단독형식화 서술태도’가 어째서 추측의 조동사에 한정되어 나타나는가 하는 문제를 의미론적인 측면에서 규명하기로 하겠다.

2. 형태론적 분석

먼저 단독형식화 서술태도의 유무의 원인을 명제내용과 이들 조동사가 접속하는 형태적인 차이에서 찾아보기로 한다. 명제내용이 각각 동사·형용사·형용동사·명사로 끝나는 경우로 나누어 살펴보기로 하겠는데, 맨 처음 동사로 끝나는 경우를 살펴보기로 하겠다.

2.1. 명제가 동사로 끝나는 경우

(6) 明日は雨が降る/*だろう*。

        /*みたいだ*。

        /*らしい*。

        /*かもしれない*。

(7) 明日は雨が降り/*そうだ*。

(6)의 '*かもしれない*' '*だろう*' '*みたいだ*' '*らしい*'가 단독형식화 서술태도를 갖는데 반하여, 마찬가지로 추측의 의미를 나타내는 (7)의 '(し)*そうだ*'는 단독형식화 서술태도를 갖지 않는다. 이러한 차이는 어디에서 생겨나는 것일까? 예문 (6)과 같은 문장에서 '明日は雨が降る'까지를 명제내용(Proposition), '*だろう*' '*みたいだ*' '*らしい*' '*かもしれない*'의 조동사 이하를 명제내용에 대한 말하는 사람의 서술태도(modality)라고 보는 것이 일반적이다. 위 예문에서도 알 수 있듯이 '*だろう*' '*みたいだ*' '*らしい*' '*かもしれない*'는 그 앞에 접속하는 동사의 형태로 종지형을 요구한다. 그에 반하여 '(し)*そうだ*'는 동사의 연용형을 요구한다. 그 결과 주목할 만한 차이점이 생긴다. '*だろう*' '*みたいだ*' '*らしい*' '*かもしれない*'의 앞에 접속하는 명제는 그 자체만으로도 사실상 독립된 하나의 완전한 문장이 되고(*明日は雨が降る*), 서술태도 형식과의 접속 부분도 간결하여서 명제로부터 서술태도 형식을 분리하기 쉬워진다. 명제를 이루는 나머지 문장 구성만으로도 독립적인 완전한 문장으로 남을 수 있다는 것은 서술태도 형식을 때어낼 때 심리적인 부담감을 가볍게 해주는 효과가 있을 것이다. 이에 반하여 '(し)*そうだ*'는 명제만으로는 어중간한 형태로 남고(*明日は雨が降り*), 접속부분도 간결하지 못 하여서 명제로부터 서술태도 형식을 때어내기 부담스럽다. 명제가 동사로 끝나는 경우, 단독형식화 서술태도를 갖는 형식과 갖지 않는 형식 사이에는 접속 형태에 명백한 차이점이 인정되는 것이다.

2.2. 명제가 형용사로 끝나는 경우

(8) 日本は湿気が多い/だろう。
　　　　　　　/みたいだ。
　　　　　　　/らしい。
　　　　　　　/かもしれない。

(9) 日本は湿気が多/そうだ。

　명제가 형용사로 끝나는 경우도 마찬가지 차이점이 나타난다. 단독형식화 서술태도를 갖는 조동사는 그 앞에 접속하는 형용사의 형태로 형용사의 종지형을 요구한다. 이에 반하여 '(し)そうだ'는 형용사의 어간만을 요구한다. 그 결과 동사의 경우와 동일한 유형의 차이점이 생겨난다. 'だろう' 'みたいだ' 'らしい' 'かもしれない'의 앞에 접속하는 명제는 그 자체만으로도 완전한 문장으로 남고(日本は湿気が多い), 서술태도를 나타내는 형식과의 접속 부분도 간결하여서 명제로부터 서술태도 형식을 분리하기가 용이하다. 그에 반하여 '(し)そうだ'는 명제만으로는 어중간한 형태로 남고(日本は湿気が多), 접속 부분도 간결하지 못 해서 명제로부터 서술태도 형식을 분리하기가 용이하지 않다. 이 같은 차이점은 변칙활용을 하는 'ない' 'よい'와 같은 형용사에서도 동일하게 발생한다.

(10) 韓国はあまり湿気がない/だろう。
　　　　　　　　　/みたいだ。
　　　　　　　　　/らしい。
　　　　　　　　　/かもしれない。

(11) 韓国はあまり湿気がなさ/そうだ。

　위 예문처럼 명제가 변칙활용 형용사로 끝나는 경우에도 단독형식화 서술태도를 갖는 형식들과 갖지 않는 '(し)そうだ' 사이에는 접속 형태가 확연히 다른 것을 확인할 수 있다. 앞서 설명한 명제가 동사로 끝나는 경우를 포함하여 이러한 이유 때문에 '(し)そうだ'는 단독형식화 서술태도가 없다고 설명할 수 있을 것이다. 결국 '(し)そうだ'에 단독형식화 서술태도가 없는 이유는 술어에 직접 접속하는 '(し)そうだ'의 접미어적 특성 때문이라고 말할 수 있겠다.

2.3. 명제가 명사로 끝나는 경우

그런데 여기까지의 설명만으로는 여전히 의문이 남는다. 다음 예문에서 알 수 있듯이, 마찬가지로 추측의 의미를 나타내는 'ようだ'는 앞에 접속하는 명제가 동사이든 형용사이든 명제만으로도 완전한 문장을 이루며 접속 형태도 간결한데도 불구하고, 단독형식 서술태도가 발견되지 않는 것이다.

> (12) 明日は雨が降る・ようだ。
> (13) 日本は湿気が多い・ようだ。
> (14) 韓国は湿気があまりない・ようだ。

이러한 의문에 대한 답은 명제가 명사로 끝나는 경우의 접속 형태의 차이에서 구할 수 있다. 다음 예문을 보면 명제가 명사로 끝나는 경우에 'だろう' 'みたいだ' 'らしい' 'かもしれない'와는 달리 'ようだ'는 접속 역할을 하는 'の'가 필요한 것을 알 수 있다.

> (15) 犯人はあいつ/だろう。
>   /みたいだ。
>   /らしい。
>   /かもしれない。
>
> (16) 犯人はあいつの/ようだ。

그로 인하여 단독형식화 서술태도를 갖는 형식에 비해시 명제와의 접속 형

태가 간결하지 못 하게 된다. 이 경우 단독형식 서술태도를 갖는 형식들도 명제만으로 그 자체가 완전한 문장이라고 말하기 힘들지도 모른다(犯人はあいつ). 단정의 조동사 'だ' 등을 추가하여야 할 것이다(犯人はあいつだ). 그렇다 하더라도 접속 역할을 하는 'の'를 필요로 하는 'ようだ'에 비해서는 비교적 명제와 서술태도 형식과의 접속이 간결하다고 말 할 수 있을 것이다. 또한 일반적인 문장은 아니더라도, 시적 표현·표어·격언 등에서는 단정의 조동사인 'だ'를 붙이지 않고 문장을 종결하는 일이 흔히 있다. 다음 실례는 각각 단가·표어·격언에서 인용하였는데, 세 예문 모두 단정의 조동사 'だ'를 붙이지 않고 문장을 종결하였다.

> (17) ‘この味がいいね’と君が言ったから七月六日はサラダ記念日。*(サラダ記念日から)*

> (18) 輸入品生かしてわが家も国際化。
> 世界といっしょにナイスプレイ。*(日本貿易振興会)*

> (19) 知らぬが仏。

또한 드물기는 하지만, (20)과 같이 일반적인 문장에서도 단정의 조동사 'だ'를 붙이지 않은 채로 문장을 종결하는 일도 있다. 이런 관점에서 보면 (15) '犯人はあいつ'도 (16) '犯人はあいつの'에 비해서는 상당히 완전한 문장에 가까운 형태라고 말 할 수 있을 것이다.

> (20) 私は医者、女房は看護婦、私たち夫婦は幸せな同業者。

2.4. 명제가 형용동사로 끝나는 경우

명제가 형용동사로 끝나는 경우도 거의 동일한 유형이 나타난다고 말 할 수

있겠다. 아래 예문을 보면 ‘だろう’ ‘かもしれない’ 등, 단독형식화 서술태도를 갖는 형식들에 비하여, ‘ようだ’는 연결고리 역할을 하는 ‘の’를 필요로 하기 때문에 명제와의 분리가 깔끔하지 못 한 것을 확인할 수 있다.

    (21) それはだめ/だろう。
            /みたいだ。
            /らしい。
            /かもしれない。

    (22) それはだめの/ようだ。

이런 이유로 인하여 명제로부터 서술태도 형식만을 분리하기가 곤란해진다. 역으로 연결고리 역할을 하는 ‘の’를 필요로 하지 않고 ‘단독형식화 서술태도’를 갖는 ‘だろう’ ‘かもしれない’ 등은 비교적 명제와 서술태도 형식을 분리하기가 용이하다고 말할 수 있을 것이다. 명제가 형용동사로 끝나는 경우에 있어서도 ‘단독형식화 서술태도’를 갖는 ‘だろう’ ‘かもしれない’ 등과 그렇지 않은 ‘ようだ’의 사이에는 확연히 명제와의 접속 형태가 다른 것을 알 수 있다. 또한 ‘ようだ’를 사용한 문장인 ‘それはだめの’에 비하여 ‘それはだめ’는 실제 회화에서도 자주 사용하는 일이 있을 정도로 명제만으로도 완전한 문장의 형태에 상당히 가깝다고 말할 수 있을 것이다. 앞서 설명한 명제가 명사로 끝나는 경우를 포함하여, ‘ようだ’는 이러한 이유로 인하여 단독형식화 서술태도를 갖지 못 한다고 말할 수 있을 것이다.

여기까지 분석을 정리하자면, 명제만으로도 완전한 문장 또는 그에 가까운 형태를 취하고, 명제와 서술태도 형식과의 접속이 깔끔하여 둘을 분리하기 용이한 것이 단독형식화 서술태도를 갖는 형태론적 조건이라고 할 수 있겠다.[4]

---

4) 단독형식화 서술태도가 되기 직전의 중간 단계로 보이는 실례가 있어서 여기 소개한다. 아래 예문을 보면, ‘ワタナベ君’ 과 ‘でしょ？’ 사이에 句點이 있는 것을 확인할 수 있다. 한국어에서는 이를 ‘쉼표’ 라고 부르는데, 일본이에서도 마찬가지로 “한 숨 쉬고나서 다음 대화를 이어간다.”는 의식이 있을 것이다. 이와 같은 ‘한 숨 쉰다.’ 라는 의식이 최종적인 단계에서

3. 의미론적 분석

그럼에도 불구하고 여전히 의문이 남는다. 다음 예문들에서 알 수 있듯이 전문(傳聞)의 'そうだ' 는 명제가 어떠한 품사로 끝나던 간에 명제만으로도 거의 완전한 문장의 형태를 취하고, 명제와 서술태도 형식의 접속 형태도 매우 간결하다.

> (23) 明日は雨が降る・そうだ。
> (24) 日本は湿気が多い・そうだ。
> (25) 韓国は湿気があまりない・そうだ。
> (26) 犯人はあいつだ・そうだ。
> (27) それはだめだ・そうだ。

즉 형태론적으로는 모든 조건을 충분히 만족시키고 있는데도 불구하고, 단독 형식화 서술태도를 갖지 않는 것이다. 앞 절까지의 형태론적인 분석은 문장 레벨의 분석인데, 단독형식화 서술태도는 원래 담화 레벨의 문제이다. 따라서 문장 레벨의 분석으로 설명되지 못 하는 부분에 대해서는 담화 레벨의 설명을 시도해 볼 필요가 있을 것이다.

> (2') '最初がゼロだといろいろ学ぶことが多いわね'
>   'そうだね' と僕は言った。

예를 들어 실례(2)를 수정한 (2')의 'そうだ'를 전문(傳聞)의 'そうだ'라고 볼 수는 없다. 다시 말해, 위 예문의 'そうだ'를 '最初がゼロだといろいろ學ぶことが多いそうだね'가 생략된 것으로 보기는 힘들다. '전문(傳聞)'을 '습득한 정보를 말하

명제로부터 서술태도 형식만을 따로 띄어내어 단독으로 사용하게 하는 것을 용이하게 한 것이 아닐까?
彼女はすっと立ち上がって僕の方にやってきた。そしてテーブルの端に片手をついて僕の名前を呼んだ。
'ワタナベ君、でしょ?'
僕は顔を上げてもう一度相手の顔をよく見た。しかし何度見ても見覚えはなかった。（ノ上）

는 사람의 판단을 더하거나 덧붙이지 않고 정보 그대로의 형태로 단순히 듣는 사람에게 전달하는 형식'이라고 정의하기로 하자. 이렇게 정의한 경우, 해당 정보를 전달한 바로 그 장본인에게 동일한 정보를 되받아 전달하는 것은 극히 부자연스럽다. 즉 담화가 성립하기 위한 기본 원칙에 조차 위배되는 것이다. 따라서 이러한 예문의 'そうだ'의 'そう'는 'こ' 'そ' 'あ'의 선택적 관계 안에서의 'そ'이고, 상대의 의견에 동의하거나 맞장구를 쳐주는 정도의 표현으로 보아야 할 것이다.

　이렇게 보면 단독형식화 서술태도를 갖는 조건에는 형태론적 조건 이외의 다른 조건도 있을 수 있다는 것이 된다. 특히 단독형식화 서술태도를 갖는 이들 조동사가 모두 이른바 '추측(推量)의 조동사'에 속한다는 공통점이 있다는 점에서 뭔가 의미론적 제약이 있지 않을까 하는 의구심을 자연스럽게 가지게 된다. 이 절에서는 그러한 의구심을 해소하기 위하여 의미론적 분석을 추가하기로 한다.

3.1. 구(舊)정보 제한과 종조사 'ね'

(2) '最初がゼロだといろいろ学ぶこと多いわね'
　　'だろうね'と僕は言った。(ノ下)

(3) 'あなたもだんだん世の中のしくみがわかってきたみたいじゃない'
　　'みたいですね'と僕は言った。(ノ下)

(4) 'ええ、感じのいい方ね。高木さんの小父さんとお近いの?'
　　'らしいね。薬局の娘さんだそうだよ'(続氷上)

(5) 達也'イヤそれ。まずいんじゃないかな。もしかして敵のヤクザとか'
　　悟郎'かもしれない'(さ)

위 실례의 단독형식화 서술태도인 'だろうね' 'みたいですね' 'らしいね' 'かもしれない' 는 각각 다음과 같은 명제내용이 생략된 것으로 보아야 하겠다.

    (2') 最初がゼロだといろいろ学ぶことが多い・だろうね。
    (3') だんだん世の中のしくみがわかってきた・みたいですね。
    (4') 高木さんの小父さんと近い・らしいね。
    (5') 敵のヤクザ・かもしれない。

물론 이들을 각각 'そうだろうね' 'そうみたいですね' 'そうらしいね' 'そうかもしれない'가 생략된 형태로 볼 수도 있을 것이다. 그러나 그 경우도 결과적으로 'そう'가 나타내는 내용이 대화 상대방이 이미 말한 명제내용이란 점에서 별다른 차이는 없다. 이러한 사실에 비추어, 단독형식화 서술태도 앞의 생략된 명제내용 전체는 반드시 말하는 사람과 듣는 사람 양쪽 모두 이미 인지하고 있는, 즉 담화 중에 이미 등장한 적이 있는 구(舊)정보이어야 한다는 결론에 이른다. 다시 말하자면, "명제내용 전체가 구(舊)정보인 경우에 한정하여 단독형식화 서술태도를 갖는다."라고 말할 수 있을 것이다.

이러한 사실은 이들 단독형식화 서술태도들이 종조사'ね'와 자주 함께 쓰인다는 점과 관련지어 생각해 볼 필요가 있겠다. 실제로 다양한 언어자료들을 조사해 본 결과, 이들 단독형식화 서술태도가 종조사와 함께 쓰인 경우는 대부분 종조사'ね'와 함께 쓰인 걸 확인할 수 있었다. 위 실례의 (5) 'かもしれない'와 같이 종조사 없이 쓰이는 경우와 위 실례 (2) 'だろうね', (3) 'みたいですね', (4) 'らしいね'와 같이 종조사 'ね'와 함께 쓰이는 두가지 경우가 있었다. 본 연구자가 조사한 범위 안에서는 종조사 'よ'와 함께 쓰인 사례는 찾아 볼 수 없었다. 종조사 'ね'와 자주 함께 쓰인다는 것은 어떠한 의미 특성을 드러내는 것일까? 종조사 'ね'와 'よ'의 각각의 의미 특성에서 그 해답을 찾아 볼 필요가 있겠다. 일반적으로 종조사'ね'는 듣는 이가 명제 내용을 이미 인지(認知)하고 있는 것을 전제로 하는 '청자정보배려(聞き手情報配慮)[5]'의 형식으로, 종조사'よ'는 듣는 이가 명제 내용을 아직 인지하고 있지 않는 것을 전제로 하는 '청자정보비배려(聞き手情報不配慮)'으로 인정된다. 또한 단독형식화 서술태도가 종조사'な'와 함께 쓰이는 일이 가끔 있는데, 이 역시 '청자정보배려'로 인정해도 좋을 것이다.

> (28a) あのふたりが来月に結婚するんだって。
>   らしいね。
>
> (28b) あのふたりが来月に結婚するんだって。
>   ?らしいよ。

위 예문에서 (28a)의 'らしいね'에 비하여 (28b)의 'らしいよ'는 부자연스러운 것을 알 수 있다. '청자 정보배려'의 종조사 'ね'는 'あのふたりが来月に結婚する'라고 하는 명제가 나타내는 정보를 앞서 말한 사람이 이미 인지하고 있는 것을 전제로 하고, 동일한 내용의 명제를 생략한 채 서술태보만을 표명하고 있으므로 어떠한 부자연스러움도 초래하지 않는다. 반면에 '청자정보비배려'의 종조사 'よ'는 마치 앞서 해당 정보를 전해 준 장본인이 그 정보를 인지하지 못 하고 있는 것 같은 인상을 남겨 버리는 것이다.[6]

이러한 점에 비추어 '청자 정보배려'의 종조사 'ね'와 자주 함께 쓰인다는 특성은 단독형식화 서술태도가 앞서 말한 사람이 진술한 명제내용 전체에 접속한다는 사실과 관련지어 생각해 볼 필요가 있을 것이다. 요컨대 'だろう' 'みたいだ' 'らしい' 'かもしれない' 등의 단독형식화 서술태도는 직전에 말한 사람이 진술한 명제 내용 전체를 받아서, 단지 그에 동의하는 정도로 추측의 의미를 나타내는, 다소 소극적인 추측형식이라고 말할 수 있을 것이다. 그 실질적인 의미는 (2')

---

5) '聞き手情報配慮'의 구체적인 내용은 森山(1989)를 참조.
6) 단, 앞서 말한 사람 자신이 명제가 제시하는 해당 정보를 확실히 인지하지 못 하고 있음을 뜻하는 의문문이나 'かな' 'かしら' 등의 종조사로 문장이 종결된 경우는 종조사'よ'의 사용도 전혀 문제되지 않는다.
   'あのふたりが、来月に結婚するとか何とか言ってますけど、本当ですか?/かしら?'
   'らしいよ'

‘そうだね’와 유사한 맞장구 표현이라고 말할 수 있는데, 단정의 ‘だ’를 포함하는 ‘そうだね’에 비해서는 다소 확신의 정도가 약한 것으로 생각할 수 있겠다.

3.2. 진위판단(眞僞判斷) 서술태도의 의미 특성

이 절에서는 ‘구(舊)정보 제한’이 이들 단독형식화 서술태도가 모두 공통적으로 이른바 ‘추측(推量)’의 조동사로 한정되는 사실과 어떻게 연관되는지에 대해서 설명하고자 한다. 益岡隆志(1991)은 이른바 ‘추측(推量)’을 ‘진위판단(眞僞判斷) 서술태도’라고 정의하였다. 진위판단 서술태도란 말하는 사람이 명제 내용의 진위 여부를 문제 삼는 형식이다. 진위판단 서술태도에는 명제가 참이라는 것을 비교적 강한 태도로 나타내는 ‘にちがいない’ 등과, 비교적 약한 태도로 나타내는 ‘かもしれない’ ‘だろう’ ‘みたいだ’ ‘らしい’ 등이 있다. 이렇게 보았을 때, 단독형식화 서술태도를 갖는 형식들은 공통적으로 진위판단 서술태도 형식 중에서 명제가 참인 것을 비교적 약한 태도로 나타낸다고 하는 공통점이 인정되는 셈이다.

> (29) A：遊び好きのあいつが最近は勉強しているんだって。
>   B：だろうね。
>   らしいね。
>   みたいだね。
>   かもしれないね。

진위판단 서술태도는 대화 상대가 이미 말한 명제(구정보)에 대해서 단지 그 진위 여부를 따지는 것만으로도 자연스러운 담화가 이루어진다. 위 예문은 그 한 가지 사례이다. ‘遊び好きのあいつが最近は勉強している’라고 하는 대화 상대가 이미 말한 명제에 대해서 다소 소극적으로 그것이 참이라고 하는 서술태도를 덧붙이는 것만으로도, 즉 추측의 조동사를 덧붙이는 것만으로도 충분히 자연스러운 담화가 성립하는 것이다.

(30) A: 遊び好きのあいつが最近は勉強しているんだって。
　　 B: ?わけだね。
　　　　?のだね。
　　　　?はずだね。

다른 서술태도 형식들은 어떨까? 'わけだ' 'のだ' 'はずだ' 등의 이른바 '설명 서술태도'는 사정이 다르다. 위 예문은 그 한 사례이다. 대화 상대가 이미 말한 명제(구정보)에 대해서 단순히 'わけだ' 'のだ' 'はずだ' 등을 덧붙이는 것만으로는 성립하지 못 하는 것이다. 'わけだ' 'のだ' 'はずだ' 등은 동일한 '설명 서술태도'에 속하는 형식들이긴 하지만, 각각 의미 특성이 미묘하게 다른 부분이 있기 때문에 일괄적으로 설명하기는 쉽지 않다. 그러나 '설명 서술태도'가 '진위판단 서술태도'에 비해서 명제와 명제 사이의 인과관계를 중요시하는 점은 공통된다고 할 수 있을 것이다.

(31) あいつは遊び好きだ。………………………………P1
　　　しかし、今は大学入試を目の前にしている。……P2
　　　合格するためにはなんとか頑張るしかない。……P3
　　　だから、最近は勉強している/わけだ。……………Q

(31)과 같이 'Qわけだ'의 배후에 있는 사정을 설명하기 위해서는 싫든 좋든 뭔가 새로운 정보(P1,P2,P3)를 드러낼 필요가 필연적으로 생기는 것이다. 'のだ' 'はずだ' 등의 다른 '설명 서술태도'에서도 각각 구체적인 프로세스는 미묘하게 다를지라도, 명제와 명제 사이의 인과관계를 성립시키기 위해서 뭔가 새로운 정보를 필요로 한다는 점은 공통된다고 볼 수 있겠다. '설명 서술태도'가 단독형식을 갖지 못 하는 것은 뭔가 새로운 정보(新情報)를 필요로 하는 의미 특성 때문이며, 생략해야 할 명제내용 전체가 '구정보'이어야 한다는 '구정보 제한'의 조

건을 충족시킬 수 없기 때문이다.

(32) A: 遊び好きのあいつが最近は勉強しているんだって。
　　 B: ?方がいいね。
　　　　?べきだね。
　　　　?なければならないね。

(33) あいつは大の遊び好きだった。 ……………………………… P1
　　　しかし、今は大学入試を目の前にしている。 …………… P2
　　　合格するためにはなんとか頑張るしかない。 …………… P3
　　　だから、勉強した/方がいい。 ……………………………… Q

　'方がいい' 'べきだ' 'なければならない' 등의 '가치판단 서술태도'의 경우는 어떠할까? '가치판단 서술태도'란 명제 내용에 대해서 그러한 것이 바람직하다고 하는 판단을 나타내는 형식이다.

　명제 내용에 대해서 말하는 사람의 판단을 나타낸다고 하는 점에서는 '진위판단 서술태도'와 공통되는 점이 있다고 볼 수도 있겠다. 설명 그 자체를 주요한 의미 특성으로 갖는 '설명 모달리티'와는 확연히 다르다고 보아야 하겠다. 그러나 "명제 내용이 나타내는 바가 바람직하다."라고 하는 명제 내용이 나타내는 가치의 타당성을 상대방에게 납득시키기 위해서는 '가치판단 서술태도'도 역시 P1、P2、P3와 같은 새로운 정보를 필요로 하게 된다. 같은 '판단 서술태도'에 속하면서도, 이미 대화 상대방이 말한 명제(구정보)에 대해서 그 진위 여부를 따지는 것만으로도 자연스러운 담화가 성립하는 '진위판단 서술태도'와는 이 점이 크게 다르다. 즉 '가치판단 서술태도'도 새로운 정보를 필요로 한다는 점에서는 '설명 서술태도'와 마찬가지로 '구정보 제한'의 조건을 충족시키지 못 하는 것이다. 'べきだ' 'なければならない' 등도 구체적인 프로세스는 조금씩 다를 수 있겠지만, 대략 이러한 이유로 '단독형식화 서술태도'를 갖지 못 하는 것이다.

4. 맺음말

‘だろう’‘みたいだ’‘らしい’‘かもしれない’ 등의 추측의 조동사는 ‘たぶん’ 등의 진술부사와 마찬가지로 실제로는 상당히 빈번히 단독으로 사용되고 있다. 이와 같은 현실은 편리성, 즉 언어운용의 경제성으로 보아서 그 특성을 명확히 할 필요가 있겠다. 이 연구는 문장 수준의 형태론적 분석을 거쳐, 담화 수준의 의미론적 분석을 더하였다.

형태론적으로는 명제만으로도 완전한 문장이거나 또는 완전한 문장에 가까운 형태를 취하면서, 명제와 서술태도 형식과의 접속 형태가 간결한 것이 ‘단독 형식화 서술태도’의 조건인 점을 명확히 하였다.

의미론적으로는 생략되는 명제내용 전체가 ‘구정보(舊情報)이어야 한다는 특성이 있었다. 그 때문에 다른 새로운 정보를 덧붙이지 않고도, 이미 앞선 대화 상대방이 말한 명제내용을 불확실하나마 ‘참’이라고 인정하는 것만으로도 담화가 성립하는 ‘진위판단 서술태도’에 한정하여 ‘단독형식화 서술태도’가 존재한다는 점을 명확히 하였다. 단 명제내용의 생략은 서술태도 형식뿐만이 아니라 ‘(そう)だといえば’‘(そう)だが’‘(そう)だけど’ 등의 접속사에서도 그 연속성이 보이므로, 이러한 언어현상은 보다 폭넓고 총괄적으로 분석할 필요가 있을 것으로 생각된다.

끝으로, 한국어는 일본어와 극히 유사한 언어라고 하는데도 불구하고, ‘단독 형식화 서술태도’가 전혀 존재하지 않는다. 한국어도 일본어와 마찬가지로 서술태도를 나타내는 주된 형식들이 문장 말미에 위치한다. 그렇다면 두 언어의 문말구조(文末構造)의 차이가 ‘단독형식화 서술태도’의 유무를 가른 결정적 요인일 가능성이 크다고 보아야 하겠다. 그 구체적인 원인을 규명하기 위한 대조분석은 8장에서 다루기로 하고, 일단 여기서 마무리 짓기로 하겠다.

　　실제로 상당수 언어자료에서 진술부사가 단독으로 사용되어 말하는 사람의 서술태도를 나타내는 실례를 다수 발견할 수 있었다. 여기에 참고 자료로 제시해두는 바이다.

　　'本当だ。目の焦点もずいぶんしっかりしてきたみたい、ねえ、私とつきあっているとけっこう良いことあるでしょ?'
　　'たしかに' と僕は言った。(ノ下)

　　'ねっ、ここにいる人たちがみんなしているわけ?シコシコって?　と緑は寮の建物を見上げながら言った。
　　'たぶんね' (ノ下)

　　'でもあの妹の方だけど、処女の高校生にしちゃオッパイが黒ずんでると思わない?'
　　'たしかに' (ノ下)

　　'店は売れそうなの?'
　　'たぶんね。知りあいに毛糸屋さんをやりたいっていう人がいて、少し前からここを売らないかって話があったの' と緑は言った。(ノ下)

　　'仲のいい戀人どうしとか、若い夫婦とか、そんなふうに見えるだろう'
　　'そう?'
　　'きっと' (一)

　　'あのくらいの波なら、明日もありそうだな' 西野が言った。
　　'きっとな' (一)
　　'優柔不断なんだ'
　　'きっとな' (一)

‘明日は雨よ’
‘きっとな’ (美)

‘呼び出してくれ、どこへでも出ていく’
‘ほんとね’
‘ほんとだ’ (美)

‘結婚するべきではなかった、ということがわかったので、気持としてはすっきりしているのでしょうね’
‘きっとね’ (寝)

‘上村さんは、そう思ったのかしら’
‘きっとな’ (ふ)

‘何でもないといいですね’
‘ほんとだな’ (幸下)

‘いや、何も用事ないけど、かけたんです。今日は、何だか、寒いでしょう’
‘ほんとうね’ (幸下)

‘遊佐君, そのことならば安心したまえ, そういう種類の他人の私事には、ぼくはちょっとも興味がない’
‘きっとか’
‘きっとだ。もっとも君のような男と見合いをしなければならぬお嬢さんを、気の毒だとは思うが、それはぼくの知ったことじゃない’ (女)

‘すばらしいわ。支笏湖って’ 遊覧船のデッキに立っていた順子が、声を上げた、
‘ほんとうね’ (続氷下)

본문에 제시한 예문들 이외에도 다음과 같이 추측의 조동사들이 다수 단독으로 사용된 실례들을 발견할 수 있었다. 참고 자료로 제시하여 둔다.

人物Ａ：(進学塾の前を通りながら)ますます過熱する受験戦争か!
人物Ｂ：その反面、途中で高校やめちゃう生徒がふえてるそうだな……
人物Ａ：らしいですね。*(W)*

'広介は、大律と血の繋がりのない父子だということを知っているよ'
'らしいですね' *(火)*

正子'……戻っている……'
ルナ'……みたい……' *(山)*

'建物はまだ残っているんだな'
'らしいですね。' *(力)*

'咬まれたのか?' 赤岩は声をかけた。
'らしいです' 健太郎は腕のシャツをまくった。*(燃)*

'お葬式が終わってみんな帰っちゃってから、私たち二人で明け方まで日本酒飲んだの。一升五合くらい、そしてまわりの聯中の惡口をかたっぱしから言ったの。あいつはアホだ、クソだ、疥癬病みの犬だ、豚だ、偽善者だ、盗っ人だって、そういうのずうっと言ってたのよ。すうっとしたわね'
'だろうね' *(ノ下)*

'私が妹だったらあれくらいで気が狂ったりしないわね。もっとじっと見てる' と緑は僕に言った。
'だろうね' と僕は言った。
'でもあの妹の方だけど、処女の高校生にしちゃオッパイが黒ずんでると思わな

い?'
'たしかに'（ノ下）

'そういう女性は殴ったらおしまいよ'
'そのとおりだった'
'でしょう'（美）

'降るわよ'
'だろうな'（寝）

石党:僕は真面目なつもりだったんだけど、人に言わせると、全然真面目じゃな
かったって言うんだけど
（笑）
　桂:でしょう。斉藤良輔さんの、、（雑誌シナリオ・1991.5月号・p6）

ベチャ'ね、ね、田畑さんて、毎週日曜は協会の禮、行って、そのあと必ずソ、
フランド行くってホント?'
　正太'、'
　杉本'らしいね'（ツ）

留さん'……そんなことのできる女じゃないんだ'
　広瀬'だろうな。乗っとり阻止の資金繰りをチ、公に頼む世間知らずのバカ女
だもんな'（千）

小、太'あれがハウカセだと申すのか?'
　マリ'らしいわね。似てる?'（満）

木戸'妊婦殺しに関しては、張り、みに気づかれたのは我、の初歩的捜査ミスと
裁定、佐山悟郎はシロと断定し、他の被疑者を洗い直す'
　東田'でしょうね'（女）

双葉‘それそれ、問題はそれよね’
永介‘だろ?’（ス）

‘ま、そんな……、あのまま死んでしまわれたら、わたくし、生きてはいられませんでしたわ’
‘でしょう’（続氷上）

‘と、いうことは、老人も親も子供も、みんな大事にされていないということだな’
‘だろうな。子供も殺されたり捨てられたり……’（続氷下）

緑は首を振った。
‘とにかくね、とにかくね、うちの家族はみんなちょっと変わっているのよ。どこか少しずつずれてんの’
‘みたいだね’と僕も認めた。（ノ上）

　私たちは不完全な世界に住んでいる不完全な人間なのです。定規で長さを測ったり分度器で角度を測ったりして銀行預金みたいにコチコチと生きているわけではないのです。でしょ?（ノ下）

2장 │ 근거 비전제형 '*だろう*'*

1. 머리말

    (1a) 明日は雨が降るだろう。
    (1b) 明日は雨が降るようだ・らしい。

  '*だろう*'와 '*ようだ*' '*らしい*'는 상당히 유사한 추측의 의미를 나타낸다. 위와 같은 예문에서 '*だろう*'와 '*ようだ*' '*らしい*'의 의미 차이를 설명하는 것은 쉽지 않은 일이다. 그러나 '*だろう*'와 '*ようだ*' '*らしい*' 사이에 미묘하긴 하지만 의미 차이가 있는 것도 부정할 수 없는 사실이다. 예를 들면 다음과 같은 예문에서는 문장 끝에 '*だろう*'가 오는가 '*ようだ*' '*らしい*'가 오는 가에 따라서 전혀 다른 의미를 나타내게 된다.

    (2a) 太郎が何を言っても、花子は信じてしまうだろう。
    (2b) 太郎が何を言っても、花子は信じてしまうようだ・らしい。

  (2a)의 '*だろう*'가 쓰인 문장은 "아직까지는 太郎가 아무 말도 하지는 않았지만, 앞으로 뭔가 말을 한다면 花子가 믿어버릴 것으로 예측된다"는 의미이다. 반면 2b)의 '*ようだ*' '*らしい*'가 쓰인 문장은 "실제로 太郎가 자주 花子에게 당치

---

* 이 장의 주요 내용은 김동욱(1997) 「「*だろう*」와 「*ようだ*」「*らしい*」의 차이」 『日語日文學研究31』 韓國日語日文學會에 게재된 바 있음.

도 않은 말들을 해 왔는데도 불구하고, 花子는 무슨 말이든지 쉽사리 믿어왔던 것으로 보인다는 의미이다. 또 (3a)의 'だろう'를 'ようだ' 'らしい'로 바꾸면, (3b) 와 같이 非文이 되어버린다.

> (3a)　ほら、だから言っただろう。
> (3b) *ほら、だから言ったようだ・らしい。

(3a)의 'だろう'는 이른바 확인용법이라고 불리는데, 'ようだ' 'らしい'에는 확인 용법이 존재하지 않는다. 본 연구는 이와 같은 다음과 같은 기본 입장에 바탕 을 두고 'だろう'와 'ようだ' 'らしい'의 차이점을 밝히고자 한다.

2. 기본 입장

'よう*だ*'는 '~だ'로써 형용동사의 종지형(終止形)의 형태를 취하며, 'らしい'도 '~い'로써 형용사의 종지형의 형태를 취한다. 이에 반해, 'だろう'는 'う/よう'의 형태를 취한다. 본 연구는 이 같은 종지형과 'う/よう'형의 형태소 대립이란 관 점에서 'だろう'와 'ようだ' 'らしい'의 차이를 논하고자 한다.

현대어로 넘어오면서 'だろう'가 한 낱말로 인정되게 되었지만, 'だろう'의 역 사적 성립 과정을 고려하면 한 낱말이라고 잘라 말하기 힘들다. 'だろ+う'의 두 낱말의 결합으로 보는 게 타당할 것이다. 종래에는 'だろう'를 'だろ+う'로 분석 하고('だろ'는 단정을 나타내는 조동사인 'だ'의 未然形), 추측의 의미는 주로 'う' 에 의해서 나타내는 것으로 보아왔다. 예를 들면 '花子・は・先生・だろ・う'로 분석할 수 있겠다. 그런데 'だろ・う'는 'だ'의 다른 활용형들과는 달리 동사・형 용사의 종지형[1]의 뒤에 그대로 접속하여 쓰인다. 이 같은 접속 특성 때문에 'だ ろう'를 한 낱말의 조동사로 독립시킨 것이다. 예를 들면 '花子・は・学校・へ・

---

1) 또는 조동사인 'れる・られる' 'せる・させる' 'ない' 'たい' 'た' 등의 終止形

行く・だろう'가 된다. '명사+だろう'와 '형용동사의 어간+だろう'는 'だろ+う'로 분석하여, 'う'만을 추측을 나타내는 형식으로 취급해야 하겠으나, 편의상 동사・형용사의 종지형의 뒤에 접속하는 'だろう'와 동일하게 취급하게 된 것이다. 현대어에서는 'う/よう'가 의지・권유표현으로 퇴화되었기 때문에, 그에 상응하여 일반적인 추측 표현으로는 'だろう'가 역할을 전적으로 떠맡게 된 것으로 생각된다. 佐伯哲夫(1993)는 'う/よう'와 'だろう'의 의미 기능의 분화가 명치시대 이후에 일어났다고 보고하였다.

    (4a) 僕は山に登ろう。　　(의지)
    (4b) みんなで山に登ろう。(권유)
    (4c) 冬、札幌は寒かろう。(추측)

城田(1977)는 위 예문을 들어 'う/よう'가 의지, 권유, 추측 등의 다양한 의미・용법을 지닌다고 논하고, 그 모두에 공통되는 'う/よう'의 기본 의미는 '사건을 현실과 일치하지 않는 것으로 나타낸다(事柄を現實と一致しないものとして示す)'라고 정의하였다. 城田(1977)의 정의는 'う/よう'가 나타내는 움직임・상태・판단이 말할 당시에 아직 현실로 성립하지 않은 것을 의미한다고 볼 수도 있을 것이다. 이러한 정의는 'だろう'가 말할 당시에 아직 판단이 성립하지 않은 것을 나타내는 것과도 연결지어 생각해 볼 수 있지 않을까? 이 점에 관해서는 5절에서 자세히 설명하기로 하겠다.[2]

3. 조건절과의 상관관계

여기서는 앞에서 설명한 'だろう'의 의미 특성이 선명하게 드러나는 예로 '조건절과

---

2) Lyons(1977/p677)는 시간의 개념화 및 경험이란 관점에서 '미연(未然)・미래성(未來性)-(futurity)'의 의미를 나타내는 형식은 필연적으로 예측이나 양상(樣相)의 개념을 내포한다고 하였다.

의 상관관계'를 살펴 보고자 한다. 'だろう'는 현실을 반영하는 조건절과는 그다지 호응하지 못 하는 반면, 현실을 반영하지 않는 조건절과는 자연스럽게 호응한다. 'ようだ' 'らしい'는 그와 정반대이다. 특히 주목해야 할 부분은 동일한 조건절의 내용을 'ようだ' 'らしい'는 현실을 반영하는 의미로 만드는 반면, 'だろう'는 현실을 반영하지 않는 의미로 만든다는 대립적인 상이함이다.

3.1. 현실을 반영하지 않는 조건절

'だろう'가 현실을 반영하지 않는 조건절과 자연스럽게 호응하는 사실은 柴田武(1982), 蓮沼昭子(1991), 仁田義雄(1991)등의 선행연구가 지적하고 있다. 다음 예문은 각각 蓮沼昭子(1991), 仁田義雄(1991)에서 인용한 것이다.

(5) 夫の協力がなかったら、この論文は完成しなかっただろう。
/?ようだ。
/?らしい。

(6) 彼がもう少し僕の悪口を言い続けていたら、僕は彼を殴っただろう。
/?ようだ。
/?らしい。

위 예문의 "夫の協力がなかったら" "彼がもう少し僕の惡口を言い續けていたら"이란 조건절은 현실과 반대되는 가정적인 상황을 나타내는 내용이다. 'だろう'는 이러한 조건절과 자연스럽게 호응하는데 반해, 'ようだ' 'らしい'는 상당히 부자연스러운 것을 위에서 확인할 수 있다. 'だろう'는 "たとえ～だとしても、～だろう" "せめて～ならば、～だろう" "もし～なら、～だろう"와 같은 문형으로 자주 쓰인다. 일본어교과서에 따라서는 'だろう'의 전형적인 문형으로 제시하는 것들도 있다. 이러한 문형은 조건이 확정되지 않은 이른바 가상세계임을 나타내는 문형이라고 말할 수 있다. 대개 이러한 문형들에서 'だろう'는 자연스러운데 반하여, 'ようだ' 'らしい'는 부자연스러운 경우가 많다.

3.2. 현실을 반영하는 조건절

그런데 다음과 같은 조건절과의 호응은 오히려 'ようだ' 'らしい' 쪽이 자연스러운 반면에, 'だろう'는 부자연스럽다.

> (7a) 先生も知らなかったところを見ると、連絡が充分に取れていな
> かったようだ・らしい。
> /?だろう。

위 예문의 '先生も知らなかったところを見ると'라는 조건절은 (5)(6)의 조건절과는 반대로 현실을 반영하는 내용이다. 이것이 바로 'だろう'와 'ようだ' 'らしい' 사이에서 자연스러움이 역전된 원인이 되었다고 볼 수 있다. 위 예문은 "선생님도 모르고 계셨단 말인가!" "그렇다면 연락이 충분히 안 되었다고 판단하는게 당연하겠군"이란 식의 내용으로 구성된 것으로 볼 수 있을 것이다. 단순히 조건절이란 점에서는 (5)(6)의 반사실적인 조건절과 다를 바 없지만, 의미적으로는 정반대로 현실세계에 실재하며 나아가 판단의 근거가 된 사실을 제시하는 내용인 것이다. 이러 점은 'だろう'가 현실세계에 실재하는 사실을 반영하는 조건절과는 자연스럽게 호응하지 않는다는 점과 연결된다.

> (8) 天気予報によると、明日は雨が降るようだ・らしい。
> /?だろう。

위 예문에서 확인할 수 있듯이 'ようだ' 'らしい'에 비해서 'だろう'는 판단 근거를 명시한 문맥에서 부자연스러워지는 경우가 많다. 위 예문의 조건절인 '天氣豫報によると'는 가상세계를 나타내는 것이 아니라, 현실세계에서 말한 사람이 직접 확인한 실재적 근거의 존재를 명시한 것이다. 이러한 점도 "'だろう'는

현실을 반영하는 조건절과는 호응하기 힘들다"라는 일반적인 경향으로 설명할 수 있지 않을까 싶다.

단 다음 예문과 같이 'だろう'를 'のだろう'로 바꾸면, 현실을 반영하는 조건절과도 자연스럽게 호응할 수가 있게 된다.

(7b) 先生も知らなかったところを見ると、連絡が十分に取れていな
かった*のだろう*。

'のだろう'는 'だろう'처럼 '추측'의 의미만을 단독으로 나타내지 않는다. 조건절과 주절 사이의 인과관계를 '설명'하고자 하는 'のだ'의 형태소와 의미를 내포하고 있기 때문이다. 'だろう'와 'のだろう'의 차이점에 대해서는 각주3)에 상세히

---

3) 'だろう'는 형식명사인 'の'가 앞에 접속하여 'のだろう'의 형태로 쓰이는 일이 있다. 반면에 'ようだ' 'らしい'는 'の'가 앞에 접속하는 것을 허용하지 않는다.
  (a) 彼は合格するだろう。 → 彼は合格するのだろう
  (b) 彼は合格するようだ。 → *彼は合格するのようだ。
  (c) 彼は合格するらしい。 → *彼は合格するのらしい。
  'だろう'와 'のだろう'의 의미 차이에 관해서는 倉持安男(1980), 田野村忠溫(1990)등의 선행연구가 다루고 있다. 이들 선행연구를 참조하여 (7)의'だろう'와 (9)의 'のだろう'의 차이점을 설명해 보기로 하겠다.
  (a) ?先生も知らなかったところを見ると、連絡が十分に取れていなかっただろう。
  (b) 先生も知らなかったところを見ると、連絡が十分に取れていなかったのだろう。
  위 예문의 'だろう'와 'のだろう'는 추측의 대상으로 삼는 부분이 다르다고 볼 수 있다. 예를 들면 (a)의 'だろう'가 추측의 대상으로 삼는 부분은 '連絡が十分に取れていなかった'라는 주절(主節)의 내용이 '참'인지 아닌지의 문제이다. '連絡が十分に取れていなかったか' 또는 '取れていたか' 중에서 '取れていなかった' 쪽의 개연성을 인정한다는 부분에 중점이 놓여 있다. 이에 대해서 (b)의 'のだろう'가 추측의 대상으로 삼는 부분은 단순히 '連絡が十分に取れていなかった'라는 주절(主節)의 내용의 진위여부가 아니다. '先生も知らなかった'란 사실의 원인으로 '連絡が十分に取れていなかった'란 사실을 연결지어서, 두 사실을 인과관계로 설정하는 것이 타당한지 어떤지를 문제삼는 것이다. 즉 '連絡が十分に取れていなかったから、先生も知らなかったのだ'란 인과관계의 타당성을 따지는 것이다. 'のだろう'는 'のだ'의 의미와 'だろう'의 의미을 공유하고 있다고 볼 수 있다. 정리하면 'だろう'는 순수하게 주절의 내용의 진위여부만을 추측하는데 반해, 'のだろう'는 조건절과 주절의 인과관계를 추측한다는 것이다. 본 연구는 분석 대상을 순수하게 '추측'의 의미를 나타내는 문말형식만으로 제한하고 있다. 'のだろう'는 조건절과 주절 사이의 인과관계를 설명하려는 의미를 내포하고 있으므로, 순수하게 '추측'의 의미만을 나타내는 형식으로는 인정하기 힘들다. 이후, 'だろう'를 'のだろう'로 바꾸면 문장의 자연스러움에 대한 판정이 달라지는 경우가 있더라도 'だろう'만을 기준으로 설명하기로 하겠다.

설명해 두기로 한다.

3.3. 동일한 조건절에 반영된 의미 차이

앞 절에서 'ようだ' 'らしい'는 현실을 반영하는 조건절과 잘 호응하고 'だろう'는 현실을 반영하지 않는 조건절과 잘 호응하며, 그렇지 않는 경우는 문장이 부자연스러워지는 경향이 있다고 설명하였다. 이 절에서는 동일한 조건절의 의미를 'ようだ' 'らしい'는 현실을 반영하는 내용으로 만드는 반면, 'だろう'는 현실을 반영하지 않는 내용으로 만든다는 상이점을 지적하고자 한다.

> (9a) 太郎が何を言っても、花子は信じてしまうだろう。
> (9b) 太郎が何を言っても、花子は信じてしまうようだ・らしい。

머리말에서 언급했듯이 위 예문은 문장끝이 'だろう'와 'ようだ' 'らしい'로 각각 다른 점을 제외하고 나머지 점에서는 모두 동일한데, 접속조사 'ても'의 의미가 문말형식과 호응하여 서로 달라지게 된다. 'だろう'가 쓰인 문장은 "太郎가 아직은 아무 말도 안 했지만, 만약 앞으로 뭔가 말한다면 花子가 믿어버릴 것으로 예측된다"는 의미이다. 반면에 'ようだ' 'らしい'가 쓰인 문장은 "실제로 太郎가 당치도 않는 말들을 수시로 해왔는데도 불구하고 花子는 전부 믿어왔다"는 의미이다. 요컨대 'ようだ' 'らしい'가 쓰인 문장의 'ても' 太郎가 花子에게 뭔가를 말한 것을 현실세계에서 실현된 기정사실로 나타내는데 반하여, 'だろう'가 쓰인 문장의 'ても'는 아직 현실세계에서 실현되지 않은 미정(未定)의 내용으로 나타내고 있는 것이다. 이러한 차이가 드러나는 것은 'だろう'와 'ようだ' 'らしい'가 나타내는 의미 차이에 기인하는 것이라고 상정할 수 있다.

다음 예문들에서도 동일한 조건절의 의미가 문장끝의 'だろう' 또는 'ようだ' 'らしい'으로부터 영향을 받아서 각각 비현실적인 내용과 현실적인 내용으로 달리 반영되는 것을 확인할 수 있다.

(10a) ありのままの事実を告白したら、むしろ疑われただろう。

(10b) ありのままの事実を告白したら、むしろ疑われたようだ・らしい。

(11a) 全力を尽くしても、合格は無理だっただろう。

(11b) 全力を尽くしても、合格は無理だったようだ・らしい。

(12a) 彼が来ると、彼女も気分が落ちつくだろう。

(12b) 彼が来ると、彼女も気分が落ちつくようだ・らしい。

위 예문들에서 'だろう'는 가상에 기초하는 비현실 세계를 묘사하는 반면에, 'ようだ' 'らしい'는 현재의 실제 상황을 묘사한다고 일반화할 수 있다. 조건절과 서로 영향을 주고받는 과정에서 나타나는 'だろう'와 'ようだ' 'らしい' 사이의 이러한 대비적인 특성은 선행연구에서 아직 충분히 설명되지 않았던 것으로 보인다.[4] 궁극적으로 이러한 대비적인 의미 특성은 현실을 반영하는 'ようだ' 'らしい'와 현실을 반영하지 않는 'だろう'의 의미 특성으로부터 생겨났다고 보아야 할 것이다.

4. 추측 표현으로서의 'だろう'와 'ようだ' 'らしい'의 차이

'だろう'와 'ようだ' 'らしい'가 같은 문장에서 추측 표현으로 쓰였다 하더라도, 둘 사이에는 미묘한 의미 차이가 존재한다고 생각된다. 본 연구에서는 그 차이를 다음과 같은 관점에서 분석하고자 한다.

'ようだ' 'らしい'
현실세계에 실재하는 구체적인 근거를 전제로 하는 '근거 전제형' 추측의 의미를 나타낸다.

---

4) 倉持(1980/p129)는 'だろう'와 'ようだ' 'らしい'의 근본적인 의미 차이를 구명하지 않고, 이러한 현상만을 단편적으로 지적하였다.

‘だろう’

구체적인 실재적 근거의 존재를 반드시 전제로 하지는 않는 ‘근거 비전제형’ 추측의 의미를 나타낸다.

4.1. ‘추측 판단’과 ‘희망 표명’

다음 예문은 다른 듣는 사람이 없는 장면에서 발화(發話)되었다고 상정한다.

> (13) (ただ漠然とした希望をつぶやくかのように)
> いずれは彼女も私の気持ちを分かってくれるだろう。
> /??ようだ・??らしい。
> (このとき、彼女から愛情のこもった電話がくる)
> うん、やはり、分かってくれたようだ・らしい。
> /??だろう。

처음에는 아무런 실재적 근거도 없이 단지 막연한 희망을 중얼거리듯이 ‘い ずれは彼女も私の氣持ちを分かってくれるだろう’라고 판단답지도 못 한 판단을 툭 내뱉었을 뿐이다. 이러한 경우는 ‘추측 판단’이라기 보다는 오히려 단순한 ‘희망 표명’에 가깝다고 말할 수 있겠다. 이런 문장에서 ‘だろう’는 극히 자연스 럽다. 그런데 이 문장의 ‘だろう’를 ‘ようだ’ ‘らしい’로 바꾸면 상당히 어색하게 들리게 된다. 동일한 발화장면에서 바로 직후에 그녀로부터 애정이 담긴 전화 가 왔다고 가정하자. 즉 현실세계에 실재하는 ‘실재적 근거’가 출현했다고 가정 하자는 것이다. 이렇게 ‘실재적 근거’의 출현을 명시한 후에는 거꾸로 ‘ようだ’ ‘らしい’가 문말형식(文末形式)으로 적절해지며, 마찬가지로 ‘ようだ’ ‘らしい’를 ‘だろう’로 바꾸면 부자연스러워져 버린다. 위 예문에서 ‘だろう’와 ‘ようだ’ ‘らし い’의 자연스러움이 정반대로 뒤바뀌는 역전현상이 생긴 원인은 동일한 발화장 면에서 ‘실재적 근거(전화)’가 출현했음을 명시했나 안 했나에 따라서 생겨났다고 보는 것이 가장 타당할 것이다.

4.2. 실재적 근거를 눈 앞에 둔 경우

柴田武(1982/p92)는 실재적 근거가 두드러지게 나타나는 발화장면에서 'だろう'는 문말형식으로 적절하지 않다고 지적하였다. 예를 들면 다음과 같은 예문에서 'だろう'는 문말형식으로 부적절하다고 생각된다.

> (14a) 久しぶりだね、あいかわらず元気のようだね。
> (14b)?久しぶりだね、あいかわらず元気だろうね。

대화가 이루어지는 현장에서 상대방의 안색이나 표정과 같은 '실재적 근거'에 눈앞에서 직면하고 있을 텐데도 불구하고, 얼굴을 마주보면서 그것을 무시라도 하듯이 '근거 비전제형'추측인 'だろう'를 사용하는 것은 적절하지 못 하기 때문일 것이다. 의도적으로 조롱하기 위한 목적이 있다면 몰라도, 보통은 만약 이런 식으로 말을 건넨다면 무례한 인사가 되기 십상이다. 거꾸로 'ようだ'는 발화현장에서 눈 앞에 직면하고 있는 실재적 근거의 존재를 충분히 반영하는 표현이므로 적절하다고 할 수 있겠다.

4.3. 부사'事實'과의 호응

다음 예문에서 부사인 '事実' 'じつは'은 'ようだ' 'らしい'와는 자연스럽게 호응하는데 반하여, 'だろう'는 자연스럽게 호응하지 못 하는 것을 확인할 수 있다. 단 다음 예문은 다른 듣는 사람이 존재하지 않는 장면에서 발화되었다고 상정한다.

> (15) 事実、彼は行かなかったようだ・らしい。/?だろう。

(16) 上からの指示もあって、事実上このことは前々から決まっていた
　　 ようだ・らしい。/?だろう。
(17) 実は彼が捕まったようだ・らしい。/?だろう。

‘事実’ ‘じつは’의 어원에서도 드러나듯이 이들 부사들은 현실세계의 ‘사실’을 반영하는 낱말들이다. 현실세계를 반영하고 현실세계의 실재적 근거를 전제로 하는 근거 전제형 추측인 ‘ようだ’ ‘らしい’와 잘 어우러지는 반면, 현실세계의 사실을 반영하지 않는 근거 비전제형 추측인 ‘だろう’와는 잘 어우러지지 못 하는 것은 어느 의미에서 당연하다면 당연하다고 말할 수 있을 것이다.

4.4. 동일한 추측문에 반영된 의미 차이

동일한 추측문에서 ‘だろう’와 ‘ようだ’ ‘らしい’ 양쪽 모두가 자연스럽기는 하지만, 그 의미에 미묘한 차이를 보이는 경우가 있다. 그런 경우, 이미 말한 바와 같은 상이함으로 인하여, 동일한 추측문의 의미를 ‘ようだ’ ‘らしい’는 현실을 반영하는 내용으로 만드는 반면, ‘だろう’는 현실을 반영하지 않는 내용으로 만드는 대비적 경향이 드러난다. 이런 경향은 선행연구에서 때때로 지적되어 왔다. 다음 내용은 각각 倉時安男(1980), 中畠孝幸(1990)으로부터 인용한 것이다.

> 「らしい」は客観性のある5) 根拠に支えられた判断を表すのに用いられるものであるか
> ら、「だろう」などのように話し手自身の単なる予想・推測の類を表すものとは異なる。
> たとえば、次の文はやっとたばこが吸える場所を見つけた時の表現だと仮定できるが、
> その場所の状況は同じではない。
>
> *(18a) ここなら煙草を吸ってもいいだろう。*
> *(18b) ここなら煙草を吸ってもいいようだ・らしい。*

---

5) 倉持安男(1980)의 ‘客観性のある根拠’는 본 연구의 ‘실재적 근거’에 해당한다. 근거에 ‘객관’성이 있나 없나를 인정하는 것 자체가 말하는 사람의 ‘주관’에 의한 것이 아닐까? 본 연구는 근거가 현실 세계에 실재하는가 하지 않는가를 중시한다.

「ようだ」「らしい」文は、灰皿が置いてあるとか、煙草を吸っている人がいるとか、他の場所に見られたような「禁煙」の標示がないなど、煙草を吸うことが許されることを積極的に裏付ける状況が認められなければならない。一方、「だろう」文は、必ずしも、上のような、根拠がそなわっていなくてもよく、話し手自信が煙草を吸っても特にとがめられることはあるまいとか、煙草を吸っても特に危険はないようだとかいう判断が下しうる状況であればよい。<倉時安男(1980/p128)>

「ようだ」「らしい」の共通点は、現実に実在する根拠をもとに不確かな判断を下すという点にある。現実の世界の判断であるという点は、仮想の世界の推測に用いることのできる「だろう」との対比によって鮮明になる。「だろう」と違い、「ようだ」「らしい」は話し手の頭の中にだけ存在するような仮想の世界を描くことはできない。たとえば、次の二つの文を比較すると、「だろう」文の「あの人」はその場に存在しないが、「ようだ」「らしい」文の「あの人」はその場に存在すると理解される。

(19c) あの人は泣いているようだ・らしい。
(19d) あの人は泣いているだろう。

このことからも分かるように、専ら現実に生起している事象をもとにした話し手の判断を表すというのが「ようだ」「らしい」の一致した機能であると言えよう。これに対し、「だろう」は、必ずしも現実を反映するものではない。<中畠孝幸(1990；p25)>

(19c)(19d)의 예문을 '실재적 근거'의 존재를 전제로 했느냐 안 했느냐 라는 관점에서 보면, 'ようだ' 'らしい'가 쓰인 문장은 발화현장에서 울음소리가 작게 들린다거나 어깨가 위아래로 흔들린다거나 하는 '실재적 근거'에 의존한 '근거 전제형' 추측의 의미를 나타낸다. 한편 'だろう'가 쓰인 문장은 그런 구체적인 '실재적 근거'를 반드시 전제로 하지는 않는 다소 막연한 '근거 비전제형' 추측의 의미를 나타내는 것으로 생각된다.

다음과 같은 예문에서도 마찬가지로 'ようだ' 'らしい'는 '근거 전제형' 추측의 의미를 나타내는 반면, 'だろう'는 '근거 비전제형' 추측의 의미를 나타내는 것으로 볼 수 있다.

> (20a) 遅くても2010年には、エイズの治療薬が開発されるだろう。
> (20b) 遅くても2010年には、エイズの治療薬が開発されるようだ・らし
> い。

(20a)의 'だろう'가 쓰인 문장은 구체적인 실재적 근거의 존재를 전제로 하지 않고 "뭐 어떻게든 2010년이 지나기 전에는 에이즈 치료약이 나와주지 않겠어?"라는 식으로 막연한 일종의 희망 사항을 말한 문장으로 해석하는 것이 타당할 것이다. 이에 반해 (20b)의 'ようだ' 'らしい'가 쓰인 문장은 지금 실제로 개발을 위한 구체적인 프로세스가 진행중이고 그러한 실제 진행상황으로 미루어 짐작하건데, 늦어도 2010년에는 개발이 완료될 예정으로 보인다는 의미를 내포하고 있다고 생각된다. 예를 들자면 동물실험에서 구체적인 성과를 올렸다거나 하는 '실재적 근거'에 영향을 받은 추측의 의미를 나타내고 있다고 생각된다.

최초의 문제제기였던 (1a)(1b)의 'だろう'와 'ようだ' 'らしい'의 의미 차이는 극히 미묘하기 때문에 확연하게 구별할 수는 없겠으나, 'ようだ' 'らしい' 쪽은 일기예보등과 같은 실재적 근거의 존재를 암묵적이나마 내포하는 여운이 남는 반면에, 'だろう'는 다소 막연한 추측의 의미를 나타내는 느낌으로 기울어지는 경향은 인정할 수 있을 것 같다.

5. '추측'에서 '확인'으로

(3a)와 같이 'だろう'는 문장 끝의 인토네인션이 상승하여 쓰이는 경우가 있다. (단 드물게 급한 하강조 인토네이션인 경우도 있다)

> (3a) ほら、だから言っただろう。↗
> (3b) *ほら、だから言ったようだ・らしい。↗

이런 경우 '*だろう*'는 '추측'의 의미를 나타내지 않고, 전적으로 듣는 사람에게 '확인'을 구하는 의미를 나타내게 된다. 이른바 '*だろう*'의 '확인'용법이다.[6] 반면에 '*ようだ*' '*らしい*'에는 '확인'용법이 전혀 존재하지 않는다. 분명 '*だろう*'가 확인의 의미를 나타내기 위해서는 인토네이션 변화라는 음성적인 힘을 빌려야 하기는 하지만, '*ようだ*' '*らしい*'는 인토네이션의 변화라는 부수적인 힘을 빌리더라도 확인의 의미를 나타내지 못 하며 (3b)와 같이 비문(非文)이 되어 버린다.

(1a)의 '*明日は雨が降るだろう*'와 같은 추측의 '*だろう*'는 '~と思われる'로 바꿀 수 있는 반면에(*明日は雨が降ると思われる*), (3a)의 확인의 '*だろう*'는 '~と思われる'로 바꿀 수 없다는 사실에서도 두 가지 '*だろう*'가 성격이 다르다는 것을 짐작할 수 있다. 추측의 '*だろう*'가 명제 내용의 진위 여부에 대한 서술태도를 나타내는 '대명제(對命題) 서술태도'라고 한다면, 확인의 '*だろう*'는 듣는 사람에 대한 서술태도를 나타내는 '대청자(對聽者) 서술태도'이다. 그런데 '*だろう*'는 본래 대청자 서술태도를 나타내도록 되어있는 종조사의 힘을 빌리지 않고, 단독으로도 대청자 서술태도를 나타낼 수 있다. 즉 '대명제 서술태도'와 '대청자 서술태도' 양쪽을 겸할 수 있는 겸용형식인 것이다. 이 점은 '*ようだ*' '*らしい*'가 종조사 없이 단독으로는 대청자 서술태도를 전혀 나타낼 수 없는 '대명제 서술태도 전용형식'인 것과 매우 대조적이다.

(21a) 僕はあの山に登ろう(의지)

　　　→みんなであの山に登ろう(권유)

(21b) 冬、札幌は寒かろう(추측)

　　　→ほら、やっぱり札幌は寒かったろう(확인)

(21c) 冬、札幌は寒いだろう(추측)

　　　→ほら、やっぱり札幌は寒かっただろう(확인)

---

6) '*だろう*'의 '확인' 용법에 대해서는 다음과 같은 선행연구들에서도 다루고 있다.
　安達太郎(1991) '*いわゆる'確認'の疑問表現について*'
　蓮沼昭子(1995) '*対話における確認行為'だろう' 'じゃないか' 'よね' の確認用法*'
　鄭相哲(1994) '*いわゆる確認要求のダロウとジャナイカ*'

‘ようだ’ ‘らしい’와 달리 ‘だろう’가 확인의 의미를 나타낼 수 있는 이유는 ‘だろう’가 ‘う/よう’의 형태와 의미를 내포하고 있다는 점으로 설명할 수 있다. (21a)과 같이 ‘う/よう’형태가 명제 지향성이 강한 의지표현으로부터 대청자 서술태도의 성격을 띠게되어 듣는 사람이 어떤 행동에 참여해 주길 요청하는 권유표현으로 옮겨가는 과정은 (21b)과 같이 대명제 서술태도인 추측 표현으로부터 대청자 서술태도의 성격을 띠게되어 듣는 사람에게 판단에 참여해 주길 요청하는 확인표현으로 옮겨가는 과정과 본질적으로는 동일한 프로세스라고 볼 수 있다. 단지 행동에 참여할 것을 요청했는가, 판단에 참여할 것을 요청했는가의 차이만 남을 뿐이다.

또한 이러한 과정은 (21c)와 같이 ‘だろう’에도 그대로 적용된다. ‘~寒かったろう’의 ‘う/よう’는 술어의 바로 앞에 접속하여 술어만을 수식하는 성격이 강하고, ‘~寒かっただろう’의 ‘だろう’는 명제내용을 구성하는 문장 전체를 수식하는 성격이 강하다. 즉 둘 사이에는 구문론적인 차이가 있다. 그렇다고 하지만 대명제 서술태도를 대청자 서술태도로 옮기는 ‘う/よう’형태가 본래부터 지니고 있는 형태적 특성까지 소멸했다고 말할 수는 없다.[7] 비록 본 연구처럼 ‘だろう’와 ‘ようだ’ ‘らしい’를 대비시키는 관점은 아니더라도, ‘だろう’의 확인용법이 궁극적으로 ‘う/よう’의 형태에서 비롯되었다는 관점은 森山卓郎(1990)에서도 언급된 바 있다.

반면 ‘よう**だ**’ ‘らし**い**’는 ‘단순 **종지**형(單純 **終止**形)’의 형태를 취하므로 말하는 시점에 명제내용의 진위 여부에 대해서 불확실하나마 판단이 이미 종료(終了)했고 결론을 내렸음을 나타내는 형식이다. 따라서 이후에 더 이상 듣는 사람이 참여할 만한 여지를 아예 남기지 않는 것이다. ‘ようだ’ ‘らしい’에 확인용법이 존재하지 않는 것은 이러한 형태적인 이유때문이다. 만약 (21a)의 ‘あの山に登ろう’의 ‘う/よう’ 대신에 ‘단순 종지형’의 형태를 취해서 ‘あの山に登る’로 문

---

7) 경우에 따라서는 ‘冬、札幌は寒かろう’ ‘冬、札幌は寒いだろう’의 형태 그대로 문장 끝의 인토네이션이 상승하는 것만으로 확인표현으로 쓰일 수 있다고 판정하는 사람도 있다.

장을 종결했다면, 더 이상 듣는 사람이 대화에 참여할 여지가 남지 않게 되는 것과 마찬가지 원리라고 할 수 있다.

만약 '<u>断定</u>'을 '<u>断</u>じて確実に結論を<u>定</u>めた'라는 의미로 한정하고, '<u>推定</u>'을 '<u>推</u>し量って、不確実ながら結論を<u>定</u>めた'라는 의미로 한정한다면 'ようだ' 'らしい'는 '推定'에 속하지만 'だろう'는 속하지 않는다.[8] 'だろう'는 불확실한 결론조차 내리지 않은 그야말로 말하는 시점에도 아직 추측 중임을 나타내는 형식이기 때문이다. 'だろう'는 '말하는 시점에도 아직 명제내용에 대해서 일부 의심스런 마음을 지니고 결론을 내리지 않은 채, 결론까지 이르는 나머지 과정을 듣는 사람과 함께 만들어가고자 하는 특성이 있는 것으로 생각된다. 'だろう'가 '판단 형성 중'임을 나타내는 특성이 있다는 견해를 제시한 선행연구로는 森山卓郎(1992)가 있다. 단 森山卓郎(1992)는 'だろう'의 이러한 특성을 추측형식이란 틀 안에서 'ようだ' 'らしい'와 대립적인 관계로 규명하고자 한 것은 아니다. 본연구에서는 추측형식이란 틀안에서 'だろう'와 'ようだ' 'らしい'의 대립적인 특성을 다른 성분과의 호응 여부등을 따져서 구체적으로 드러낼 수 있도록 실증적인 증거들을 제시하기로 하겠다.

6. 'だろう'와 다른 성분들의 호응

앞서 말한 특성 때문에 'だろう'는 결론을 재촉하는 성분과는 자연스럽게 호응하지 못 하는 반면에, 결론에 이르지 않은 채 아직 의심을 품고 있음을 나타내는 성분과는 자연스럽게 호응하는 경향이 있다. 'ようだ' 'らしい'는 이와 반대되는 경향을 보인다.

---

8) 北原保雄(1981)에도 '推定'과 '推量'를 구별하는 견해가 보이지만, 본 연구와 같이 'う/よう'형과 '〜だ' '〜い'의 '단순 종지형'이란 대립적인 관점에서 구별하는 입장은 아니다.

6.1. 결론을 재촉하는 성분과는 호응하지 않음

6.1.1. 'どうも' 'どう見ても' 'どう考えても'

다음 예문의 'どうも' 'どう見ても' 'どう考えても' 'どうやら'는 'ようだ' 'らしい'와는 자연스럽게 호응하는데 반하여, 'だろう'와는 비교적 부자연스러운 느낌을 남긴다. (단 다음 예문은 다른 듣는 사람이 없는 상황임을 전제로 한다)

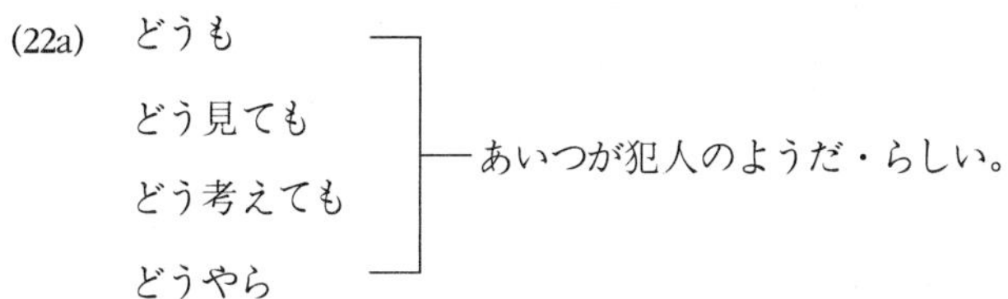

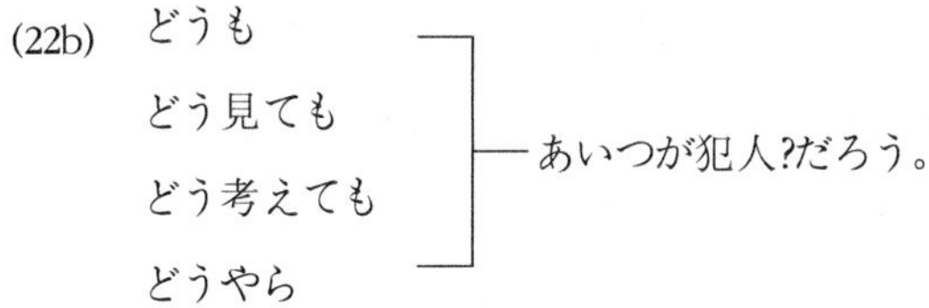

'どうも'는 'どう見ても' 'どう考えても' 등의 생략형으로 볼 수 있지 않을까? 島本(1989/P114)는 다음 예문을 들어서 'どうも'의 가장 중심적인 의미를 'どうしても・いろいろ努力してみても'라고 규정하고, 'どうしても'를 유의어로 인정하였다.

> (23) このことばの意味がどうも(どう考えても)分からない。
> (24) 彼とはどうも(なぜか分からないが、どう工夫しても)うまく行かない。

'どうも'로부터 결론을 재촉하는 듯 한 어감이 느껴지는 것은 동일한 어원에서 생겨난 생략어이기 때문이라고 볼 수 있을 것이다. 'どうやら'에 관해서도 島

本(1989/p115)는 다음 예문을 들어서 'いろいろな方法でして・考えて、十分にではないが、それが出來るようす'라고 정의하고 있다.

(25) どうやら(いろいろ努力して、やっと)返済のめどがついた。

또한 田中(1983/p83)도 'どうも' 'どうやら'의 의미에 관해서 '不確実ながらもそのような認定が成り立つということを断り書き的に注記し、言い定めるといった機能がある。'라고 정의하였다. 이들 연구자들의 정의로 보아서 'どうも' 'どうやら'에는 결론을 재촉하는 듯 한 어감이 있고, 그것이 'だろう'와 자연스럽게 호응하지 못 하게 만드는 한 원인이 되었다고 볼 수 있겠다.

6.1.2. 실재적 근거의 명시

5절에서 'ようだ' 'らしい'는 '근거 전제형'이기 때문에 실재적 근거의 존재를 명시한 문맥에서는 자연스러운데 반하여, 'だろう'는 '근거 비전제형'이기 때문에 부자연스럽다는 사실을 밝혔다.

(26a) 天気予報によると、明日は雨が降るようだ・らしい。
(26b) 天気予報によると、明日は雨が降る?だろう。

(26c) (天気予報を見て、そのことについて何も言及せず)
　　　明日は雨が降るだろう。

그런데 '~によると'의 형태로 실재적 근거의 존재를 전면에 내세워서 확실히 명시하는 것은 결과적으로 결론을 재촉하게 되는 측면이 있다고 보아야 하지 않을까? (26c)와 같이 실재적 근거가 있다 하더라도 전혀 언급하지 않는다면, 즉 그 사실을 문맥정보로 명시하지만 않는다면 'だろう'도 'ようだ' 'らしい'와 마찬가지로 자연스러운 문장으로 남게 된다.

6.1.3. 종조사 'ぞ' 'わ'

다음 예문을 보면 'ようだ' 'らしい'는 종조사 'ぞ' 'わ'와 공기(共起)할 수 있는
데 반하여, 'だろう'는 공기할 수 없는 것을 확인할 수 있다.

> (27a) 大変だ!来年から通信事業が外国の企業にも自由化されるようだ
> わ・ぞ。
> (27b) 大変だ!来年から通信事業が外国の企業にも自由化されるらしい
> わ・ぞ。
> (27c) *大変だ!来年から通信事業が外国の企業にも自由化されるだろう
> ぞ・わ

服部匡(1992)는 'わ'의 의미를 '話し手の内部において明瞭に認識された事柄の表明'이
라고 정의했다. '明瞭に認識された事柄'라는 측면에서 보자면 'ぞ'도 동일하다고 할
수 있다. 'わ' 'ぞ'는 이미 확립된 정보내용에 대해서 현장에서 포커스를 맞추는 형식
이라서, 현장에서 인식(판단)을 형성해가는 'だろう'와는 함께 어울리기 어려운 것으
로 생각된다. 반면 'ようだ' 'らしい'는 불확실하나마 이미 결론을 내린 형식이기
때문에 단정문만큼은 자연스럽지 않더라도 충분히 함께 어울릴 수 있는 것이다.
더 나아가 정보·의견·태도로 확립된 것이 아니면 'わ' 'ぞ'는 사용할 수 없다. 예를
들면 '*どこだわ・ぞ '*行こうわ・ぞ '*來いわ・ぞ와 같이 의문문·권유문·명령문에
는 쓰일 수 없다.9)

> (28a) こんなに広い部屋を30分で片付けたぞ・わ。
> (28b) こんなに広い部屋を何分で片付けた?ぞ・?わ

위 예문처럼 'ぞ' 'わ'는 문장 중간에 '何分' '誰' 'いつ'와 같은 不定形式이 사용
되는 것을 허용하지 않는다. 반면에 'だろう'는 다음 절에서 자세히 다루겠으나

---

9) 森山卓郎(1995/P180)。

문장 중간에 不定形式이 사용되는 것을 허용한다. 말하는 사람의 인식이 이미 확립되었음을 나타내는 'ぞ' 'わ'와 문장 중간에 不定形式을 받아들여서 아직 판단이 성립되지 않았음을 나타내는 'だろう'와는 서로 상충되는 측면이 있다고 말할 수 있겠다. 이것은 이미 '行く'라고 결정을 내린 후라면 '僕は行くぞ' '私は行くわ'라고 말할 수 있는데 반하여, 아직 '行こうかどうか'하면서 망설이고 있는 중이라면 '*僕は行こうぞ' '*私は行こうわ'라고 말할 수 없는 것과 마찬가지 이치이다. 'だろう'가 의지·권유·추측을 나타내는 'う/よう'와 역사적으로 어원을 공유하는 것에서 비롯되었다고 생각된다.

종조사 'ぞ' 'わ'는 말하는 사람의 인식을 일방적으로 듣는 사람에게 통보·선언·고지한다고 할만한 서술태도를 나타낸다. 듣는 사람의 의향을 고려하지 않는, 나아가 무시한다고 말할 수 있을 만큼 일방적인 태도이기 때문에 듣는 사람에게 배려를 나타내는 형식이 접속하는 것을 허용하지 않는 것이다. 'ぞ' 'わ'는 '僕は行くぞ' '私は行くわ'와 같이 말하는 사람의 의지를 일방적으로 선언·고지하는 명제내용에는 자연스럽게 접속하지만, '*一緒に行こうぞ·わ'와 같이 듣는 사람의 의향을 묻거나 듣는 사람을 끌어들이는 명제내용에는 접속하지 않는다. 이 같은 'ぞ' 'わ'의 의미 특성 때문에 듣는 사람을 배려하는 '대청자 서술태도 겸용형식'인 'だろう'와는 상충되는 것이라고 말할 수 있다. 한편 애당초 듣는 사람과의 관계가 문제될 것이 없는 '대명제 서술태도 전용형식'인 'ようだ' 'らしい'와는 아무런 문제없이 함께 할 수 있다. 특히 'ぞ'는 '未來のことについて强い意志をもって**決めて**かかろうとする'라는 측면이 강하다. 듣는 사람과 공감대를 만들어나가려는 'だろう'의 의미 특성과는 상반된다.[10]

---

10) 'だろう'는 듣는 사람을 배려하는 'ね' 'な' 와는 잘 어울리는 반면에, 배려하지 않는 'ぞ' 'わ' 'よ' 와는 잘 어울리지 않는 대략적인 경향은 인정되지 않을까?

6.2. 의심을 나타내는 성분과는 호응함

‘だろう’는 결론을 내지 않고 아직 의심을 품고 있음을 나타내는 성분과는 자연스럽게 호응하는데 반하여, ‘ようだ’ ‘らしい’는 잘 호응하지 못 하는 경향이 보인다.

6.2.1. ‘まさか’

‘だろう’는 의심이나 반신반의하는 기분을 나타내는 진술부사인 ‘まさか’와 자연스럽게 호응하는데 반하여, ‘ようだ’ ‘らしい’는 호응하지 못 한다.

> (29) まさか君が使い込みをしたのではないだろうね。

島本(1989/p193)는 위 예문에서 ‘まさか’는 ‘そんなことがあったら大變だが疑わしい’라는 의미를 나타낸다고 설명하였다. 여기서 ‘まさか’는 명제내용을 참이라고 받아들이려고 하지만 아직 결론을 정하지까지는 못 하고 주저하는 태도를 나타낸다고 볼 수 있다. 예를 들면 ‘まさか、君が使い込みをしたとは、私にはとても信じられない’ 등과 같이 ‘まさか〜信じられない’라는 전형적인 문형으로 자주 쓰이는데, 이것은 ‘まさか’가 의심이나 반신반의의 서술태도를 나타낸다는 사실을 반증하는 것으로 볼 수 있다. 이런 의미에서 ‘まさか’는 말하는 시점 기준에서 아직 결론을 내리지 않은 채 추측중임을 나타내는 ‘だろう’와는 잘 어우러지는 것이다.

한편 ‘まさか’는 ‘ようだ’ ‘らしい’와는 호응하지 않는다. ‘ようだ’ ‘らしい’ 는 말하는 사람의 심리내부에서 명제내용이 참이라고 불확실하나마 이미 결론을 내렸음을 나타내는 형식이다. 이미 내려진 그러한 결론에 대해서 ‘まさか’를 사용하여서 의심하거나 뒤집거나 하는 것은 서로 상충되는 일관되지 못 한 서술태도가 된다. 다음 예문에서 확인 할 수 있듯이, ‘まさか〜だろう’의 문형으로 자연스럽게 호응하는 문장에서 ‘だろう’를 ‘ようだ’ ‘らしい’로 바꾸면 상당히 어색하게 되어버린다.

(30) まさか、あの話はうそではないだろう。
　　　　　　　　　　　　/?ようだ・?らしい

(31) まさか人を殺したりはしなかっただろう。
　　　　　　　　　　　　/?ようだ・?らしい

6.2.2. 판단 보류의 표시

'ようだ' 'らしい'와는 달리, 'だろう'는 관용적인 쓰임새이긴 하지만 (32a)와 같이 말하는 시점 기준으로 아직 판단을 보류하고 있음을 나타낼 수 있다. 다음 예문의 'だろう'는 'ようだ' 'らしい'로 바꾸면 어색한 정도를 벗어나 아예 비문법적인 문장이 되어 버린다.

(32a) 被害者だろうが、加害者だろうが、現場にいた以上は調査を受け
　　　なければならない。
(32b) * 被害者のようだが、加害者のようだが、現場にいた以上は調査
　　　を受けなければならない。
(32c) * 被害者らしいが、加害者らしいが、現場にいた以上は調査を受
　　　けなければならない。

(32a)의 '被害者だろうが、加害者だろうが'는 '被害者であれ、加害者であれ' 또는 '被害者にしろ、加害者にしろ' 등으로 바꾸어도 별다른 의미 차이가 발생하지 않는다. 관용적인 쓰임새이긴 하나 'だろう'에만 한정적으로 이러한 쓰임새가 존재하는 이유는 'だろう'가 말하는 시점 기준으로 판단이 종료하지 않았음을 나타내는 형식인 점에 있다고 볼 수 있겠다. 한편 'ようだ' 'らしい'는 불확실하나마 말하는 시점 기준으로 이미 판단이 종료됐음을 나타내는 형식이기 때문에 '판단 보류'라고 부를 만한 위와 같은 문장은 만들어지지 않는 것이다. 형태적으로 'ようだ' 'らしい'가 단순종지형인데 반해서, 다음 문장에서 보여주듯이 'だろう'는 'う/よう'의 형태와 의미를 기본적으로 그대로 내포하고 있기 때문으로 볼 수 있다.

(33) はじめようが、やめようが、私には関係ありません。

　'판단 보류 중'인 것을 표시할 수 있는 근본 원인이 'だろう'가 'う/よう'의 형태를 취하고 있기 때문이라는 본 연구의 기본 입장을 지지하는 내용을 吉田金彦(1971)이 언급하고 있어서 여기에 소개한다. 이하 吉田金彦(1971/149)에서 인용한다.

(34) 「まして私のようなものが、死の<u>う</u>が生き<u>よう</u>が、盲目になろ<u>う</u>がなるまいが、諸君にとっては何事でもないでしょう」(武者小路実篤『その妹』)

　上にあげた推量用法の「う」は、みな〈動詞の終止形＋「だろう」〉の形におきかえられるように、現代語一般では推量の意の「う」は次第に減じ、「だろう」にとって代われつつある。

　실제로 다음 예문과 같이 '~だろうと　~だろうと'의 형태로 '판단 보류'중인 것을 나타내는 실례도 발견된다.

(35) 神経衰弱<u>だろうと</u>、気違い<u>だろうと</u>、大きなお世辞だ。帰れ!帰ってくれ!〈三好十郎『浮標』〉

6.2.3. 의문사(不定語)

　다음 실례에서 'だろう'가 의문사(不定語)인 'なぜ'와 자연스럽게 어울리는 것을 확인할 수 있다.

(36) 信じてみよう。信じてみましょうよ。悔しいだろうけどね。
　　信じ切った夜、あいつの悲しみが分かってくるのは<u>なぜだろう</u>。[11]

---

11) 長賀剛이 노래, 'RUN'에서

‘だろう’는 이 밖에도 ‘誰’ ‘いつ’ ‘いくら’ 등 거의 모든 의문사와 한 문장 안에서 자연스럽게 어울릴 수 있다. 그런데 의문사와 한 문장 안에 함께 있는 ‘だろう’를 ‘ようだ’ ‘らしい’로 바꾸면 다음과 같이 비문법적인 문장이 되어 버린다.

(37a) なぜだろう。 /だれだろう。 /いつからだろう。

(37b) *なぜのようだ。 /*だれのようだ。 /*いつからのようだ。
(37c) *なぜらしい。 /*だれらしい。 /*いつからららしい。

의문사(不定語)와의 어울림에서 ‘だろう’와 ‘ようだ’ ‘らしい’가 이렇게 극단적인 차이를 보이는 이유는 다음과 같이 설명할 수 있을 것 같다. 무엇보다 형태적인 차이가 인정된다. ‘단순 종지형’인 ‘ようだ’ ‘らしい’는 불확실하나마 판단이 종료했음을 나타내는 반면에, ‘う/よう’형태인 ‘だろう’는 말하는 시점 기준으로도 답을 찾아구하는 주체적이며 행위적인 작용 그 자체를 언어화한 것이다. 예를 들면 ‘なぜだろう。’라고 말하며 생각에 잠기는 것은 가능하지만, ‘*なぜのようだ。’ ‘*なぜらしい。’라고 말하며 생각에 잠길 수는 없다. ‘단순종지형’을 사용하여 ‘私はどうする。’라는 서술문은 만들 수 없는데 반하여, ‘う/よう’형을 사용하여 ‘私はどうしよう。’라는 서술문은 만들 수 있는 것과 수평적인 관계라고 볼 수 있겠다. ‘う/よう’의 기본적인 의미가 명제내용을 말하는 시점 기준으로 아직 성립하지 않은 ‘未然’의 내용으로 파악하는 특성을 지니기 때문으로 보인다. ‘未然’이기 때문에 생각할 여지를 남길 수 있는 것이 아닐까?

한편 ‘ようだ’ ‘らしい’는 의문사(不定語)를 내포할 수가 없었다. 불확실하게나마 이미 판단이 종료했다는 것을 나타내려고 해도 명제내용의 일부 구성요소 자체에 결함(미확인 정보)을 포함하는 경우는 유효한 의미를 구성할 수 없기 때문이다. ‘ようだ’ ‘らしい’가 나타내는 진위판단 성립의 의미는 그것이 불확실한 것이더라도, 일단 명제내용은 모두 빠짐없이 완비되고 난 연후에 해당 명제내용이 어떠한 불확실한 모습으로 ‘참’이라고 결론지었음을 나타내는 것이다.[12]

(38) どんなに悲しむことだろう。

(39) 今度だけは君が譲ったらどうだい?

　　どうだろう? まあ! いいよ。

(38') どんなに悲しむこと*のようだ。 /*らしい。

(39') 今度だけは君が譲ったらどうだい?

　　*どのようだ? /*どうらしい? まあ! いいよ。

　위 예문에서 '답을 구하면서 생각에 잠긴다'라는 'だろう'의 의미 특성을 엿볼 수 있을 것 같다. 이른바 '마음 속 혼잣말'이라고도 할만 한 자문자답에 가까운 의미를 지닌다. 이 같은 문장의 'だろう'를 'ようだ' 'らしい'로 바꾸면 비문법적인 문장이 되어 버린다. 즉 'だろう'에는 명확한 사항을 규명하고자 하는 성질이 형식 자체의 의미로 갖추어져 있는 것이다. 그러기에 의문사(不定語)도 규명되어 밝혀져야 할 공란으로 문장 안에 존재할 수 있는 것이다. 이 같은 '답을 찾아 구한다.'라는 작용 그 자체의 언어화시킨 'だろう'와 "불확실하나마 이미 판단이 종료했음"을 나타내는 'ようだ' 'らしい'는 표현의 질이 근본적으로 다른 것이다. '답을 구하면서 생각에 잠긴다.'라는 'だろう'의 마음 속 혼잣말 같은 요소는 소수이긴 하나 일부 선행연구가 지적했던 적이 있다. 이하 吉田金彦(1971/p357)을 인용한다.

(40) 'あの子は、あれで、踊りも習っているんですわ'

　　'(念を押すように)そうでしょ?(わが意をえたように)だらうと思ったん

　　だ……' 13)

　　上の文で'そうでしょ?' は相手に向かっていい、'だろうと思ったんだ' は

---

12) 田中敏生(1983)의 견해를 참조하였다.

13) 이 문장은 다음 실례를 현대어로 번역한 것이다.
　　'あの子は、あれで、踊もならっているんですわ'
　　'(念を押すやうに)さうでせう?(わが意をえたやうに)だらうと思ったんだ……'
　　久保田萬太郎『大寺學校』

*相手の文を受け継いで、自分自身に対して言っているのである。'だろう'は
このように自分に向けて言うのが本義で、相手に向けて言うのはその転用で
ある。*

그 밖에 仁田義雄(1991/P195)는 다음과 같은 예문을 마음속의 발언이라고 설
명하며 마음 속 혼잣말의 실례로 제시하였다.

> (41) その時、若く、やさしげな体つきをしていた女は、その後どうなっ
> た*だろう*?こんな写真を取るぐらいだから、もとより幸せな身の上
> ではあるまい。きっときっと男にだまされだまされして…… 最後
> はいったいどうなった*だろう*?それなりに安定した晩年をむかえた
> の*だろうか*?そんな事はあるまい。(写)

'だろう'의 '마음 속 혼잣말' 같은 요소를 인정하는 입장에서 'だろう'의 '확인'
용법도 무리 없이 설명할 수가 있다. 'だろう'의 확인용법은 해당 명제내용의 진
위여부에 관한 최종적 판단(결론)을 보류하고, 그 판단을 내릴 수 있다고 상정
한 듣는 사람에게 답을 구하는 형식이다. '마음 속 혼잣말'과 '확인'용법의 차이
는 그 답을 자기 자신에게 구하는가*(마음 속 혼잣말)*, 다른 사람에게 구하는가
의 차이일 뿐이다. 자신의 의지를 자신에게 되새김질하는 '의지'표현으로부터,
자신의 의지를 다른 사람이 듣게 만드는 '권유'표현으로 이행하는 과정과 수평
적인 관계에 놓여 있다. '마음 속 혼잣말'로부터 '확인'용법에 이르는 과정은 자
연스럽고 무리 없는 것으로 보인다.

6.2.4. 의문의 종조사 'か'

'ようだ' 'らしい'에 대비하여, 활용 측면에서 'だろう'가 가장 이질적인 특성을
보이는 부분은 'ようだ' 'らしい'가 형식 자체를 의문화시킬 수 없다는데 반하여,
'だろう'는 형식 자체를 의문화시켜서 '~だろうか'의 형태로 자주 사용된다는 점

이다.14)

  (42a) あの二人は学生だろうか?
  (42b) *あの二人は学生のようだか?・らしいか?

‘だろう’의 뒤에 의문종조사인 ‘か’가 접속할 수 있다는 것은 ‘だろう’가 판단 내용의 일부를 아직 의문시하는, 판단 미성립의 의미를 나타내기 때문이다. 형식 자체가 의문형이 될 수 있다고 하는 ‘だろう’의 특성은 ‘だろう’가 확인의 의미를 나타내는 ‘대청자 서술태도 겸용형식’으로도 쓰인다는 것과 관련하여 가장 중요시해야 할 단서를 제공한다. ‘ようだ’‘らしい’가 불확실하나마 이미 결론을 내린 것에 반하여, ‘だろう’는 말하는 사람이 자신의 판단 내용에 관해서 아직 일부 의문을 품고 있다는 것을 나타내는 것이 되고, 그 의문으로 남은 부분의 정보를 듣는 사람에게 확인하는 것이 이른바 ‘だろう’의 확인용법이라고 말할 수 있다.

‘だろう’는 형식 자체의 의미로서 판단 내용의 일부를 의문시하는 서술태도를 나타낸다고 하였는데, 그렇다고 해서 그러한 ‘だろう’의 의미가 본래부터 고유하게 의문을 나타내는 의문종조사인 ‘か’와 동등하다고 하는 것은 결코 아니다. ‘だろう’는 명제내용의 일부를 의문시하는 것과 동시에 일부를 참이라고 인정하는 형식이기도 하다. 이 정도로는 명제내용을 전면적으로 의문시하는 의문종조사인 ‘か’에 비교해서는 나타내는 의문의 의미의 강도가 약하다. 의문의 의미를 나타내는 형식으로써 가장 고유하면서도 강력한 의미 기능을 발휘할 수 있는 것은 역시 의문종조사‘か’이다. 다음 실례에서 ‘だろう’ 뒤에 의문종조사‘か’를 접속시킴으로써 명제내용에 대한 의문의 의미를 강화시키고자 하는 서술태도의 추이를 엿볼 수 있지 않을까 한다.

---

14) 「あの二人は学生らしいか?」 → 「君は、あの二人が学生らしい、と言ったか?」와 같이 발언 자체가 이루어진 적이 있는가 없는가를 되묻는 경우, 또는 「君はあの二人が学生らしいと思うのか?」와 같은 질문문의 경우는 예외이다. 또한 ‘과거형’이나 ‘~です형’도 예외적으로 의문화를 허용하는 일이 있다.

(43) おそらく本格的に引っ越しがすむ13日までには、この書斎に労使
　　　関係のムズカシー書物が並ぶのだろう、か?(フォーカス、1986,3,21)

7. 조동사 'だろう'와 종조사 'ね'의 유사성과 상이점

앞에서 말한 바와 같이 'だろう'는 다는 조동사와는 달리 '대청자 서술태도 겸
용형식'이기도 하기 때문에, 경우에 따라서는 종조사와 매우 유사한 역할을 하
기도 한다. 특히 종조사 'ね'와 극히 유사한 의미를 나타내는 일이 있다. 예를
들면 다음과 같은 예문의 'だろう'는 사실상 종조사 'ね'와 거의 동일한 의미를
나타낸다고 볼 수 있겠다.

　　　(44a) 田中君だ<u>ね</u>?
　　　(44b) 田中君<u>だろ</u>?

　　　(45a) 確かに君も賛成だと言った<u>ね</u>。
　　　(45b) 確かに君も賛成だと言った<u>だろう</u>。

　　　(46a) この仕事、引き受けてくれます<u>ね</u>?
　　　(46b) この仕事、引き受けてくれる<u>でしょ</u>?

이 때문에 조동사 'だろう'와 종조사 'ね'는 자주 비교 대상이 되기도 하고, 실
제로 몇몇 선행연구의 연구테마가 되기도 하였다.[15] 똑같이 조동사에 속하는
'ようだ' 'らしい'와 종조사 'ね'가 비교 대상이 되는 일은 지금까지 선행연구에도
없었고, 이후 연구논문에도 있기 힘들 것이다. 본래는 '대명제 서술태도' 형식이

---

15) 조동사인 'だろう'와 종조사인 'ね'를 비교한 선행연구에는 다음과 같은 것들이 있다.
　　鄭相哲(1992)「いわゆる確認要求のネとダロウ」『日本學報11』大阪大學文學部
　　三宅知宏(1996)「日本語の確認要求的表現の諸相」『日本語教育89』日本語教育學會
　　蓮沼昭子(1995)「對話における確認行爲「だろう」「じゃないか」「よね」の確認用法』『複文の研究
　　(下)』くろしお出版

어야 할 조동사 'だろう'와 '대청사 서술태도' 형식인 종조사 'ね'가 비교 대상이
되는 것 자체가 일본어 문법체계에서 봤을 때, 특이한 현상이라고 말하지 않을
수 없다.

(47a) たぶん、明日は雨が降るだろう。
(47b) たぶん、明日は雨が降るだろうね。

(48a) ほら、だから言っただろう。
(48b) *ほら、だから言っただろうね。

(47a)의 'だろう'에는 종조사 'ね'가 접속할 수 있지만, (48a)의 'だろう'에는 종
조사 'ね'가 접속할 수 없다. (48)과 같은 예문의 'だろう'는 그 자체로 이미 종조
사 'ね'와 마찬가지 역할을 수행하고 있기 때문에, 동일한 기능을 수행하는 형식
이 중복 사용되는 것은 모순되기 때문일 것이다. (48b)와 같이 'だろう'가 대청
자 서술태도를 나타내는 'ね'와 함께 쓰일 수 없는 것은 이러한 문장의 'だろう'
가 대청자 서술태도를 나타내는 종조사 'ね'와 동일한 패러다임에 속하는 것을
의미한다. 역으로 (47b)의 "たぶん明日は雨が降るだろうね。"와 같이 종조사 'ね'
가 붙은 'だろう'는 반드시 추측의 'だろう', 즉 '대명제 서술태도'의 'だろう'라고
보아도 좋다.

'ね'와 'だろう'의 의미 차이를 분석한 선행연구로 森山(1989)를 들 수 있다. 森
山(1989)는 "말하는 사람과 듣는 사람이 처음부터 동일한 의견이라고 예상되는
경우는 'ね'를, 반드시 동일한 의견이라고 예상되지 않는 경우는 'だろう'를 사용
한다"라고 논하고 있다. 다음 예문의 'ね'와 'だろう'는 단독으로 보기에는 거의
의미 차이가 없어 보일지도 모른다.

(49a) A : 田中さんですね?
      B : 違いますよ。
      A : えっ、田中さんでしょ?

(49b) A：田中さんでしょ？
　　　B：違いますよ。
　　　A：?えっ、田中さんですね？

　그런데 'ね'와 'だろう'는 확인하는 영역에 차이가 있어서, 재차 확인을 요구하는 담화에서는 (49a)와 같은 순서로 나타나야지, (49b)와 같이 역으로 나타날 수는 없다.[16)]

8. 맺음말

　본 연구는 'ようだ' 'らしい'와 대립적인 관점에서 다음과 같이 'だろう'의 특성을 정리한다.

- 'ようだ' 'らしい'는 현실을 반영하는 조건절과 잘 호응하는 반면에, 'だろう'는 현실을 반영하지 않는 조건절과 잘 호응한다. 또한 동일한 조건절의 내용을 'ようだ' 'らしい'는 현실을 반영하는 내용으로 만들고, 'だろう'는 현실을 반영하지 않는 내용을 만드는 경향이 있다.

- 'ようだ' 'らしい'는 현실에 실재하는 판단 근거가 있음을 전제로 하는 '근거 전제형' 추측의 의미를 나타내는 반면에, 'だろう'는 그러한 근거를 반드시 전제로 하지는 않는 '근거 비전제형' 추측의 의미를 나타낸다.

- 'ようだ' 'らしい'는 불확실하나마 판단이 종료했음을 나타내는 반면에, 'だろう'는 판단이 종료되지 않았음을 나타낸다. 이 때문에 'だろう'는 결론을 재촉하는 성분과는 그다지 잘 호응하지 못 하는 반

---

16) 이 밖에도 'だろう'는 'じゃないか'와도 자주 비교 대상이 되는 등, 'だろう'의 '대청자 서술태도'적인 성향은 일반적으로 인정되고 있다.

면에, 의심을 나타내는 성분과는 자연스럽게 호응한다. '*ようだ*' '*ら
しい*'는 이와 반대되는 성향을 보인다.

- '*だろう*'에만 확인 용법이 존재하는 이유는 '*だろう*'가 판단이 종료
  하지 않았음을 나타내는 형식이기 때문이다. 판단을 종료시키지 않
  은 채, 일부 의문을 품고 있던 부분의 정보를 대화 상대에게 확인하
  려고 하는 것이 이른바 '*だろう*'의 확인 용법인 것이다.

- '*だろう*'는 조동사이면서도 종조사인 '*ね*'와 유사한 의미를 나타내는
  일이 있어서, 다른 조동사에 비교하여 이질적인 특성을 갖는다.

본 연구는 '*ようだ*' '*らしい*'와 '*だろう*'의 의미 차이를 '단순 종지형'과 '*う/よう*'
의 형태적 대립이란 관점에서 규명하고자 하였다. 여기서는 '*だろう*'와 '*ようだ*'
'*らしい*'로 분석 대상을 제한하였는데, '*みたいだ*' '(*し*)*そうだ*' '*かもしれない*' '*にち
がいない*'[17) 등 다른 추측의 조동사도 '*～だ*'나 '*～い*'의 단순 종지형의 형태를 취
하고 있기 때문에, '*う/よう*' 형태를 취한 '*だろう*'는 상당히 특이하다고 할 수 있
겠다. 그런데, 문법의 체계적인 설명을 위하여 '*だろう*'가 다른 추측의 조동사들
과 함께 일괄적으로 분류됨에 따라서, '*う/よう*'형의 형태와 의미를 내포하는 '*だ
ろう*'만의 고유한 특성이 충분히 인식되어 오지 못 한 것 같다. 이런 점을 포함
하여 본 연구의 분석 내용을 좀 더 면밀하게 발전시키는 것이 앞으로의 과제로
남겨져 있다고 생각한다.

---

17) "'*かもしれない*'는 '조사 2개+부정형'의 결합으로, '*にちがいない*'는 '조사+동사 연용형(명사
상당)+*ない*'의 결합으로 한 낱말의 조동사화되었다"라는 이른바 '組み立て式の助動詞'로
간주하는 寺村秀夫(1984)의 견해를 취한다.

3장 │ 주체추측 'ようだ'와 객체추측 'らしい'

1. 머리말

'ようだ'와 'らしい'가 공통으로 현실 세계에 실존하는 판단 근거가 있는 것을 전제로 하는 '근거 전제형' 추측에 속하며, 상당히 유사한 의미를 나타낸다는 점은 앞에서 논한 바 있다. 예를 들면 다음과 같은 예문에서 두 형식의 의미 차이를 설명하는 것은 그렇게 간단한 문제가 아니다.

> (1a) 明日は雨が降るようだ。
> (1b) 明日は雨が降るらしい。

그러나 두 형식 사이에 미묘하긴 하지만 의미 차이가 있는 것도 사실이다. 여기서는 두 형식의 의미 차이를 집중적으로 분석하기로 하겠다. 'ようだ' 'らしい'는 명제내용에 대한 말하는 사람의 서술태도를 나타내는 형식이므로, 두 형식의 의미 차이도 서술태도를 나타내는 방식의 차이라는 관점에서 분석할 필요가 있을 것 같다. 본 연구는 특히 말하는 사람이 판단의 주인된 입장을 취하는지 아닌지에 초점을 맞추어 두 형식의 의미 차이를 논하고자 한다.

2. 선행연구

선행연구의 예로써 寺村秀夫(1984)와 早津惠美子(1988)를 각각 제시하고, 그에 대한 본연구자의 견해를 논하겠다.

2.1. 寺村秀夫(1984)

寺村秀夫(1984)에서 'ようだ' 'らしい'에 관해서 고찰한 부분을 인용한다.

> "推量のラシイは、推量のヨウダと共通する部分が大きい。客観的な事実を拠りどころにして、概ねこうであろうと推量できるということを相手に言おうとする時に使われる。判断の根拠としている客観的事実は、自分が直接に観察して得た情報であることもあるか、他から得た情報である可能性もある。…中略…ラシイは、その話し手の推量が、自らの主観的な判断よりも他から得た情報に基づくものである可能性のほうが高いという印象を受けるのに対し、ヨウダは逆に、自らの主観を前面に出す傾きがある。このことは話し手の側で、その推量的判断にどれだけ自分が責任をもつ意識があるかということと表裏をなしている。同じく何らかの客観的事実をもとにした推量であっても、その結論が自分の考えであることを言おうとする文章や会話では、ヨウダのほうが適切である。"(P250)

"ラシイよりヨウダのほうが自らの主観を前面に出す傾きがあり、その結論が自分の考えであることを言おうとする文章や会話ではヨウダのほうが適切である。"라고 논한 부분에서 'らしい'에 비해 'ようだ' 쪽이 말하는 사람의 주관을 전면에 내세우는 경향이 있다고 분석하는 등, 서술태도의 차이를 논한 부분에 대해서는 본연구자도 동의하는 바이다. 본 연구는 기본적으로 이러한 관점을 발전시켜 새로운 증거를 가지고 실증적인 분석을 거쳐 두 형식의 구체적인 차이를 엄밀히 가려나갈 것이다.

그러나 "客観的な事実を拠りどころにして……"라고 논한 판단의 근거에 대해서는 입장이 다르다. '객관적'이란 낱말의 의미에는 '어느 쪽에도 치우치지 않고 중립적인' '감정적이지 않고 냉정한' '진실에 가장 가까운' 등과 같이 판단 결과가 잘 못되지 않은 올바른 것인지 아닌지를 따지는 가치판단적 의미가 있어서 오해하 기 쉽다. "재판관은 항상 객관적인 판단을 하지 않으면 안 된다"라고 할 때의 '객관성'을 말하는 것이다. 그런데 판단을 수행할 때는 사실뿐만 아니라 그것을 처리하기 위한 말하는 사람의 주관이라고 하는 것이 필터로 존재하는데, 말하 는 사람은 그 주관이란 필터를 통해서 어떤 사실을 스스로 '객관적 사실'로 인 정하게 되는 것이다. 예를 들면 '구름 낀 하늘'을 보고서 '오늘 비가 오겠다'고 판단한 사람도 '오늘 큰 비는 오지 않겠지'라고 판단한 사람도 '구름 낀 하늘'을 "(寺村가 말하는)客観的な事実を拠りどころにした"로 간주할 것이다. 그렇지만 '구름 낀 하늘'은 단지 말하는 사람의 주관에 의해서 객관적인 사실로 인정되어지게 된 것에 불과하다고 볼 수 있다. 寺村(1984)의 '객관적인 사실'은 '실재하는 사실' 등과 같이 가치판단적 의미로 오해되지 않을 만한 용어로 수정할 필요가 있지 않을까?

명제내용을 나타내는 형식에 비해서, 'ようだ' 'らしい' 등과 같이 서술태도를 나타내는 형식은 말하는 사람의 주관을 나타내는 성격이 강하다. 따라서 두 형 식의 의미 차이를 설명하기 위해서는 서술태도라고 하는 말하는 사람의 주관의 표출 방식의 차이에 초점을 맞추어 설명할 필요가 있을 것이다.

2.2. 早津惠美子(1988)

早津惠美子(1988/P51)의 일부를 인용한다.

"「らしい」と「ようだ」の違いには少なくとも二つの要因が関わっている。判断の根拠が どんなものかという観点と、判断の対象となる事態に対する発話主体の叙述態度がどう であるかという要因である。換言すれば、発話主体の外側の要因と、発話主体の内 側の要因といえる。ところで、判断の根拠としては次の二種類の情報がある。一つ は、発話主体が書物や他者の伝言など何らかの媒介を通して得た情報、以下、「間接的情報」とよぶ。もう一つは、発話主体が自ら得た情報、以下、「直接的情報」とよぶ－である。また、事態に対する発話主体の叙述態度としては次の二種類がある。一つは、判断の対象とする事態や判断の内容を自分に近いものとしてとらえようとする態度。以下、「ひきよせの態度」とよぶ。もう一つは、判断の対象とする事態や判断の内容を自分から一定の距離をおいて捉えようとする態度、以下、「ひきはなしの態度」とよぶ－である。上の二つの要因は次のように「らしい」と「ようだ」の違いに関わっている。まず、間接的情報に基づく判断には「らしい」が用いられることが多く。直接的情報に基づく判断には「ようだ」が用いられることが多い。しかし、たとえ、判断の根拠が間接的情報であっても、「ひきよせの態度」がとられる場合には「ようだ」が用いられ、逆に、直接的情報を根拠にする場合でも、「ひきはなしの態度」がとられる場合には、「らしい」が用いられる。"

早津惠美子(1988)는 판단의 근거가 '직접적 정보'인가 '간접적 정보'인가 하는 것에 우선권을 주고, 그에 따른 2분류를 축으로 하여 말하는 사람의 서술태도를 'ひきよせ' 'ひきはなし'로 움직이면서 설명하고 있는데, 모두 합쳐서 4개의 팩터를 사용한 셈이다. 이 4개의 팩터를 동등하게 다루고 있다.

즉 'ようだ'는 직접적 정보를 판단 근거로 하는 것이 전형적인데, 간접적 정보에 근거한 판단이라도 'ひきよせ'의 태도를 취하는 경우에 한해서 직접적 정보에 근거한 판단인 것처럼 말한다. 'らしい'는 간접적 정보를 판단 근거로 하는 것이 전형적인데, 직접적 정보에 근거한 판단이라도 'ひきはなし'의 태도를 취하는 경우에 한해서 간접적 정보에 근거한 판단인 것처럼 말한다. 이렇게 정리할 수 있겠다. 이와 같이 4개의 팩터를 동등하게 다루고 있기 때문에 'ようだ' 'らしい' 자체가 본질적으로 나타내는 서술태도의 차이를 알기 어렵게 되어있다. 설령 4개의 팩터를 설정한 것이 적절하였다 하더라도, 외국인 일본어학습자의 교육용 모델로는 팩터가 너무 많다는 부담이 남는다. 가능하면 하나의 형식에 하나의 팩터라는 식으로 다이제스트된 설명이 바람직하겠다.

반복해서 언급하지만 'ようだ' 'らしい'는 명제내용에 대한 말하는 사람의 서술태도를 나타내는 형식이므로, 그 의미 차이를 설명하기 위해서도 역시 서술태도의 표출 방식의 차이에 초점을 맞추어 설명할 필요가 있다. 본 연구는 다음과 같은 기본 입장에 근거하여 'ようだ' 'らしい'가 나타내는 서술태도의 차이에 초점을 맞춘 새로운 분석을 시도해 보기로 하겠다.

3. 본 연구의 입장

본 연구는 판단 근거가 어떠한 것인가 하는 것과는 무관하게, 말하는 사람의 서술태도가 단일한 팩터로 작용하여 'ようだ'는 '주체 추측'의 의미를 'らしい'는 '객체 추측'의 의미를 나타낸다는 기본 입장을 취한다. '주체 추측' '객체 추측'의 정의는 다음과 같다.

• '주체 추측'
주체 추측이란 말하는 사람이 자신의 판단 및 판단이 나타내는 명제내용에 대해서 주체적인 서술태도, 즉 판단의 주인된 태도를 취하는 추측이라고 정의한다. 말하는 사람의 고유한 판단이라는 의식이 있고, 판단의 최종적인 책임이 말하는 사람에게 있는 것을 암묵적으로 인정하는 태도를 나타낸다.

• '객체 추측'
객체추측이란 말하는 사람이 자신의 판단 및 판단이 나타내는 명제내용에 대해서 객체적인 서술태도, 즉 제삼자적인 태도를 취하는 추측이라고 정의한다. 말하는 사람 고유의 판단이라는 의식이 없고 판단의 최종적인 책임이 말하는 사람에게 없음을 은연중에 내비치는 태도를 취한다.

4. '私が思うには' 테스트[1]

다음 절부터 구체적인 분석에 들어가기로 하겠는데, 그 전에 본연구의 기본적인 입장을 간단히 확인해두기 위해, 말하는 사람 자신이 판단의 주체임을 확연히 들어내는 '私が思うには'와의 공기관계(共起關係)를 테스트해보기로 하겠다.

 (2a) あの人が犯人のようだ。
 (3a) 彼は去年の学会には参加していなかったようだ。
 (4a) やはり私の判断が間違っていたようだ。

 (2b) あの人が犯人らしい。
 (3b) 彼は去年の学会には参加していなかったらしい。
 (4b) やはり私の判断が間違っていたらしい。

위 예문들은 동일한 명제내용에다가 문말형식(文末形式)만 각각 'ようだ' 'らしい'로 변화시켜 만든 작례(作例)들이다. 판단의 주체가 누구인지를 드러내지 않는 위와 같은 문맥에서는 'ようだ' 'らしい' 두 형식 모두 극히 자연스러운 문장인 것을 알 수 있다.

 (2a') 私が思うには、あの人が犯人のようだ。
 (3a') 私が思うには、彼は去年の学会には参加していなかったようだ。
 (4a') 私が思うには、やはり私の判断が間違っていたようだ。

 (2b') ?私が思うには、あの人が犯人らしい。

---

1) 이 테스트는 森山(1989)의 '思うに'테스트에서 착안하였다. 단 森山(1989)는 '思うに'테스트를 '狀況把握(종래의 추측)'과 '情報把握(종래의 傳聞)'을 구분하는 수단으로 제안하였다. 그러나 본 연구는 이 테스트를 '주체 추측'과 '객체 추측'을 구분하는 수단으로 자리매김하기로 하겠다. 또한 '思うに'의 주어는 일본어에서 통상적으로 1인칭 단수로 해석하지만, 일본어가 모어가 아닌 사람의 이해를 돕기 위해서 주어가 1인칭인 것을 명시하였다.

(3b') ?私が思うには、彼は去年の学会には参加していなかったらしい。

(4b') ?私が思うには、やはり私の判断が間違っていたらしい。

　그런데 판단의 주체가 말하는 사람 자신인 것을 드러내는 '私が思うには'와 공기시키면, 두 형식의 자연스러움에 차이가 드러나게 된다. 위 예문에서 알 수 있듯이 '私が思うには'와 'ようだ'의 공기는 자연스러운데 반하여, 'らしい'와의 공기는 부자연스러운 것을 확인 할 수 있다. 'ようだ'가 '私が思うには'와 자연스럽게 어울려 판단의 주체가 말한 사람 자신인 것을 드러낼 수 있다는 것은 말한 사람이 자신의 판단에 대해서 판단의 주인된 태도를 취하는 '주체 추측'인 것을 의미한다. 반면에 'らしい'와 '私が思うには'와의 공기가 부자연스럽다고 하는 것은 판단의 주체가 말한 사람인 것을 전면에 내세울 수 없는, 판단에 대해서 제삼자적인 태도를 취하는 '객체 추측'인 것을 시사한다. 이 밖에도 말한 사람이 판단의 주체인 것을 드러내는 '私の判断では' '私の考えでは' 등과 공기시켜 보면 'らしい'보다 'ようだ' 쪽이 훨씬 자연스러운 것을 확인할 수 있을 것이다.

(5a) <u>私の個人的な感情を言えば</u>、緑さんというのはなかなか素敵な女
　　 の子の<u>ようです</u>ね。(ノ下・p.219)

　'ようだ'와 'らしい' 사이의 이 같은 차이는 작례(作例)에서 뿐만 아니라 (5a)와 같은 실례에서도 확인할 수가 있다. 밑줄 친 '私の個人的な感情を言えば'는 말한 사람이 판단의 주체인 것을 나타내는 수식성분이다. 이 같은 수식성분과 'ようだ'는 극히 자연스럽게 어울리고 있는데, 이 문장의 'ようだ'를 'らしい'로 바꾸면 (5b)와 같이 기묘한 문장이 되어 버린다.

(5b) ?<u>私の個人的な感情を言えば</u>、緑さんというのはなかなか素敵な女
　　 の子<u>らしいです</u>ね。

(5c) 緑さんというのはなかなか素敵な女の子<u>らしいです</u>ね。

　이 역시 판단에 대해서 주체적인 태도를 취하는 수식성분인 '私の個人的な感

情を言えば'와 판단에 대해서 객체적인 태도를 취하는 객체 추측인 'らしい'가 한 문장 안에서 의미적으로 충돌을 일으켰기 때문이다. 실제로 '私の個人的な感情を言えば'란 수식성분을 떼어내고 'ようだ'를 'らしい'로 바꾸면 (5c)와 같이 자연스럽고 안정적인 문장이 될 수 있다.

5. 주체 추측 'ようだ'와 객체 추측 'らしい'

여기서는 3절에서 제시한 본 연구의 기본 입장을 입증하기 위해서, 우선 판단 근거를 3종류로 세분하여 구체적인 상황 설정을 해 놓고 의미 차이를 따져 보기로 하겠다. 판단 근거가 어떤 성질의 것이었나 하는 것과는 무관하게 3가지 상황 모두에서 'ようだ'는 주체 추측의 의미를 나타내는 반면에, 'らしい'는 객체 추측의 의미를 나타내는 것을 입증하기로 하겠다.

旡津(1988)는 어떤 매개체를 통해 얻은 정보를 '간접 정보'라고 하고, 말하는 사람이 스스로 얻은 정보를 '직접 정보'라고 하여, 판단 근거가 되는 정보를 2종류로 나누었다. 이 같은 旡津의 2분법에 따르면, 말한 사람 자신의 기억·감정·직감 등과 같은 것들도 '직접 정보'에 포함되게 된다. 그러나 이런 종류의 정보들은 본래 말하는 사람 자신 안에 내재된 것이므로, 본 연구에서는 旡津가 정의한 외부세계로부터 얻은 '직접 정보'와는 구별하여 '내재 정보'라고 하기로 하겠다. '내재 정보'는 말하는 사람이 어떠한 형태로든 다른 사람에게 드러내지 않는 한, 말하는 사람 자신 밖에는 파악할 수 없다는 특성이 있다. 이 점에서 누구라도 접촉할 수 있는 외부 세계에 존재하는 旡津(1988)의 '직접 정보'와는 성격이 다른 것이다.

따라서 본 연구는 판단 근거가 되는 정보를 '직접 정보' '간접 정보' '내재 정보' 로 3분류하기로 하겠다. 단 판단 근거를 3분류 한 것이 판단 근거가 어떤 성질의 것인가 하는 점이 이들이 나타내는 의미에 영향을 미치기 때문은 아니

다. 단지 조건을 달리 하는 상황별로 세분해 놓고 좀 더 정밀한 분석을 수행하기 위한 구체적인 조건 설정에 지나지 않는다. 판단 근거가 어떤 성질의 것인가 하는 것과는 무관하게 말하는 사람의 서술태도가 단일 팩터로 작용하여 'ようだ'는 주체 추측의 의미를, 'らしい'는 객체 추측의 의미를 나타낸다고 하는 본 연구의 기본 입장을 재차 확인해 두는 바이다.

5.1. 간접 정보

다음 예문은 동일한 명제내용에 문말형식만 각각 'ようだ' 'らしい' 로 변화시킨 작례(作例)이다.

> (6a) 外信報道を*総合・分析*すると、ソ聯のクーデターは失敗する可能
> 性が高い<u>ようだ</u>。
> (6b) 外信報道を*総合・分析*すると、ソ聯のクーデターは失敗する可能
> 性が高い<u>らしい</u>。

위 예문에서 확인할 수 있듯이 판단 근거가 간접 정보인 것을 분명히 명시한 문맥 안에서 'ようだ' 'らしい' 두 형식 모두 자연스러운 문장으로 성립한다. 즉 尾津(1988)가 말하듯이 판단 근거가 간접 정보인 것이 'らしい'의 사용을 우선적으로 결정하는 팩터가 아니다. 말하는 사람이 판단의 주인된 태도를 취하는가 아닌가가 가장 우선적인 팩터이다. 예를 들면 (6a)의 'ようだ'는 외신 보도라는 간접 정보를 판단 재료로 삼아서, 말한 사람 스스로가 그 간접 정보를 토대로 종합·분석하여 쿠데타는 실패할 것이라는 최종적인 결론을 내린 것, 즉 말한 사람 자신이 종합·분석이란 최종적인 판단의 주인인 것을 전면에 내세우는 주체 추측의 의미를 나타낸다. 밑줄 친 부분에 주목하자. 'ようだ'는 밑줄 친 부분의 최종적인 판단의 주인이 말한 사람 자신인 것을 명확히 드러내는 주체 추측의 의미를 나타낸다. 그에 반하여 (6b)의 'らしい'는 밑줄 친 최종적인 판단(종

합·분석)의 주인이 말한 사람 자신이란 것을 명확히 드러내지 않는다. 오히려 최종적인 판단을 내린 사람은 말한 사람이 아닌 다른 사람이고, 말한 사람은 단지 그 다른 사람의 판단에 공감하는 정도의 제삼자적인 입장을 취하는 객체 추측의 의미를 나타낸다.

(7a) 当時現場にいた目撃者たちの証言を<u>まとめて推定する</u>と、運転手の居眠りが事故の原因であった<u>ようだ</u>。

(8a) 双方の弁護側の主張を<u>比較・検討する</u>と、そのどちらかが一方的に悪かったとも言えない<u>ようだ</u>。

(7b) 当時現場にいた目撃者たちの証言を<u>まとめて推定する</u>と、運転手の居眠りが事故の原因であった<u>らしい</u>。

(8b) 双方の弁護側の主張を<u>比較・検討する</u>と、そのどちらかが一方的に悪かったとも言えない<u>らしい</u>。

(7a)(8a), (7b)(8b)도 마찬가지이다. 'ようだ'는 어떠한 매개체를 통해서 얻은 간접 정보를 판단 재료로 삼아서, 그 간접 정보에다가 말한 사람 자신이 주체적으로 최종적인 판단(밑줄 친 부분들)을 덧붙였다는 주체 추측의 의미를 나타낸다. 반면에 'らしい'는 밑줄 친 최종적인 판단을 내린 사람은 말한 사람이 아닌 다른 사람이고, 말한 사람은 단지 그 다른 사람의 판단에 공감하는 정도로 제삼자적인 입장을 취하는 객체 추측의 의미를 나타낸다. 즉 판단 근거가 간접 정보인지 아닌지는 'ようだ' 'らしい'가 나타내는 추측의 의미의 본질적인 차이와는 무관한 것이다. 간접 정보를 재료로 삼아 최종적으로 내린 판단(밑줄 친 부분들)에 대해서 말하는 사람이 판단 주체로서의 주체적인 태도를 취하는가, 제삼자로서의 객체적인 태도를 취하는가가 두 형식의 의미 차이를 좌우하는 본질적이고도 유일한 팩터인 것이다.

5.2. 직접 정보

早津(1986)는 다음과 같은 예문을 제시하여 판단 근거가 직접 정보인 것이
문장 안에 명시된 경우, '<ようだ'를 'らしい'로 바꾸면 다소 문장이 어색해지는
점을 지적하고 판단 근거가 직접 정보인지 아닌지에 우선권을 주었다.

> (9a) 店内をひととおり回って見たが、この店の品物はどれも他の店よ
> り一割ぐらい安いようだ。
> (10a) 山田さんと一時間ほど話してみましたが、彼の話し方には時々関
> 西弁がまじるようですね。

문맥을 그대로 둔 채로 'ようだ'를 'らしい'로 바꾼 다음 예문들은 다소 문장이
어색해져서 早津(1986)의 설명이 얼핏 설득력이 있는 것처럼 느껴지기도 한다.

> (9b) ?店内をひととおり回って見たが、この店の品物はどれも他の店よ
> り一割ぐらい安いらしい。
> (10b) ?山田さんと一時間ほど話してみましたが、彼の話し方には時々
> 関西弁がまじるらしいですね。

그러나 다음 예문과 같이 판단 근거가 직접 정보인 것을 명시한 문맥을 때어내면,
'ようだ' 'らしい' 두 형식 모두 극히 자연스러운 문장으로 남을 수 있게 된다.

> (9a') この店の品物はどれも他の店より一割ぐらい安いようだ。
> (10a') 彼の話し方には時々関西弁がまじるようですね。

> (9b') この店の品物はどれも他の店より一割ぐらい安いらしい。
> (10b') 彼の話し方には時々関西弁がまじるらしいですね。

이것은 무엇을 의미하는 것일까? 먼저 판단 근거가 직접 정보인 것을 문맥에

명시한 채로 '6しい'를 사용한 (9b)(10b)가 부자연스러워진 이유부터 생각해 볼 필요가 있겠다. 판단의 근거가 된 정보를 말하는 사람이 스스로 직접 얻었다는 사실을 일부러 명시했다는 것은 이미 그 정보에 근거한 판단에 대해서도 주체적인 태도를 취한 것이 된다. 이것은 판단에 대해서 제삼자적인 태도를 취하는 객체 추측의 '6しい'와는 서로 모순되는 것이다. 이 같은 설명은 판단 근거가 직접 정보인 것을 문맥정보로 따로 명시하지 않고 '6しい'를 사용한 문장은 자연스러운 문장이 된다는 점에서 타당성이 인정된다. 따라서 굳이 일부러 이 같은 모순을 한 문장 안에 혼재시키는 것은 무의미하다. 말하는 사람은 가장 우선적으로 주체적인 태도를 취할지 객체적인 태도를 취할지를 결정하고 나서, 주체적인 태도를 취할 것이라면, (9a)(10a)이나 (9a')(10a')를 사용하고, 객체적인 태도를 취할 것이라면, 판단 근거가 직접 정보였다 하더라도 굳이 드러내지 않고 (9b')(10b')를 사용하면 된다. 즉 早津(1988)의 주장처럼 현실세계에서 판단 근거가 직접 정보였는지 아니었는지가 본질적인 문제가 아니라, 판단 근거 및 그에 근거한 판단에 대해서 말하는 사람이 주체적인 태도를 취하는지 객체적인 태도를 취하는지가 가장 우선적이고 본질적인 문제인 것이다. 말하는 사람이 객체적인 태도를 취하고 싶다면, 비록 현실세계에서 판단 근거가 직접 정보였다 하더라도 서로 상충되는 내용은 아예 명시하지 않고 '6しい'를 사용하면 그걸로 그만인 것이다.

(9b) ?店内をひととおり回って見たが、この店の品物はどれも他の店より一割ぐらい安いらしい。

(10b) ?山田さんと一時間ほど話してみましたが、彼の話し方には時々関西弁がまじるらしいですね。

(9c) ?私が思うには、この店の品物はどれも他の店より一割ぐらい安いらしい。

(10c) ?私が思うには、彼の話し方には時々関西弁がまじるらしいですね。

이는 말하는 사람이 객체 추측의 의미를 나타내고 싶다면, '私が思うには'와 같이 판단 주체가 말하는 사람 자신인 것을 드러내는 수식어구를 일부러 한 문장 안에 공기시켜서 부자연스러운 문장을 만들 리가 없는 것과 동일한 이치이다. 현실 세계에서 판단 근거가 직접 정보였던 것이 문제를 일으킨 것이 아니라, 일부러 그것을 입 밖으로 드러내어 명시한 말하는 사람의 주체적인 태도가 문제를 일으킨 것이다. 그것은 '私が思うには' '私の判断では' '私の考えでは' 등과 같이 판단에 대해서 주체적인 태도를 취하는 수식어구를 'らしい'와 한 문장 안에 공기시킨 것과 본질적으로는 동일한 유형의 모순을 유발시킨 셈이 된다.

판단 근거가 직접 정보이든 아니든 'ようだ'는 주체 추측의 의미를, 'らしい'는 객체 추측의 의미를 나타낸다는 점이 우선적이고 유일한 단일 팩터로 작용한다. 즉 'ようだ'는 '値段が安い' '関西弁がまじる'라고 독자적으로 판단한 것은 말한 사람 자신이라는 '주체 추측'의 의미를, 'らしい'는 그러한 판단을 한 주인공은 말한 사람이 아닌 다른 사람이고, 말한 사람은 그 다른 누군가의 판단에 동의하는 듯한 '객체 추측'의 의미를 나타낸다.

또한 드물기는 하나 판단 근거가 직접 정보인 것을 명시한 문맥에서도 'らしい'가 허용되는 일이 간혹 있기도 하다. 단 그 경우에도 'ようだ'는 주체 추측의 의미를, 'らしい'는 객체 추측의 의미를 나타낸다는 기본 원칙은 변함이 없다.

> (11a) こんなのも持ち上げられないなんて、僕も年をとった<u>ようだ</u>。
> (11b) こんなのも持ち上げられないなんて、僕も年をとった<u>らしい</u>。

위의 두 예문의 'ようだ'와 'らしい'를 비교하면, 'らしい'는 판단 대상으로서의 말하는 사람(僕)과 판단 주체로서의 말하는 사람 사이에 일정한 심리적 거리를 두고 제삼자적인 입장에서 판단하는 듯한 어감이 느껴진다. 자기 자신의 일이면서도 마치 다른 사람(제삼자)의 일인 것처럼 말하는 듯한 인상이 남는 것으로 느껴진다. 여기서도 판단 근거가 직접 정보인 사실은 'ようだ' 'らしい'의 본질적인 의미 차이와는 무관함을 확인할 수 있다. 판단 근거가 직접 정보인 것을 명

시한 문맥과 'らしい'가 자연스럽게 공기할 수 있는 위 예문과 같은 반증 사례가
있다는 사실에 비추어 보아도, 판단 근거에 우선권을 부여한 寺津(1988)는 역시
수정할 필요가 있다고 말하지 않을 수 없겠다.

5.3. 내재 정보

다음 예문은 말하는 사람 자신의 기억·감정·직관 등과 같은 내재 정보를
판단 근거로 삼았다고 말할 수 있겠다.

> (12a) この辺が体力の限界の<u>ようだ</u>。
> (13a) 最近物覚えが悪くなった<u>ようだ</u>。
>
> (12b) この辺が体力の限界<u>らしい</u>。
> (13b) 最近物覚えが悪くなった<u>らしい</u>。

이 같은 문장의 문말형식을 'ようだ'에서 'らしい'로 바꾸면, 미묘하긴 하지만
두 문장이 내포하는 의미는 다소 달라진다. 'ようだ'를 사용한 문장은 말한 사람
자신에게 내재된 직관 등과 같은 내재 정보에 근거한 말한 사람 고유의 판단,
즉 판단의 주인된 태도를 취하는 주체 추측의 의미를 나타낸다. 반면에 'らしい'
를 사용한 문장은 예를 들면 제삼자로부터 "자네, 요즘 좀 기운이 없어 보이네"
"그런 일도 기억 못 하면 곤란하지"등과 같은 이야기를 들었을 때 어울리는 표
현으로 보인다. 말한 사람 자신의 일이면서도 말한 사람 고유의 판단이란 의식
은 별로 없고, 그 결과 마치 남의 판단을 빌려 온 것 같은 객체 추측의 형태를
취하는 것이다.

그런데 문맥에 따라서는 내재 정보가 판단 근거인 'ようだ'를 'らしい'로 바꾸
면, 마치 주체와 객체가 반전된 것과 같은 인상을 주는 일이 있다. 이 현상은
'주체 추측' '객체 추측'이란 본 연구의 기본 입장을 정의하는 직접적인 계기가

되었다.

    (14a) 今の話は以前に聞いたことがある<u>ようだ</u>。
    (15a) 彼女のことがだんだん好きになっていく<u>ようだ</u>。
    (16a) 朝から何となく胃が痛む<u>ようだ</u>。

아무런 문맥정보도 따로 주지 않은 위와 같은 문장에서 생략된 주체는 대개의 경우 어느 쪽인가 하면 말한 사람 자신인 것으로 받아들여진다. 즉 이야기를 들은 적이 있는 사람, 그녀가 점점 좋아지는 사람, 위가 아픈 사람은 대개의 경우 말한 사람 자신이라는 의미를 내포한다. 그런데 이들 문장의 'ようだ'를 'らしい'로 바꾸면 마치 주체와 객체가 반전된 것과 같은 인상을 받는 것이다.

    (14b) 今の話は以前に聞いたことがある<u>らしい</u>。
    (15b) 彼女のことがだんだん好きになっていく<u>らしい</u>。
    (16b) 朝から何となく胃が痛む<u>らしい</u>。

'らしい'를 사용한 이들 문장의 생략된 주체는 대개의 경우 말한 사람이 아닌 다른 사람인 것 같은 인상을 받는 것이 보통이다. 즉 (14a)(15b)(16b)에서 이야기를 들은 적이 있는 사람, 그녀가 점점 좋아지는 사람, 위가 아픈 사람은 대개의 경우 말한 사람 자신이 아닌 다른 사람이라는 의미를 내포한다. 'ようだ'를 'らしい'로 바꾼 것 뿐인데, 말한 사람 자신의 일을 서술 대상으로 삼았던 문장이 다른 사람의 일을 서술 대상으로 삼은 문장으로 뒤바뀐 것 같은 인상을 받게 되는 것이다. 이같이 주체와 객체가 반전된 듯 한 인상을 받게 되는 기본적인 요인은 역시 'ようだ'의 주체 추측의 의미 특성과 'らしい'의 객체 추측의 의미 특성이라고 볼 수 있겠다. 그런데 또 다른 중요 요인은 이들 문장의 판단 근거가 '내재 정보'라는 점이다. 앞서 정의하였듯이 말하는 사람 자신의 기억·감정·직관 등과 같은 '내재 정보'는 말하는 사람이 다른 사람에게 일부러 드러내 보이지 않는 한은 말하는 사람 자신 밖에는 파악할 수 없다는 특성이 있다. 말하는 사람 자신 밖에 파악할 수 없을 정도로

자신에게 밀착된 정보에 근거한 판단에 대해서 마치 남의 일 이야기하듯이 제삼자적인 태도를 취하는 것이 주체와 객체가 반전된 듯 한, 어느 의미에서는 착각과도 같은 현상을 일으키는 것으로 볼 수 있겠다. 도저히 남 이야기하듯 할 수 없는 사항에 대해서 남 이야기하듯 한 것이 정말로 남 이야기로 들리게끔 작용한 것이다.

그러나 '내재 정보'가 판단 근거가 된 문장에서 'らしい'의 사용이 부적절하다는 주장을 하는 것은 아니다. 예를 들면 '私は娘の結婚がうれしいらしい'와 같이, 말하는 사람이 자기 마음을 'らしい'를 사용하여 객체적으로 표현한다면 그것이 문제될 이유는 없다. 특정 문맥에서는 'らしい'를 사용한 이러한 문장의 주체가 말하는 사람 자신인 경우도 충분히 상정할 수 있다. 단 그 경우라도 자기 일에 대해서 말하고 있다는 의식이 약하고, 판단 주체인 자신을 판단 대상인 자신으로부터 분리시켜 심리적으로 거리를 두고 거의 다른 사람의 입장에서 말하는 듯 한 인상을 받게 된다.

6. 관련 문제

앞 절에서 판단 근거의 성질과는 무관하게 말하는 사람의 서술태도가 단일 팩터로 작용하여 'ようだ'는 주체 추측의 의미를 나타내고, 'らしい'는 객체 추측의 의미를 나타낸다는 점을 확인하였다. 이 같은 'ようだ'와 'らしい'의 특성 차이와 관련하여 다양한 문제가 있을 수 있는데, 그 중에서 'らしい'와 전문(傳聞)의 'そうだ'와의 차이점, 판단의 책임성의 차이점에 관해서 간략히 언급하고자 한다.

6.1. 객체 추측의 'らしい'와 전문(傳聞)の'そうだ'

간접적으로 얻은 정보를 정보 그 자체의 형태로 다시 다른 사람에게 그대로

전달하는 형식을 '전문'이라고 정의하고, 그 정보를 판단의 재료로 삼아서 말하는 사람의 판단을 추가한 형태로 듣는 사람에게 전하는 형식을 '추측'이라고 정의하기로 하자. 이렇게 구별할 경우 'らしい'는 말하는 장면에 따라서 마치 '전문'인 것 같은 인상을 받는 일이 있다. 早津(1988), 森山(1989) 등의 선행연구가 이 점을 지적하고 있기는 하나, 전문의 'そうだ' 등과의 엄밀한 상이점을 지적한 선행연구는 필자의 조사범위내에서는 발견되지 않았다. 여기서는 이 점에 관해서 살펴보기로 하겠다.

실제 동일한 담화 중에서도 'らしい'와 전문의 'そうだ'가 번갈아가면서 사용되는 일이 흔히 있다. 다음 예문을 주목하자. 다음 예문의 'らしい'를 'そうだ'로 바꾸거나 'そうだ'를 'らしい'로 바꾸어도, 얼핏 보기에는 의미 차이가 발생하지 않는 것처럼 느껴질 수 있을 지도 모르겠다.

> (17) さいわい間借りしていたところのおかみさんが親切で、赤ん坊に湯
> もつかわしてくれたりした*らしいんですがね*、あの日はお祭で、続
> けて行っていた道路工事が休みだった*そうですよ*。暑い日でね、
> 赤ん坊に泣かれて、いいかげんくたびれていた。ええい、赤ん坊な
> んかおいて泳ぎにいけとばかり、家を飛び出した*らしいんです*。
> (氷)

또한 다음과 같은 담화장면의 'らしい'도 명제내용을 정보 그 자체의 형태로 전달하고 있는 것인지, 말하는 사람의 판단을 추가한 형태로 전달하고 있는 것인지 극히 애매하게 느껴진다.

> (18) アンナ: 山ちゃん!奥さんから連絡があったのよ!
> 山崎: ?
> アンナ: 坊やが倒れた*らしいわ*!
> 山崎: えッ *(M)*

이 같은 이유로 森山卓郎(1989) 등의 선행연구는 이런 쓰임새의 'らしい'를 전문으로 분류하는 견해도 있다. 그러나 궁극적으로 이러한 현상은 'らしい'가 판단 및 판단 내용에 대해서 제삼자적인 태도를 취하는 객체 추측이기 때문에 일어나는 것이다. 즉 간접 정보를 판단 근거로 삼는 'らしい'는 말하는 사람의 판단을 덧붙이기는 덧붙이지만, 그 판단에 대해서 마치 제삼자인 듯 한 태도를 취하기 때문에, 정보를 정보 그 자체의 형태로 전달하는지 자신의 판단을 덧붙인 형태로 전달하는지, 장면에 따라서는 극히 애매모호해지는 경우가 생기는 것이다. 그러나 역시 객체 추측의 'らしい'는 전문의 'そうだ'와는 근본 성격이 상이하다고 보아야 할 것이다.

(18a) 山崎の妻：'すみませんが、山崎が寄りましたらすぐに聯絡するよ
　　　　　　うに言って下さい。　子どもが倒れたんです'
　　　　　（しばらくして山崎が来る）
　　　アンナ：山ちゃん!奥さんから連絡があったのよ!
　　　山崎：?
　　　アンナ：坊やが倒れたらしいわ!/倒れたそうよ!/倒れたんだって!
　　　山崎：えッ

(18b) 山崎の妻：'すみませんが。山崎が寄りましたらすぐに連絡するよ
　　　　　　うに言って下さい。子どもが急に気分が悪いと言い出
　　　　　　して苦しがってて。もうどうしたらいいやら……'
　　　　　（しばらくして山崎が来る）
　　　アンナ：山ちゃん!奥さんから連絡があったのよ!
　　　山崎：?
　　　アンナ：坊やが倒れたらしいわ!/?倒れたそうよ!/?倒れたんだって!
　　　山崎：えッ

　실례(18)을 재구성한 위의 두 가지 작례(作例)에서 알 수 있듯이, 제삼자의 발언을 그대로 전달하는 경우인 (18a)는 'らしい'나 전문의 'そうだ'나 '…(だ)って' 중의 어느 것이라도 사용할 수 있지만, 아주 조금이라도 말하는 사람의 판단이 덧붙여진 경우인 (18b)에서는 허용도에 약간의 차이가 생겨난다. 이러한 예문 비교를 보아도 역시 'らしい'는 전문 형식들과는 근본 성격을 달리하는 형식이며, 제삼자적인 입장을 취하긴 하지만 어디까지나 말하는 사람을 판단을 덧붙이는 '객체 추측'이라고 정의해야 할 것이다.

6.2. 판단의 책임성

주체 추측의 'ようだ'와 객체 추측의 'らしい' 사이에는 판단에 대한 책임 표명이란 점에서 차이가 인정된다.

> (19a) 操作を間違って機械が壊れてしまったようです。
> (19b) 操作を間違って機械が壊れてしまったらしいです。

물론 조작을 잘못해서 기계를 고장낸 장본인이 죄송한 마음을 담아서 말하는 것이라면, (19a)와 같이 'ようだ'를 사용하거나 '壊してしまいました'와 같은 단정형의 사용이 요구될 것이다. 그런데 책임 회피를 위해서 의도적으로 'らしい'를 사용했다고 한다면, 기계를 고장낸 장본인으로서 너무나도 무책임하게 느껴질 것이다. 기계를 고장낸 사람이 마치 말하는 사람이 아닌 다른 사람인 것 같은 인상을 줄 우려조차 있을 수 있을 것이다.

> (20a) (大蔵大臣が)
>   今回の証券不祥事は、大株主からの働きかけもその一因であっ
>   たようです。
>
> (21a) (工事責任者が)
>   この工事を今月末頃まで終えるのはどうも無理のようだ。

직업적인 입장으로 보아서 위 예문의 말하는 사람은 책임 있는 발언이 요구

된다고 상정할 수 있겠다. 판단의 최종적인 책임이 말하는 사람에게 있다는 것을 암묵적으로 인정하는 주체 추측의 'ようだ'는 이러한 문맥과 잘 호응한다. 그러나 위 예문의 'ようだ'를 아래 예문과 같이 'らしい'로 바꾸면, 말하는 사람 자신이 책임을 지지 않으면 안 될 판단 내용에 대해서 상당히 무책임한 발언을 하는 듯 한 인상을 남기게 될 것이다.

 (20b) (大蔵大臣が)
   今回の証券不祥事は、大株主からの働きかけもその一因であっ
   たらしいです。

 (21b) (工事責任者が)
   この工事を今月末頃まで終えるのはどうも無理らしい。

이것은 'らしい'가 판단의 최종적인 책임이 말하는 사람에게 없다는 것을 암시하는 '객체'추측의 의미를 나타내기 때문이다. 만약 'らしい'가 寺村(1984)의 설명처럼 '객관'적인 사실을 근거로 하는 '객관'적인 추측의 의미를 나타낸다면, 위와 같은 문맥에서도 적절하다고 느껴져야 이치에 맞지 않을까? 위와 같이 책임 있는 발언이 요구되는 장면에서는 그야말로 '객관'적인 판단에 근거한 발언이 요구되기 때문이다.

7. 맺음말

본 연구는 말하는 사람이 "자신의 판단에 대해서 주체적인 태도를 취하는가 객체적인 태도를 취하는가" 라는 서술태도의 표출 방식의 차이점에 초점을 맞추어 'ようだ'와 'らしい'의 의미 차이를 설명하고자 하였다. 언어는 현실세계를 있는 그대로 반영하는 것이 아니라, 항시 말하는 사람의 주관이란 필터를 거쳐서 반영하는 것이다. 특히 'ようだ' 'らしい' 등과 같이 말하는 사람의 서술태도를 나타내는 형식을 설명하기 위해서는 현실세계의 판단 근거가 어떠한 성질의 것이었나 하는 점에 일일이 얽매여서는 안된다고 생각한다. 판단 근거가 어떠한 성질의 것이었던 간에, 말하는 사람의 서술태도가 단일 팩터로 작용하여 'ようだ'는 주체 추측의 의미를 나타내고, 'らしい'는 객체 추측의 의미를 나타낸다고 상정하였던 3절의 기본 입장은 4절과 5절의 분석으로 입증되었다고 생각한다. 그러나 말하는 사람의 서술태도의 차이가 모든 경우에 예외 없이 나타나는 것이 아니라는 점도 인정하지 않을 수 없다. 그러한 구체적인 어용론적인 분석은 향후 과제로 남겨두고 본고를 마친다.

4장 | 일본어 추측 표현의 체계[*]

1. 일본어의 명제내용와 서술태도

이 장에서는 1, 2, 3장의 분석 내용을 포함하여, 일본어 '진위판단 서술태도' 전반에 관하여 다루기 하겠다. 다음 문장을 크게 둘로 나누면, 말하는 사람이 서술하고자 하는 내용을 중심으로 하는 내용적인 부분(明日は雨が降る)과, 그 내용에 대해서 말하는 사람이 나타내는 심적 태도를 중심으로 하는 태도적 부분('だろう' 이하의 문말형식)으로 나눌 수 있을 것이다.

> (1)明日は雨が降る/だろう。
>   /ようだ。
>   /らしい。
>   /みたいだ。
>   /(り)そうだ。
>   /かもしれない。
>   /にちがいない。

여기서는 내용적인 부분을 '명제 내용(Proposition)'이라고 하고, 태도적인 부분을 '서술 태도(Modality)'라고 부르기로 하겠다. 위 예문에서 'だろう' 'ようだ' 'らしい' 등의 문말형식들로 나타내는 '서술태도'는 말할 때 말하는 사람이 명제

---

* 이 내용의 일부는 "김동욱(1999) 「일본어 추측형식들의 의미 차이에 관한 분석」『일어일문학연구 34집』한국일어일문학회"를 수정 보완한 것이다.

내용을 어떻게 파악했는가를 주관적으로 표현한 것이라고 말할 수 있겠다. 서술태도에는 여러 가지 것들이 있을 수 있겠으나, 이 연구에서는 명제내용에 대한 것[1], 그 중에서도 명제내용의 진위 여부에 대한 서술태도에 한정하여 분석하기로 하겠다.

2. 일본어의 진위판단 서술태도

위 예문의 문말 형식(文末 形式)들과 같이, 명제내용이 '참'이라고 인식하는 말하는 사람 고유의 서술태도를 나타내는 형식을 본 연구에서는 '진위판단 서술태도[2]'라고 부르기로 하겠다. 이들 문말 형식이 명제내용의 진위 여부에 대해서 나타내는 서술태도는 각각 미묘하게 서로 다를 것으로 상정할 수 있겠다. 본 연구는 이들 조동사가 나타내는 서술태도가 어떻게 다른가를 분석하기로 한다.

2.1. 단정과 추측

'진위판단 서술태도'에는 명제내용인 '참'인 것을 확실한 것으로 서술하는 '단정(斷定)'과, 불확실한 것으로 서술하는 '추측(推量)'이 있다. '단정'은 술어의 無標形(Ø形の言い切りの形/明日は雨が降る)으로 나타내고, '추측'은 술어의 有標形으로 나타낸다. 구체적으로는 '단정'에 'だろう' 'ようだ' 'らしい' 'みたいだ' 'かもしれない' 'にちがいない' 등의 이른바 추측의 조동사[3]를 뒤에 접속시켜서 불확실

---

1) 명제내용에 대한 서술태도 이외에, 듣는 사람에 대한 서술태도가 있다. 이 연구는 益岡隆志(1987c)에 따라 전자를 '대명제 서술태도(命題目當てモダリティ)'라고 부르고, 후자를 '대청자 서술태도(聞き手目當てモダリティ)'라고 부르기로 한다. 일본어에서는 문장 말미에 'よ' 'ね' 등의 종조사를 접속시켜 '대청자 서술태도'를 나타내는 경우가 있는데, 이러한 '대청자 서술태도' 그 자체를 분석 대상으로 삼지는 않기로 한다.
2) 益岡隆志(1991)을 기본으로 한 것이다.
3) 寺村(1984)의 견해를 따른다. 寺村는 'かもしれない' 'にちがいない'를 본래 동사, 조동사, 조사였던 것들이 서로 결합하여 한 단어로 굳어진 것으로 간주하여, 하나의 조동사로 인정한다.

하나마 명제내용을 '참'이라고 인정하는 서술태도를 나타낸다. 사실을 사실 그 대로 담담하게 서술하는 경우는 별도의 다른 형식을 필요로 하지 않는 데 반하여, 그렇게 잘라 말할 수 없을 경우에는 뭔가 별도의 형식으로 보충하여 단정이 아닌 것을 드러낼 필요가 있다는 것은 어찌 보면 당연하다고 할 수 있을 것이다. '추측'이란 명제내용이 불확실하여 사실로 취급할 수 없다고 하는 제한적인 조건이 딸린 표현인 것이다.

2.2. 전문(傳聞)과 추측

'진위판단 서술태도'와 관련된 형식이면서 술어가 유표형(有標形)으로 표현되고 명제내용을 단정적으로 서술하지 않는 형식에는 '추측' 이외에 '전문'이란 형식이 있다. 본 연구는 '명제내용'이 서적, 미디어, 다른 사람이 전하는 말 등, 어떠한 매개체를 통하여 얻어진 간접적인 정보로부터 구성된 경우, 그 간접적인 정보를 정보 그대로의 형태로 듣는 사람에게 전달하기만 하는 형식을 '전문'이라고, 그 간접적인 정보를 판단 재료로 삼아서 말하는 사람의 판단을 덧붙인 형태로 듣는 사람에게 전하는 형식을 '추측'이라고 정의하기로 하겠다.

> (2a) 彼が部屋にいるそうだが、それは違うと思う。
>
> (2b) ??彼が部屋にいる/だろうが、それは違うと思う。
> /ようだ
> /らしい
> /かもしれない
> /にちがいない

이렇게 정의하는 경우, '전문'의 'そうだ'는 명제내용에 대한 말한 사람 고유의 판단과는 기본적으로 무관하기 때문에, 위 예문 (2a)와 같이 일종의 담화적 취소

(p223)

가 자연스럽게 허용된다. 이에 반하여 'だろう' 'ようだ' 'らしい' 'かもしれない' 'に ちがいない' 등의 추측 형식들은 불확실하나마 명제내용이 '참'이라고 인정하는 의미를 표명하는 형식이기 때문에, 일단 '참'으로 인정한 내용을 곧바로 그 자리 에서 부정해 버리는 담화적 취소는 허용되지 않는다.〈森山卓郎(1989b/p69)〉[4] 요 컨대 '추측'은 명제내용의 진위 여부에 대한 '판단'이지만, '전문'은 판단이 아니라 단순한 정보의 '전달'에 불과한 것이다. 본 연구는 '전문'을 '단정'과 '추측'으로 크 게 둘로 나누는 '진위판단 서술태도' 체계의 일부로 포함시키지는 않기로 하겠다. '전문'의 자리매김에 대해서는 본 연구의 서장 3절을 참조하길 바란다.[5]

3. 확신 정도에 따른 '추측'의 3분류

일본어 추측형식에는 확신도의 강약에 관한 구성성분을 내포하는 것과 내포 하지 않는 것이 있다. 'かもしれない' 'にちがいない'는 확신도의 강약을 나타내는 구성성분을 내포하는 형식이다. 'かもしれない'를 말하는 사람이 나타내는 확신 도가 가장 낮은 것으로 설정하고 '가연성(可然性) 추측'이라고 칭하기로 한다. 'にちがいない'를 확신도가 가장 강한 것으로 설정하고 '확연성(確然性) 추측'이라 고 칭하기로 한다. 'だろう' 'ようだ' 'らしい' 'みたいだ'는 확신도의 강약을 나타 내는 구성성분을 내포하지 않는 형식이다. 이들을 확신도를 특정하지 않는 것 으로 설정하고 '가연성(蓋然性) 추측'이라고 칭하기로 한다.

---

4) 이외에 仁田(1992/p5)도 전문의 'そうだ'는 선행문의 명제내용의 성립을 뒤따라오는 문장으로 말하는 사람 자신이 스스로 부정할 수 있다고 밝히며, (例1)은 적합하지만, (例2)(例3)은 부적합하다고 설명하였다.
　(例1)　A紙によれば、今回は首相も証人喚問に応じる*そうだ*が、僕はそうは思わない。
　(例2)??A紙によれば、今回は首相も証人喚問に応じる*だろう*が、僕はそうは思わない。
　(例3)??A紙によれば、今回は首相も証人喚問に応じる*ようだ*が、僕はそうは思わない。
5) 단 'らしい'는 장면에 따라서는 마치 '전문'인 것 같은 인상을 받는 경우가 있기도 하다. 이 점에 관해서는 이 책 3장 6.1.에서 자세히 다루었다.

3.1. 가연성(可然性) 추측

일본어 추측형식 중에서 말하는 사람이 나타내는 확신도가 가장 낮은 것으로 'かもしれない'를 선택하는데 이견이 있는 연구자는 없지 않을까 싶다. 'かもしれない'가 'あるいは' 'もしかしたら' 'ひょっとすると' 등 확신이 약함을 나타내는 부사와는 곧잘 호응하는데 반하여, 'きっと' '必ず' 등 확신이 강함을 나타내는 부사와는 그다지 호응하지 않는 것도 'かもしれない'가 나타내는 확신의 정도가 약하다는 것을 뒷받침한다고 말할 수 있을 것이다.

> (3a) あるいは　彼は一年生かもしれない。
>   もしかすると
>   ひょっとすると
>
> (3b) ??きっと 彼は一年生かもしれない。
>   ??必ず

森山卓郎(1992/p67)는 다음 예문을 들어 "「かもしれない」においては、命題内容に対する肯定も否定もほぼ同列に並べられるということもあり、確率が五分五分であることを強調することができる。"라고 하였다.

> (4a) 彼は一年生かもしれないし、一年生でないかもしれない。
>
> (4b) ??彼は一年生だろうし、一年生でないだろう。
>
> (4c) ??彼は一年生らしいし、一年生でないらしい。
>
> (4d) ??彼は一年生のようだし、一年生でないようだ。

분명 위 예문과 같이 명제내용을 일단 긍정해 놓고 직후에 곧바로 그것을 부정하는 문장을 만들 수 있는 형식은 'かもしれない'가 유일하다. 'だろう' 'ようだ' 'らしい'는 이런 식으로 긍정과 부정을 양립시키는 문장을 만들 수 없다. 또한 다음과 같은 실례의 'かもしれない'는 '泊まる' 확률과 '泊まらない' 확률이 50:50

이라는 점을 강조하고 있어서 "「かもしれな」は確率が五分五分であることを強調することができる。"라는 해석을 전면적으로 부정하기는 힘든 측면이 있다.

(5) 泊まるかもしれないし、泊まらないかもしれない。どっちにしても
相当おそくなる。(丘の)[6]

하지만 이러한 해석을 그대로 수용하면 'かもしれない'는 50%정도의 확신을 가지고 명제내용이 '참'인 것을 인정하는 형식이라고 오해될 소지가 있다. 본 연구는 'かもしれない'를 "상정 가능한 여러 복수의 선택지 중의 하나라는 정도의 확신을 가지고 명제내용을 '참'으로 인정하는 '가연성(可然性) 추측'"이라고 정의하기로 한다. 다시 말해 'かもしれない'는 명제내용을 부정하는 복수의 가능성을 암묵적으로 인정하면서도, 동시에 명제내용이 '참'인 것을 여러 가능성 중의 하나로 인정하여 추측하는 형식인 것이다. 본 연구자가 만든 작례(作例)이긴 하지만, 다음 예문과 같이, 적어도 논리적으로는 상정 가능한 거의 무한에 가까운 선택지 중의 하나라는 문장이 만들어 질 수 있다.

(6) 彼は加害者かもしれないが、加害者じゃないかもしれない。いや、
ある意味では彼こそ被害者かもしれない。

(7) 僕を殺しに潜り込んで来た殺し屋は、一人かもしれないし、二人か
もしれないし、三人かもしれない、いや四人かもしれない。何人で
もいいんだ。全部まとめて相手してやるぞ。

또한 명시적이지는 않지만, 다음 실례에서도 'かもしれない'는 명제내용이 '참'인 것을 상정 가능한 복수의 선택지 중으로 하나로 인정한다는 해석이 가능하다. '明日'와 '五十年後'의 사이에는 거의 무한에 가까운 날짜들이 촘촘히 나열해 있기 때문이다.

---

6) 三宅(1992/p39)에서 재인용.

(8) しかしスターリンとその一党がのさばるかぎり、いずれは滅びると
　　きがくる。それは明日かもしれないし、五十年後かもしれん。*(斜
　　影)*7)

　‘か・も・しれ・ない’가 이러한 의미 특성을 나타내는 것은 각 구성성분의 어
휘적 의미가 그대로 그 의미 기능을 충분히 다하고 있기 때문이다. 특히 ‘かも
しれない’가 ‘가연성(可然性) 추측’의 의미 특성을 나타내게 되는 데는 다음 예문
과 같이 ‘も’가 ‘선택’적 의미를 나타내는 형태소로 그 역할을 충분히 하고 있기
때문이라고 보아야 할 것이다.

(9) これもいい、あれもいい、いや、どうでもいいと言っているだけ
　　じゃだめです。何でもいいから、ちゃんと一つ選びなさいよ。

3.2. 확연성(確然性) 추측

　‘に・ちがい・ない’는 각 구성성분의 의미가 나타내는 바와 같이, 명제내용의
부정을 부정하는 형식을 취하여, 다른 가능성은 생각할 수조차 없다는 배타적
인 의미를 나타내고, 명제내용이야말로 생각할 수 있는 유일한 결론이란 강한
‘긍정’의 의미를 나타낸다. ‘にちがいない’가 강한 확신을 나타내는 부사들, 예를
들면 ‘きっと’ ‘必ず’ ‘絶対に’ 등과는 잘 호응하는데 반하여, 약한 확신을 나타내
는 부사, 예를 들면 ‘ひょっとすると’ ‘もしかすると’ 등과는 잘 호응하지 않는 것
도 ‘にちがいない’가 나타내는 확신이 강하다는 것을 뒷받침한다고 말할 수 있을
것이다.

(10a) 彼は、きっと、君の役に立つにちがいない。
　　　 必ず

---

7) 三宅(1992/p39)에서 재인용.

(10b) ?彼は、もしかすると、君の役に立つにちがいない。
　　　　　ひょっとすると、

　‘にちがいない’는 ‘확언(確言)’에 뒤지지 않을 만큼의 ‘확신’을 나타내니까, 개언(概言)의 ‘추측’이 아니라 확언(確言)의 ‘단정’으로 다루어야 한다는 주장도 있을 수 있을 것이다.[8] 그러나 ‘にちがいない’는 말하는 사람의 주관적인 서술태도를 표명하는 형식이지, 사실을 사실 있는 그대로 담담히 진술하는 ‘단정’과는 다르다.

　　(11a) あの人は死んだ。
　　(11b) あの人は死んだにちがいない。

　예를 들어 위 예문의 ‘あの人は死んだにちがいない’는 ‘あの人は死んだ’라고 ‘단정’ 형식으로 말할 때와 같이 사실을 사실 그대로 객관적으로 담담히 말할 뿐이라는 의미를 갖지는 못 한다. 어디까지나 강한 확신의 표명, 즉 주관적인 서술태도의 표명인 것이다. 그 의미는 “그 사람이 죽었다는 것을 전혀 의심하지 않고 확신하고 있다. 그렇다고 그걸 사실 취급하고 있는 것은 아니지만…”라고나 할까? 명제내용이 ‘참’이라고 ‘확신’은 하고 있지만, ‘단정’과 같이 사실 취급하고 있는 것은 아니므로, 결과적으로 해당 명제의 진위 여부는 아직 확정되지 않는 것으로 표현되는 것이다. ‘にちがいない’와 ‘단정’은 확신의 정도는 비슷하다고 볼 수 있을지 모르지만, ‘단정’은 현실 세계의 객관적 사실을 사실 취급하여 담담히 발언하는 것인 반면에, ‘にちがいない’는 명제내용이 참이라는 것에 강한 확신을 드러내는 주관적인 서술태도의 표명인 것이다.

---

8) ‘확언(確言)’과 ‘개언(概言)’을 대립적인 개념으로 파악한 선행연구로는 寺村(1984)가 있다.

3.2.1. 'にちがいない'와 'はずだ'의 차이

'はずだ'는 'にちがいない'와 마찬가지로 강한 확신을 나타내는 부사들 'きっと' 必ず 등과는 잘 호응하는데, 약한 확신을 나타내는 부사들 'もしかすると' 'ひょっとすると' 등과는 잘 호응하지 못 한다.

    (12a) 彼は、きっと、君の役に立つはずだ。
            必ず

    (12b) ?彼は、もしかすると、君の役に立つはずだ。
            ひょっとすると

羅(1995)는 다음 실례를 들어, 강한 확신을 나타내는 부사와 'はずだ'가 궁합이 좋은 점을 지적하고, 이들을 약한 확신을 나타내는 'もしかしたら' 등의 부사로 바꿀 수 없다고 주장하였다.

    (13) しかし、あいつは、あまり疑うということを知らない。空間のゆがみによって、<u>必ず戻れるはずだ</u>。『ご依頼の件』新潮文庫/星新一

    (14) だが、自分の仕事を忘れたり、あきらめたりしたわけではない。元気を出すのだ。地球で作られていて、この星に欠けている製品も、なにか<u>きっとあるはずだ</u>。
       『マイ国家』新潮文庫/星新一

이러한 특성으로 인하여 'はずだ'는 강한 확신을 나타내는 '확연성(確然性) 추측'인 'にちがいない'와 동일한 부류로 취급되기도 한다. 예를 들어 다음 예문의 'はずだ'와 'にちがいない'는 그다지 차이가 없게 느껴지기도 한다.

    (15a) 彼は、きっと、君の役に立つはずだ。
    (15b) 彼は、きっと、君の役に立つにちがいない。

山田(1982/P95)도 다음 문맥에서는 'にちがいない'와 'はずだ'가 거의 동일한 의미를 갖는다고 주장하였다.

(16) ここは盆地だから夏は暑いにちがいない。
ここは盆地だから夏は暑いはずだ。

(17) 今ごろは向こうに着いているにちがない。
今ごろは向こうに着いているはずだ。

또한 松木(1993/P29)도 다음 실례의 'にちがいない'는 다소 어감 차이가 있더라도 'はずだ'로 바꿀 수 있다고 설명하였다.

(18) 好むと好まざるとにかかわらず、ソ連邦は今後単に政治的のみならず、文化的にも国際的影響力を増していくにちがいない。『武器としてのことば』鈴木孝夫/新潮社

(19) 稲垣だって、第三者の立場に立って冷静に考えれば、高石に不信を覚えたにちがいない。彼を疑ったにちがいない。『寝台特急'出雲'＋－の交叉』深谷忠記/講談社文庫

그러나 문맥에 따라서는 어느 한 쪽만 사용 가능한 경우도 있어서, 다음 예문의 'はずだ'는 'にちがいない'로 대치할 수 없다. 둘 사이에 뭔가 의미 차이가 있기 때문일 것이다.

(20a)　どうりで暑いはずだ。36度もある。
(20b)＊どうりで暑いにちがいない。36度もある。

또한 대치가 가능한 경우라도 의미 차이가 전혀 발생하지 않는다고 보기는 힘들지 않을까? 이하 두 형식의 의미 차이에 초점을 맞추어 분석하기로 하겠다.

3.2.1.1. '진위 판단' 서술태도와 '설명' 서술태도

'はずだ'를 '설명' 서술태도로 취급하는 대표적인 선행연구로는 寺村秀夫(1984)를 들 수가 있다. 본 연구는 기본적으로 寺村(1984)의 견해를 따르는 입장이다. 'にちがいない'가 명제내용의 진위 여부에 대한 '판단 그 자체'를 나타내는 '진위 판단' 서술태도인 반면에, ' はずだ'는 "'그렇게 판단할만한 전후 인과관계의 타당성이 인정됨"을 나타내는 '설명' 서술태도'인 것이다. 'はずだ'는 "어떤 일의 사실 여부를 단언까지 할 수는 없지만, 이미 알려진 주변 정보(P또는P1、P2…)들을 취합하여 추론하자면 '당연히 이러한 결론(Q)에 이른다."는 의미를 나타낸다.

'はずだ'의 핵심 의미는 확인할 수 없는 일의 진위 여부를 판단하는 '추측'이 아니라, 전후 인과관계의 타당성이 인정되는지 어떤지를 따지는 '설명'이기 때문에, 결론'Q'가 알려진 사실이라도 상관없다. 이 점이 항상 결론'Q'가 아직 미확인 상태이어야 하는 '추측'의 'にちがいない'와는 근본적으로 다르다. 'はずだ'는 이미 확인된 사실이 어째서 그럴까 하고 고심하던 중, 그 사실의 전후 인과관계를 알고 나서, 그 사실이 당연한 결론이었구나! 하고 납득하는 경우에도 사용된다. 특히 다음 예문처럼 결론'Q'를 먼저 서술한 문장에서는 'にちがいない'와의 차이점이 선명하게 드러난다.

> (21a) なるほど!あの人は体操ができる<u>はずだ</u>わ。両親とも体操のオリン
>   ピックメダリストだなんて。
>
> (21b) なるほど!あの人は体操ができる<u>わけだ</u>わ。両親とも体操のオリン
>   ピックメダリストだなんて。
>
> (21c) なるほど!あの人は体操ができる?<u>にちがいない</u>わ。両親とも体操
>   のオリンピックメダリストだなんて。

위 예문은 이미 확인된 사실인 'Q(あいつは体操ができる)'에 대해서 어째서 그럴까 하고 궁금해 하던 중, 그 해답이 되는 또 다른 사실인 'P(兩親とも體操のオリンピックメダリストだ)'를 알고 나서야 납득하였다는 인과관계를 나타내고 있다. 즉 결론'Q'를 먼저 알고 있다가 나중에야 그 원인인 'P'를 알게 되어 새삼스레 'P→Q'에 이르는 인과관계를 깨닫고, 그렇다면 현재 상황인 'Q'도 당연하다고 납득하는 인식 과정을 나타내는 것이다. 이러한 문장의 'はずだ'는 'わけだ'로 바꾸어도 크게 의미 변화가 없지만, 'にちがいない'로 바꾸면 상당히 어색해져 버린다. 'はずだ' 'わけだ' 둘다 '설명' 서술태도에 속하며 나타내는 의미가 기본적으로 공통되기 때문일 것이다. 'はずだ'의 핵심 의미가 확인되지 않은 사안의 진위 여부를 판단하는 '추측'이 아니라, 전후 인과관계의 타당성을 따지는 '설명'이란 점은 'はずだ'와 'わけだ'를 서로 맞바꿀 수 있다는 사실로도 반증될 수 있을 것이다.〈倉持(1980 ; p85)〉

또한 다음 예문과 같이 'はずだ'는 결론'Q(値段がやすい)'를 나중에 말하는 경우에도 '설명'의 의미를 나타내는 'わけだ'와 맞바꿀 수 있는 경우가 있어서, 기본적으로 'はずだ'와 'わけだ'는 같은 부류의 의미를 나타내는 것으로 볼 수 있을 것이다.〈松木正惠(1993)〉

(22a) あれは産地直送か、道理でやすい<u>はずだ</u>。
(22b) あれは産地直送か、道理でやすい<u>わけだ</u>。

(22c) あれは産地直送か、道理でやすい??<u>にちがいない</u>。

(20c)의 'にちがいない'가 극히 어색한 이유도 같은 원리로 설명할 수 있다. 위 예문들에서 'やすい'한 것은 이미 확인해서 알고 있는 내용이기 때문에, '추측'이 대상으로 삼는 미확인 사항이 아니므로 아예 '추측'의 대상 자체가 될 수 없다. 위 예문들은 '똛い'라는 것을 이미 사실로 확인하고 나서 그 까닭을 '설명'하려고 하는 것이다. 미확인 사항의 진위 여부를 판단하는 '추측'의 'にちがいない'가 부적절한 것은 이러한 이유 때문이다.

3.2.1.2. 자명한 사실

앞서 말한 대로 '진위판단 서술태도'는 명제내용의 진위 여부가 반드시 미확인 상태라야 하는데 반하여, 'はずだ'는 명제내용의 진위 여부가 이미 확인된 내용이라도 상관없다. 'はずだ'는 다음 예문과 같이 일반 상식이라서 너무도 자명한 사실일 수밖에 없는, 즉 진위 여부가 항상 '참'일 수밖에 없는 명제내용에도 쓰일 수 있다. 이러한 예문의 'はずだ'를 'にちがいない'로 바꾸면 어색해진다.

> (23) 彼女は独身だから夫はいないはずだ。
> /?にちがいない。

> (24) 千五百円で一万円札を出したから、つりは八千五百円のはずだ。
> /?にちがいない。

'独身女性だから、夫はいない'라고 하는 항시 '참'일 수밖에 없는 자명한 사실의 진위 여부에 대하여 새삼스레 진위 여부를 따지는 것은 무의미하다. 이러한 까닭으로 위 예문들과 같이 자명한 사실인 명제내용에는 '진위판단'의 'にちがいない'는 어색할 수밖에 없다. 한편 자명한 사실이라도 그렇게 생각할 만한 인과관계가 인정된다는 추론 과정을 짚고 넘어가야할 경우가 있다. 추론 과정의 앞뒤 인과관계의 흐름을 확실히 해두기 위해서 '설명'의 'はずだ'를 사용하는 것은 전혀 어색하지 않은 것이다. 진위 여부에 대한 '판단'이 핵심 의미인 'にちがいない'와, 인과관계의 '설명'이 핵심 의미인 'はずだ'의 차이가 이런 문맥에서 명확히 드러나는 것이다.[9]

---

9) 위 두 예문은 山田進(1982/P96)에서 재인용한 것이지만, 문장의 부자연스러움에 대한 원인 해석에 대해서는 의견이 다르다. 山田는 "これらの文においてにちがいない' が不自然なのは、'にちがいない' は客観的な根拠を必要としない主観的な'判断' の意を表わす形式なのに、これらの文の文脈情報はどうしてもそう考えざるを得ないような絶対的な根拠があることを示しているからだ。"라는 입장이다. 반면에, 본 연구는 'はずだ'의 핵심 의미가 '판단'이 아니라 '설명'이기 때문이라는 입장이다.

3.2.1.3. 다른 가능성을 나타내는 내용과 어울림

다음 예문과 같이 'はずだ'는 다른 가능성을 나타내는 내용과 함께 쓰일 수 있는데 반하여, 'にちがいない'는 그렇지 못 하다.

> (25a) 彼は今日はいつもより早く帰っちゃったかもしれないが、普段通りならまだ教室にいる<u>はずだ</u>。

> (25b) 彼は今日はいつもより早く帰っちゃったかもしれないが、普段通りならまだ教室にいる?<u>に違いない</u>。

이는 둘의 본질적인 의미 차이에서 비롯된 것이다. 'にちがいない'와 'はずだ'의 의미 차이는, '판단 그 자체'를 말하는데 중점을 두는가, 판단에 이르기까지의 '인과관계', 즉 '이치'를 따지는데 중점을 두는 가로 분별할 수 있다.

'にちがいない'는 "명제가 제시하는 내용 이외에 다른 가능성을 배제한다."라는 확연한 '판단 그 자체'를 말하는 형식이므로, 다른 가능성을 나타내는 내용과 함께 쓰이면 부자연스럽다. 반면에, 'はずだ'는 판단 그 자체를 말하는 것이 아니라, 그렇게 판단할 만한 충분한 '인과관계'가 인정된다는 '이치'를 따져보는 것뿐이므로, 다른 가능성을 나타내는 내용과 함께 쓰이는 것이 허용된다. 애당초 'はずだ'는 명제내용의 성립을 앞뒤 인과관계로 보아서 '당연시'하는 형식이지 '확신'하는 형식이 아니다.

실제로 'はずだ'는 "이치로 따지면 이렇게 되는 것이 당연한데, 현실적인 결과는 다르더라."는 식의 쓰임새가 상당히 많다. 논리적인 추론에서 얻어진 결론은 어디까지나 이치로 따졌을 때나 그렇다는 것뿐이지, 애당초 현실 세계의 결과와는 차원이 다른 것이다. 그래서 'はずだ'는 '추론에 의한 결론'과 '현실적인 결과'가 어긋남을 자연스럽게 표현할 수가 있는 것이다. 세상일에는 이치로 따졌을 때는 당연히 이루어져야 할 일이 안 이루어지거나(はずだ), 한편 당위성도 없는 일에 집착하여 강한 신념을 가지고 확신하거나 하는 일이 얼마든지 있을 수 있다(にちがいない). 다음 실례는 '이치'로 따져 본 예상이나 기대가 결과적으로 현실에서는 어긋나 버릴 수 있다는 우려를 암묵적으로 포함하는 'はずだ'의 의미 특성을 잘 반영하고 있다.[10]

    (26) 'まだ、そこまでは進んでいないはずなんですよ'
         'はず?'
         'はずでは困りますか'

    (27) 'だったら何も問題がないんじゃございませんか?'
         'そう、問題がないはずなんです'
         'はず?'

정리하면 'にちがいない'는 명제내용이 '참'이라고 인정하는 '판단' 그 자체를 나타내는 형식으로 순수한 '진위판단' 서술태도로 인정된다. 반면에 'はずだ'는 명제내용의 성립을 이치로 따져 본 논리적 귀결로 제시하는 형식일 뿐으로, 반드시 명제내용이 '참'이라고 인식하는 서술태도를 나타내는 형식이 아니다. 'はずだ'의 핵심 의미는 '설명'이다. 본 연구는 'はずだ'를 순수한 진위판단 서술태도로는 인정하지 않고, 문맥 정보에 따라 진위판단에 가까운 의미를 나타내는 경우가 있는 정도로만 인정하여, 진위판단 서술태도의 주변 형식으로 자리매김하기로 하겠다.

3.3. 개연성(蓋然性) 추측

개연성 추측의 'だろう' 'ようだ' 'らしい' 'みたいだ'에는 'か・も・しれ・ない' 'に・ちがい・ない'와 같이 자체적으로 구성성분 내부에 확신의 강약을 나타내는 형태소가 없다. 확신의 강약을 나타내기 위해서는 진술부사 등의 별도 수식성

---

10) 陳婉玲(1989)을 참조하였다.

분을 덧붙여 확신의 강약을 조절하는 보조적인 수단이 필요하다. 개연성 추측은 다음 예문과 같이 어떤 내용을 서술하면서, 그것에 모순 대립하는 내용도 성립할 가능성이 있음을 암시할 수 있다.〈*森山卓郎(1989b)*〉

> (28a) 彼は一年生だろうが、同時にそうでない可能性も想定されないわけではない。
> (28b) 彼は一年生のようだが、同時にそうでない可能性も想定されないわけではない。
> (28c) 彼は一年生らしいが、同時にそうでない可能性も想定されないわけではない。
> (28d) 彼は一年生みたいだが、同時にそうでない可能性も想定されないわけではない。

그러나 가연성 추측의 (29a) 'かもしれない'와 같이 여러 선택지를 나열할 수는 없다.

> (29a) 彼は一年生かもしれないが、二年生かもしれない。
>
> (29b) *彼は一年生だろうが、二年生だろう。
> (29c) *彼は一年生のようだが、二年生のようだ。
> (29d) *彼は一年生らしいが、二年生らしい。
> (29e) *彼は一年生みたいだが、二年生みたいだ。

이하 이들 개연성 추측의 의미 차이에 초점을 맞추어 이들 형식들을 상세히 분류하도록 한다.

4. 개연성 추측, 근거 비전제형 '*だろう*'와 근거 전제형 '*ようだ*' '*らしい*'

'*ようだ*' '*らしい*'는 현실 세계에 실재하는 판단 근거가 있음을 전제로 하는 '근거 전제형' 추측인데 반하여, '*だろう*'는 그러한 근거를 반드시 전제로 하지는 않는 '근거 비전제형' 추측이란 관점에서 분석하기로 한다. 이것은 palmer(1986)를 기본으로 하는 관점이다.

4.1. 근거 비전제형 '*だろう*'

'*だろう*'에 관해서는 이 책 2장에서 상세히 다루었으므로, 여기서는 중복을 피하기 위하여 2장 내용을 간략하게 요약하기로 한다. 상세한 내용은 2장을 참조하길 바란다.

4.1.1. '추측 판단'과 '희망 표명'

다음은 달리 듣는 사람이 없는 장면에서 말한 것으로 상정하기로 한다.

> (30) (ただ漠然とした希望を述べるかのように)
>   いずれは彼女も私の気持ちを分かってくれる<u>だろう</u>。
>   /??ようだ・??らしい
>
> (このとき、彼女から愛情のこもった電話がくる)
>   うん、やはり、分かってくれた<u>ようだ・らしい</u>。
>   /??だろう

처음에는 아무런 실재적 근거도 없이, 단지 막연한 희망을 중얼거리듯이 "いずれは彼女も私の気持ちを分かってくれるだろう。"라고 판단답지도 못 한 판단을 한 것 뿐이다. 이러한 문장은 '추측 판단'이라고 하기 보다는 차라리 '희망 표명'에 가깝다고 볼 수도 있겠다. 이러한 문장에서 'だろう'는 극히 자연스럽다. 동일한 장면에서 바로 직후에 그녀로부터 애정이 담긴 전화가 왔다고 가정하자, 즉 실재적 근거가 나타났다고 하자. 이러한 실재적 근거의 출현을 명시한 후에는 'ようだ' 'らしい'가 적절하다. 위 두 예문의 'だろう'와 'ようだ' 'らしい'를 맞바꾸면 모두 어색한 문장이 되고 만다. 'だろう'와 'ようだ' 'らしい'의 자연스러움이 정반대로 엇갈리게 만드는 요인은 동일한 장면에서 '실재적 근거(電話)'의 출현 유무를 빼고는 달리 설명할 방법이 없을 것이다.

4.1.2. 실재적 근거를 명시한 경우

다음 예문과 같이 'ようだ' 'らしい'에 비해서 'だろう'는 실재적 근거를 명시한 장면에서는 부자연스러운 경우가 많다.

> (31) 天気予報によると、明日は雨が降るようだ・らしい。
> /?だろう。

위 예문의 '天気予報によると'는 현실 세계에서 말한 사람이 확인한, 이른바 실재적 근거의 존재를 의도적으로 명시한 것이다. 여기서 'だろう'가 어색한 것은 문맥 정보로 실재적 근거를 일부러 명시해 놓고서, 곧바로 그 존재를 부인하듯이 '근거 비전제형'인 'だろう'를 사용하는 것은 이율배반적이기 때문이다. 역으로 'ようだ' 'らしい'는 문맥 정보로 명시한 실재적 근거의 존재를 충분히 반영하는 형식이므로 아무런 부자연스러움이 없다.

4.1.3. 동일한 추측의 의미 차이

'だろう'는 현실을 반영하지 않는 추측의 의미를 나타내고, 'ようだ' 'らしい'는 현실을 반영하는 추측의 의미를 나타낸다고 하였는데, 이러한 의미 차이로 인하여 동일한 추측문의 의미를 ‘だろう’는 현실을 반영하지 않는 내용으로 만들고, ‘ようだ’ ‘らしい’는 현실을 반영하는 내용으로 만드는 대조적인 경향이 나타나기도 한다.

    (32a) 彼女が何を言っても、彼は信じてしまうだろう。
    (32b) 彼女が何を言っても、彼は信じてしまうようだ・らしい。

위 두 예문은 문장 끝의 ‘ようだ’ ‘らしい’와 ‘だろう’의 차이를 제외하고는 동일한 문장이다. 그런데 접속조사‘ても’의 의미가 추측 형식과 호응하여 서로 다르게 반영된다. ‘だろう’문장은 “그녀는 아직 아무 말도 하지 않았지만, 만약 그녀가 앞으로 뭔가 말을 한다면, 그가 믿어버릴 것으로 예측된다.”는 의미이다. 이에 반하여 ‘ようだ’ ‘らしい’문장은 “실재로 그녀는 수시로 그에 이런저런 이야기를 해 왔는데, 그가 그녀 말이라면 뭐든지 믿어 왔다.”라는 의미이다. 요컨대 ‘ようだ’ ‘らしい’ 문장은 ‘ても’를 “彼女が彼に何かを言ったこと。”가 현실 세계에 있었던 기정사실인 것으로 반영하고, ‘だろう’문장은 ‘ても’를 아직 현실 세계에서 실현되지 않은 내용으로 반영하는 것이다. 이러한 차이가 드러나는 것은 앞서 말한 ‘だろう’와 ‘ようだ’ ‘らしい’의 의미 차이에 의한 것이라고 보아야 할 것이다. ‘だろう’는 가상에 근거한 미래 예측, 즉 비현실 세계를, ‘ようだ’ ‘らしい’는 현재의 실제 상황, 즉 현실 세계를 그려낸다고 말할 수 있을 것이다.

    다음과 같은 예문에서도 ‘ようだ’ ‘らしい’는 ‘근거 전제형’ 추측의 의미를, ‘だろう’는 ‘근거 비전제형’ 추측의 의미를 나타타낸다고 볼 수 있겠다.

    (33a) 遅くても2010年には、エイズの治療薬が開発されるだろう。
    (33b) 遅くても2010年には、エイズの治療薬が開発されるようだ。/らしい。

‘だろう’문장은 아무런 실재적 근거의 존재를 전제로 하지 않고 “뭐 어떻게든 2010년쯤엔 에이즈 치료약이 나와 주지 않을까? 그래야 할 텐데…” 라고 추측 판단인지 막연한 희망 표명인지조차 불분명한 말을 했다고 보는 게 타당할 것이다. 이에 반하여 'ようだ' 'らしい'문장은 "현실 세계에서 개발을 위한 구체적인 프로세스가 진행 중이고, 그러한 실제 진행 상황에 비추어 보아서, 늦어도 2010년에는 개발이 완료될 전망이다."라는 의미를 암묵적으로 나타낸다고 보아야 하겠다. 예를 들면 동물실험에 성공하는 등의 성과를 올렸다던가 하는 '실재적 근거'에 영향을 받은 추측으로 받아들여질 것이다.

4.2. 근거 전제형 'ようだ' 'らしい' 'みたいだ'

'ようだ' 'らしい' 'みたいだ'는 동일하게 '근거 전제형'에 속하면서도 서로 미묘하게 어감이나 용법의 차이가 있다. 'みたいだ'는 보다 구어체이고 반말에 가까운데 'ようだ'와 극히 유사하고 대부분의 경우 서로 맞바꾸기가 가능하다. 한편 'ようだ'와 'らしい'는 맞바꾸기가 가능한 경우도 있지만, 명제내용에 대한 말하는 사람의 서술태도는 명백히 서로 다른 부분이 있다. 먼저 'ようだ'와 'らしい'의 차이점을 분석하기로 한다.

4.2.1. 주체 추측 'ようだ'와 객체 추측 'らしい'

'ようだ'와 'らしい'의 차이에 관하여는 이 책의 3장을 별도로 할당하여 상세히 다루었으므로, 중복을 피하기 위해서 여기서는 그 결과만을 간략히 요약하기로 하겠다. 상세한 내용은 3장을 참조하길 바란다.

제2장에서는 어떠한 근거를 바탕으로 한 최종 판단에 대해서 말하는 사람이 주체적 태도를 취하는가 객체적 태도를 취하는가 하는 점에 초점을 맞추어 'ようだ'와 'らしい'의 의미 차이를 분석하였다. 주체적 태도를 취하는 형식을 '주체 추측'이라고, 객체적 태도를 취하는 형식을 '객체 추측'이라고 호칭하기로 하고, 'ようだ'는 '주체 추측'의 의미를, 'らしい'는 '객체 추측'의 의미를 나타낸다고 정의하였다. 구체적인 대화 장면의 설정을 위하여, 편의상 판단 근거의 성질을 3

종류로 나누어 설명하였는데, 이는 단순히 설명을 쉽게 하기 위한 설정에 불과하다. 본 연구는 판단 근거의 성질과는 무관하게, 말하는 사람의 서술 태도만을 단일 팩트로 인정하여 'ようだ'는 '주체 추측'의 의미를 나타내고, 'らしい'는 '객체 추측'의 의미를 나타낸다는 입장이다. '주체 추측'과 '객체 추측'의 상세한 내용은 각주11)을 참조하길 바란다.

4.2.1.1. 간접적 정보

> (34a) 外信報道を*総合・分析する*と、ソ聯のクーデターは失敗する可能
> 性が高い*ようだ*。
>
> (34b) 外信報道を*総合・分析する*と、ソ聯のクーデターは失敗する可能
> 性が高い*らしい*。

'ようだ'문장은 외신보도라는 간접적 정보를 판단 재료로 삼아서 말한 사람 스스로가 그 간접적 정보를 바탕으로 총합・분석하여 쿠데타는 실패할 것이라는 최종 결론 내린 것, 즉 말한 사람 자신이 최종 결론의 주인공임을 전면에 내세우는 '주체 추측'의 의미를 나타낸다. 그에 반하여 'らしい'문장은 밑줄을 그은 최종 판단(總合・分析)의 주인공이 말한 사람 자신이라는 것을 확실히 드러내지 않는다. 오히려 최종 판단을 내린 사람은 말한 사람이 아닌 다른 사람이고, 말한 사람은 그 다른 사람의 판단에 동의하는 정도로 제삼자적 입장을 취하는 '객

---

11) '주체 추측' '객체 추측'의 구체적인 정의는 다음과 같다.
 • '주체 추측'
 '주체 추측'이란 말하는 사람이 자신의 판단 및 판단이 제시하는 명제내용에 대하여 주체적 서술태도, 즉 판단의 주인된 태도를 취하는 추측이라고 정의한다. 말하는 사람 고유의 판단이라는 의식이 있고, 판단의 최종 책임이 말하는 자신에게 있는 것을 암묵적으로 인정하는 태도를 취한다.

 • '객체 추측'
 '객체 추측'이란 말하는 사람이 자신의 판단 및 판단이 제시하는 명제내용에 대하여 객체적 서술태도, 즉 제삼자적인 태도를 취하는 추측이라고 정의한다. 말하는 사람 고유의 판단이라는 의식이 희박하고, 판단의 최종 책임이 말하는 사람에게 없음을 은연중에 암시하는 태도를 취한다.

체 추측'의 의미를 나타낸다.

4.2.1.2. 직접적 정보

    (35a) 韓国車のほうが日本車より加速が速い<u>ようだ</u>。
    (35b) 僕は両方とも乗ってみたが、韓国車のほうが日本車より加速が速
        い<u>ようだ</u>。

위 예문과 같이 판단 근거가 직접적 정보인 경우, 'ようだ'는 그 사실을 명시한 문맥에서도 명시하지 않은 문맥에서도 모두 자연스럽다.

    (35c) 韓国車のほうが日本車より加速が速い<u>らしい</u>。
    (35d) ?僕は両方とも乗ってみたが、韓国車のほうが日本車より加速が速
        い<u>らしい</u>。

반면에 'らしい'문장은 판단 근거가 직접적 정보였다는 사실을 문맥 정보로 명시하면 다소 부자연스러워진다. 판단 근거였던 정보를 말한 사람 스스로 직접 얻고 체험했다는 사실을 문맥 정보로 의도적으로 명시했다는 것은 이미 그 정보에 근거한 판단에 대해서도 주체적인 태도를 나타낸 것이 된다. 이러한 주체적인 태도가 판단에 대해서 객체적 태도를 취하는 'らしい'와 충돌을 일으키는 것이다. 반면에 판단에 대해서 주체적 태도를 나타내는 'ようだ'는 말한 사람 스스로 정보를 직접 얻었다는 것을 명시한 문맥과 아무런 문제없이 잘 호응한다.

4.2.1.3. 내재적 정보

    (36a) この辺が体力の限界の<u>ようだ</u>。
    (36b) この辺が体力の限界<u>らしい</u>。

위 예문은 말하는 사람 자신의 '직감'이란 '내재적 정보'를 판단 근거로 삼았

다고 말할 수 있을 것이다. '내재적 정보'는 말하는 사람이 어떤 형태로든 타인에게 의도적으로 드러내지 않는 한, 말하는 사람 본인만 파악할 수 있다는 특성이 있다. 이러한 문장의 문말형식을 'ようだ'에서 'らしい'로 바꾸면 미묘한 의미 차이가 생긴다. 'ようだ'문장은 말하는 사람 자신에 내재하는 직감 등과 같은 내재적 정보에 근거한 말하는 사람 스스로의 판단, 즉 판단의 주인된 태도를 취하는 '주체 추측'의 의미를 나타낸다. 이에 반하여, 'らしい'문장은 예를 들면 제삼자로부터 "자네, 최근에 기운이 좀 없어 보인다." 등과 같은 말을 들었을 때 어울리는 표현이라고 생각된다. 말하는 사람 자신에 관한 일이긴 하지만, 말하는 사람 고유의 판단이라는 의식이 별로 없고, 그 결과 제삼자의 판단을 빌려온 것 같은 '객체 추측'으로 느껴지는 것이다.

4.2.2. 'みたいだ'

'みたいだ'는 의미적으로나 형태적으로나 'ようだ'에 가까운 조동사이다. 우선 문체가 'ようだ'에 비해서 'みたいだ'는 구어체이면서 여성이나 아동의 말투라는 느낌이 강하다. 다음 예문의 'みたいだ'를 'ようだ'로 바꿀 수는 있지만 'らしい'로 바꿀 수는 없다. 〈柴田武(1982/P93)〉

> (37a) 何だか、あなた、最近わたしを避けようとしているみたいだわ。
> (37b) 何だか、あなた、最近わたしを避けようとしているようだわ。
>
> (37c)? 何だか、あなた、最近わたしを避けようとしているらしいわ。

'みたいだ'가 주체 추측인가 객체 추측인가 하는 점을 따져보자면, 'みたいだ'는 'ようだ'와 마찬가지로 주체 추측의 성격이 강하다는 것을 확인할 수 있다. 앞에서 판단 근거가 된 정보를 말하는 사람 스스로 직접 체험했다는 사실을 명시하는 것은 그에 근거한 판단에 대해서도 주체적 태도를 나타낸 것이 되고,

판단에 대하여 제삼자적 태도를 취하는 객체 추측의 'らしい'와는 서로 모순된다는 점을 밝혔다. 다음 예문에서 'みたいだ'도 も판단 근거가 직접적 정보이었음을 명시한 문맥과 자연스럽게 호응하는 것을 확인할 수 있는데, 이는 'みたいだ'가 주체 추측의 의미 특성을 갖기 때문이라고 볼 수 있겠다.

> (38a) 見ただけでは分からないが、触ってみると、こちらの布地のほう
>   がいいようだ。/みたいだ。
> (38b) ?見ただけでは分からないが、触ってみると、こちらの布地のほう
>   がいいらしい。
>
> (39a) 両方とも食べてみたが、こちらのケーキがおいしいようだ。/みた
>   いだ。
> (39b) ?両方とも食べてみたが、こちらのケーキがおいしいらしい。

'みたいだ'와 'ようだ'가 같은 부류의 의미를 나타내는 가장 근본적인 이유는 둘 다 "당면한 상황A를 다른 상황B와 유사하다고 인정한다."라는 '가정적 유사성'을 원래 의미(原義)로 출발하였다는 공통점이다. 명제내용이 명백히 '참'이 아니라고 판단되는 경우는 다음 예문과 같이 '비유(比況)'적 의미로 해석되고, 명제내용이 '참'이라고 판단되는 경우는 앞서 말한 '추측'의 의미로 해석된다. 'らしい'는 '가정적 유사성'을 본래 의미로 출발한 것이 아니므로, 이러한 '비유(比況)' 용법은 아예 존재하지 않는다.

> (40) あの美少年はまるで女の子のようだ。/みたいだ。
>   /?らしい。

또한 역사적으로 어원을 거슬러 올라가보아도 'みたいだ'와 'ようだ'가 일부 어원을 공유하고 있어서 'みたいだ'는 'みたようだ'로부터 생겨났다는 보고도 있다.[12]

---

12) 이하, 吉田金彦(1971)의 인용이다.
　　"「みたようだ」は、比況の助動詞「ようだ」の上に、上一段動詞「見る」の連用形、いわゆる完了の助動詞

5. 현장 묘사 '(し)そうだ'

끝으로 이른바 양태(樣態)[13]의 'そうだ'라고 불리는 연용형(連用形)+'そうだ'와 'ようだ' 'らしい'의 차이에 대하여 분석하기로 한다. 먼저 '(し)そうだ'와 'ようだ' 'らしい'의 형태적 차이를 분석하고, 이후 의미 차이에 대하여 분석하기로 한다.

5.1. '(し)そうだ'와 'ようだ' 'らしい'의 형태 차이

'(し)そうだ'와 'ようだ' 'らしい'를 비교했을 때, 그 차이가 가장 선명하게 드러나는 부분은 접속 방식의 차이이다. 다음 예문과 같이 'ようだ' 'らしい'는 동사, 형용사의 ル형에도 夕형에도 접속한다. 이에 반하여 '(し)そうだ'는 동사의 경우는 연용형(連用形)에, 형용사의 경우는 어간(語幹)으로 접속하는 형태가 제한된다. 따라서 'ようだ' 'らしい'는 어떤 상황이 발생하기 이전의 일도 이후의 일도 표현할 수 있는데 반하여, '(し)そうだ'는 상황이 발생하기 이전의 일 밖에 표현하지 못 한다.

> (41) [明日は雨が降る]ようだ・らしい。
>
> (42) [この部屋は暑い]ようだ・らしい。
>
> (43) [昨日は雨が降った]ようだ・らしい。
>
> (44) [この部屋は暑かった]ようだ・らしい。
>
> (45) 明日は雨が降りそうだ。

「た」の連体形が重なったものである。これは、「見た」が付いているように、語源的には「ようだ」よりも視覚的確認の意が強いはずであるが、現代では「(の)ようだ」と全く同じ意味で使われる。比喩、例示など様態的推断する意を表わす。…中略…「みたいだ」は、おそらく「みたようだ」の短呼形「みたよだ」からの変化で、それに希望的状態語「てみたい」の「みたいだ」も多少影響してできたものであろう。現代語としては「みたようだ」よりもよく使われ、はじめ会話専用語だったが、今は小説の地の文にも用いられている。鴎外や漱石など明治期の文豪には、まだ、「みたいだ」は見当たらないが、大正期以降の作品には急に増えている。「ようだ」よりもむしろスピード感があり、生々とした感覚的な表現であって、これが現代語として好まれるのはやむをえない。」

13) 모양(模樣)과 상태(狀態)를 나타낸다는 의미의 줄임말.

(46) この部屋は<u>熱そうだ</u>。

'ようだ' 'らしい'는 사실상 동사나 형용사의 종지형(終止形)에 접속하기 때문에, 결과적으로 명제내용을 구성하는 문장 전체를 수식하는 성격이 강하다는 점이 중요하다. 'ようだ' 'らしい'는 독립적인 한 단어로써 다른 단어나 절(節)에 모두 접속할 수 있다. 반면, '(し)そうだ'는 바로 앞 용언(用言)의 연용형(連用形)이나 어간(語幹)에 전적으로 의존하여, 그것들과 합쳐져야 비로소 어떤 역할을 할 수 있는, 이른바 접미어(接尾語) 성격이 강하다. 결과적으로 'ようだ' 'らしい'는 문장 전체에 수식하면서, 명제내용을 구성하는 문장 전체에 대하여 말하는 사람의 서술태도를 나타내는 형식이다. 반면에 '(し)そうだ'는 술어만 따로 수식하면서, 해당 시점의 순간적인 상황을 재빨리 묘사하는 것이 본래 기능이라고 보아야 할 것이다.

5.2. '(し)そうだ'와 'ようだ' 'らしい'의 의미 차이

(47a)과 같이 말할 수 있는 동일한 상황에서 (47b)과 같이는 전혀 말할 수 없다고 단언한다면, 대다수 일본인들은 기꺼이 동의하지 못 할 것이다.

(47a) 雨が降るようだ・らしい。
(47b) 雨が降りそうだ。

많은 일본어 문법서에는 'ようだ' 'らしい' '(し)そうだ' 셋 모두 '客観的な根拠があって〜と推量する。'라던가 '〜と推定される状態にある。'라는 식으로 서로 엇비슷하게 설명되고 있어서, 이들 세 형식이 어떤 상황에 대해서는 거의 유사하게 쓰일 수 있다는 점도 부인하기 어렵다. 그러나 어떤 문맥이나 상황에서는 이들 중 어느 하나나 둘은 사용 가능한데, 다른 것은 불가능하기도 하여서, 이들 사이에 의미 차이가 있는 것도 사실이다. 이러한 경우, 서로 맞바꾸기가 명백히 불가능한 경우부터 우선적으로 점검해 보는 것이 효율적일 것이다. 그럼 먼저 '(し)そうだ'는 사용 가능한데, 'ようだ' 'らしい'로 대치가 불가능한 경우부터 따져 보기로 하겠다.

5.2.1. '(し)そうだ'의 '눈앞 묘사(眼前描寫)'[14]

특히 긴박한 움직임을 나타내는 동사 바로 뒤에 접속하는 경우, 예를 들면 다음 예문의 '(し)そうだ'는 "コップが落ちかけている。"라는 의미를 나타내는 아스펙트적 표현에 극히 가깝다. 연용형(連用形)에 접속하는 형태론적 특성 자체가 술어의 활용형을 만드는 접미어에나 적합한 특성이지, 명제를 구성하는 문장 전체 내용의 진위 여부를 따지는 '진위판단 서술태도' 형식에 적합한 특성이 아니다.

(48a) あっ!コップが<u>落ちそうだ</u>。

위 예문의 '落ちそうだ'는 'コップが今にも落ちようとしている'와 거의 일치하는 '눈앞 묘사(眼前描寫)'의 의미를 나타낸다. '눈앞 묘사(眼前描寫)'란 현재 바로 눈앞에 맞닥뜨린 상황에 대해서 "그 상황을 평가하거나 곰곰이 따져볼 여유도 없이, 우선 당장 상황을 상황 그대로 말로 표현하는 것"이다. 마치 길을 가다가 영화배우 장동건이 지나가는 걸 보고, 무심코 '장동건!'이라고 입 밖으로 내뱉는 것과 마찬가지로 직면한 상황을 상황 그 자체로 언어화(言語化)하여 '묘사'하는 것이다. 여기에는 'ようだ' 'らしい'와 같은 진위판단 서술태도 형식에 보이는 명제내용의 진위 여부를 곰곰이 따져 보고나서 '참'이라고 승인하는 의미의 판단 작용은 두드러지지 않는다. 다음 예문과 같이 '눈앞 묘사'의 의미를 나타내는 '(し)そうだ'를 'ようだ' 'らしい'로 바꾸면 상당히 부자연스러워진다.

---

14) '눈앞 묘사'의 의미 특성에 관한 설명은 田中敏生(1983/p81)의 '眼前描寫'를 참조한 것이다. 단, 田中(1983)의 '眼前描寫'의 의미 특성은 '(し)そうだ'를 대상으로 한 것은 아니다.

(48b) あっ!コップが落ちる??ようだ。
　　　　　　　　　　/??らしい。

　'(し)そうだ'는 'ようだ' 'らしい'에 비해서 감각적으로(주로 시각으로) 포착한 외부 상황을 그냥 그대로 직감적으로 '묘사'하는 어감이 강하고, 감각적으로 포착한 상황을 판단 재료(근거)로 삼아 그리고 나서 뭔가 머릿속에서 '판단'하는 어감이 약하다. '(し)そうだ'를 모양(模樣)과 상태(狀態)의 줄임말인 '양태(樣態)조동사'라고 부르는 것은 이러한 까닭이다.[15]

5.2.2. '(し)そうだ'의 비유적 묘사

　다음 예문의 '(し)そうだ'는 말하는 사람이 현장 상황을 그렇게 될 것만 같은 직전 상황으로 주관적으로 받아들이고 있음을 나타낸다. 여기서 "주관적으로 받아들였다는 것"은 현실에서 뭔가가 실제로 실현되는지 아닌지를 따지는 것이 아니다. 현재 상황을 주관적으로 어떻게 받아들이는가의 문제이다. 이런 종류의 '(し)そうだ'에는 사물·상황의 성질·상태를 나타내는 비유표현으로 용법이 아예 고정된 것들도 있다.[16]

　　(49a) 忙しくて、死にそうだ。
　　(49a) 水が冷たくて、手が切れそうだ。

　예를 들면, 위 예문의 '死にそうだ' '手が切れそうだ'는 미래 어느 시점에 실제로 '死ぬ' '手が切れる' 하는 사건이 발생할 것이라고, 즉 명제내용의 성립이 '참'

---

15) 仁田(1991/P64)도 '(し)そうだ'가 나타내는 의미가 '판단' 보다는 '묘사'에 가깝다고 논증하였다. 仁田(1991)는 'あっ、荷物が落ちそうだ'와 같이 '(し)そうだ'는 나타낼 수 있는 명제내용이 주로 근접 미래 상황이고, 어떤 징후가 눈앞에 명확하게 존재하는 경우로 제한되는데 반하여, 'ようだ' 'らしい' 'みたいだ'는 '二人は心中したらしい' 'やばい話があったようだ'와 같이 남겨진 흔적으로부터 추측한 과거 상황도 나타낼 수 있다고 설명하면서 '(し)そうだ'는 다른 형식에 비해서 '현장 묘사'에 가까운 것으로 자리매김하였다.

16) 坂田雪子(1980/p50)

으로 인정된다고 '판단'한 것이 아니다. 이대로 그냥 있다가는 미래에 이런 일이 생길 것만 같은 극한상태에 처해 있다고 주관적으로 느껴지는 현재 심리상태·감각상태를 비유적으로 '묘사'한 것뿐이다. 요컨대 미래 사건에 대한 '판단'이 아니라, 현재 상황에 대한 '묘사'인 것이다. 위와 같은 문장의 '(し)そうだ'를 'ようだ' 'らしい'로 바꾸면 기묘한 문장이 되어 버린다.

(49b) 忙しくて、死ぬ??ようだ。
　　　　　　/??らしい。
(49b) 水が冷たくて、手が切れる??ようだ。
　　　　　　　　/??らしい。

'진위판단 서술태도' 형식인 'ようだ' 'らしい'를 사용하면, 명제내용이 '참'이라고 '판단'을 했다는 의미를 나타내게 되는데, 아무리 바빠도 바빠서 죽을 일은 없을 것이고, 아무리 물이 차더라도 손이 끊어지는 일은 없을 것이다. 통상적인 현실 세계에서 있을 수 없는 상황을 '참'이라고 '판단'한 것이 되어 기묘한 문장이 되어 버린다.

5.2.3. '(し)そうだ'가 '추측'에 가까운 의미를 나타내는 경우

坂田雪子(1980/p49)는 "*(50)のような文は、話し手がその場の状況をそのようになる直前の事態だととらえていることを表すものである。表現のねらいは、何かが実現するかないかにあるのではなく、現在の状況がどのようにとらえられるかという点にある。*"라고 하였다.

(50) 大分不穏な情勢で、両国の間に一波乱置きそうだ。
(51) この仕事は今日中に終わりそうだ。

(51)에 대해서는 "*現在の状況を手がかりにして、何かが実現する見込みが十分にあるということを表しており、(50)に比べると、何かの実現そのものに重点がおかれている。*"라고 하였다. 본

연구의 입장에서 보면, (50)은 '현재 상황 묘사'에 가깝고, (51)은 '진위 판단'에 가깝다고 볼 수 있겠다.

또한 ラチャーニ(1991/P125)는 "「(し)そうだ」が他の推量形式に比べて、物事の様子・状態がどのように捉えられるかを描写する感じが強いが、(52)における「(し)そうだ」は、物事の様子・状態を描写するだけにとどまらず、何らかのことが実現するかどうかを積極的に予測する感じが強い。"라고 하였다.

> (52) そんなに大きくない船である。甲板は平たく、帆柱が二本、それ
>   もただの棒が突っているに過ぎない。古めかしい、ぼろぼろの船な
>   のだ。あちらでは数人の水夫が忙しそうに働いている。そっちへ
>   行ってもじゃまになりそうだ。 (船)

선행연구들도 지적하고 있듯이 '(し)そうだ'가 'ようだ' 'らしい'에 가까운 의미를 나타내는 경우들이 있는데, 그런 경우의 '(し)そうだ'의 의미는 'ようだ' 'らしい'와 완전히 동일한 것일까? 만약 다르다고 한다면, 어디가 어떻게 다른 것일까? 예를 들면, (47a)(47b)을 수정한 다음 예문의 '(し)そうだ'는 'ようだ' 'らしい'와 상당히 유사한 의미를 나타내는 것처럼 느껴진다.

> (53a) これから、雨が降るようだ。
>   /らしい。
> (53b) これから、雨が降りそうだ。

(53B)의 '(し)そうだ'는 "당장이라도 비가 내리기 시작할 듯 한 모양새를 현재 상황이 보이고 있다." 라고 하는 '현재 상황의 묘사'에 초점을 맞춰져 있다. 반면에 (53a)의 'ようだ' 'らしい'는 미래 어느 시점에 비가 내리기 시작할 것이라고 예측하는, 미래 사건에 관한 '진위 여부 판단'에 초점이 맞추어져 있다. '(し)そうだ'에도 어느 정도는 '판단'하는 느낌이 부수적으로 생겨나는 것은 부인하기 힘드나, '(し)そうだ'는 강우(降雨) 현상이라고 하는 미래 사건을 예상하고 추측하

는 것이 주된 목적이 아니다. 어디까지나 미래에 비가 올지도 모를 상태를 '현재 상황'이 보이고 있음을 나타내는 '현장 묘사'의 표현이다. 명제내용이 참인지 거짓인지 여부를 '판단'하는 것이 아니라, 순수한 의미의 '판단'에서는 벗어난다고 해도 좋다. 반면에 'ようだ' 'らしい'는 명제내용이 제시하는 사건이 미래 어느 시점에 '참'으로 실현될 것이라는 점에 초점을 맞춘, 순수한 '판단'의 의미를 나타내는 '진위판단 서술태도' 형식인 것이다.

아래 예문에서도 '(し)そうだ'는 현장의 묘사에, 'ようだ' 'らしい'는 진위 여부의 판단에 초점이 맞추어져 있다.

> (54a) このケーキはおいしいようだ。
> 　　　　　　　　　　　　/らしい。

> (54b) このケーキはおいしそうだ。

'ようだ' 'らしい'는 케익을 먹어보면 맛있을 것으로 예측된다는 '판단'에 초점이 맞추어져 있는 반면에, '(し)そうだ'는 군침이 돌 정도로 먹음직스럽게 생긴 케익의 현재 모양새를 '묘사'하는데 초점이 맞추어져 있다.

> (55a) あの男はかなり酔っているらしく、すぐにもふらふらと倒れそうだ。

> (55b) あの男はかなり酔っているらしく、すぐにもふらふらと倒れるようだ。
> 　　　　　　　　　　　　　　　　　　　　　　　/らしい。

'(し)そうだ'는 당장이라도 쓰러질 듯이 비틀거리는 현재 모양새를 '묘사'하는데 초점이 맞추어져 있고, 'ようだ' 'らしい'는 미래 어느 시점에 쓰러지는 사태가 발생할 것이라는 '판단'에 초점이 맞추어져 있다.

또한 '(し)そうだ'의 연용형(連用形)이 '～そうに見える' '～そうに聞こえる' '～しそうな氣がする'와 같은 표현에는 잘 어울리는데 반하여, '～しそうだと判斷する' '～そうに思われる'와 같은 표현과는 잘 어울리지 못 하는 것도 '(し)そうだ'의 '묘사'적 의미의 특성을 반영하고 있다고 생각할 수 있겠다. 정리하면 '(し)

そうだ'는 "순수한 '진위판단 서술태도' 형식이라고 하기 보다는 문맥정보에 따라서 '진위판단'에 가까운 의미를 나타내는 경우도 있다." 라고 하는 것이 타당할 것으로 생각된다. '(し)そうだ'가 어떠한 문맥 상황에서 진위판단의 의미에 근접하는지에 대해서는 앞으로 좀 더 면밀히 분석해야 할 숙제로 남겨두기로 하겠다.

6. 마무리

지금까지 분석 내용을 총정리하자면, 다음 표와 같이 일본어 진위판단 서술태도의 체계를 정리할 수 있겠다. 단 '(し)そうだ'와 'はずだ'는 근본적인 핵심 의미가 각각 '현장 묘사'와 '설명'이라서 순수한 진위판단 서술태도 형식으로는 인정하기 힘들기 때문에, 주변 형식으로 처리하여 가장 유사한 의미를 나타내는 추측형식 가까이에 위치시켰다.

<table>
<tr><td rowspan="6">단
정</td><td rowspan="6">↔
↔</td><td rowspan="6">추
측</td><td colspan="3">가연성(可然性)</td><td>かもしれない</td></tr>
<tr><td colspan="3">확연성(確然性)</td><td>にちがいない(はずだ)</td></tr>
<tr><td rowspan="4">개연성
(蓋然性)</td><td colspan="2">근거 비전제</td><td>だろう</td></tr>
<tr><td rowspan="3">근거 전제</td><td>현장 묘사</td><td>(し)そうだ</td></tr>
<tr><td>주체적</td><td>ようだ(みたいだ)</td></tr>
<tr><td>객체적</td><td>らしい</td></tr>
</table>

일본어 진위판단 서술태도 체계는 명제내용을 확실히 '참'이라고 인정하는 '단정'과, 불확실하나마 '참'으로 인정하는 '추측'이 대립적인 관계에 있다. 단정'은 술어에 다른 형식이 추가되지 않는 단순한 무표형(無標形)인데 반하여, '추

측'은 술어에 추측형식이 추가되는 유표형(有標形)으로 표시된다. '추측'은 "말하는 사람의 확신 정도 → 실재적 근거를 전제로 하는가 하지 않는가 → 판단에 대하여 주체적 태도를 취하는가 객체적 태도를 취하는가" 라는 3단계 기준에 의하여 하위분류될 정도로 체계적으로 세분화된다. 실제 언어생활 현장에서 이러한 체계가 항시 적용된다고 말하기는 힘들지만, 일본어 모어화자의 의식 속에는 '추측' 형식이 세분화되어 있을 것으로 생각된다.

II부

한국어

5장 | 근거 비전제형 'ㄹ것이다' '겠지'

1. 머리말

여기서는 'ㄹ것이다' '겠지'에 관해서 분석한다. 'ㄹ것이다' '겠지'를 현실에 실재하는 근거를 반드시 전제로 하지 않는 '근거 비전제형' 추측의 의미를 나타내는 형식으로 상정한다. 먼저 '근거 비전제형'인 'ㄹ것이다' '겠지'의 의미가 '근거 전제형'인 '것 같다' '듯 하다' '가 보다' '모양이다'와 어떻게 다른가를 분석하고, 이후 '겠지'와 'ㄹ것이다'가 어떻게 다른가를 따져 보기로 하겠다.

2. 한국어 문말(文末)구조의 개략

한국어도 일본어와 마찬가지로 SOV구문(주어+목적어+술어)이다. 당연히 술어가 문말(文末)에 위치하고, 문말의 술어를 보충하기 위하여 서술태도 형식들도 문말에 위치한다.[1] 그러나 문말의 구체적인 구문구조는 일본어와 상이한 부분이 상당히 많다. 한국어 문말구조의 기본적인 짜임새는 다음과 같다.

한국어 문말구조를 논할 때, 표현유형[2]과 명제내용에 대한 서술태도를 구별

---

[1] '아마' '글쎄' '확실히' 등의 진술부사는 독립어 성격이 강해서 문장의 앞, 중간, 뒤 다양한 곳에 자유롭게 위치하여 말하는 사람의 서술태도를 나타낸다. 본 연구의 분석 대상이 아니므로, 본격적으로 다루지는 않지만, 분석의 보조 수단으로 다루기로 한다.

해야 할 것이다. 한국어에서는 이 둘이 별개의 문법범주에 의하여 실현되기 때문이다. 다음 문장과 같이 서술문, 의문문, 확인문, 명령문, 권유문 등의 표현유형은 '종결어미(Final Ending)'에 의하여 실현된다.

(1) 가/다.　(서술문)　-　行く。
　　/지.　(확인문)　-　行くだろ(?)
　　/니.　(의문문)　-　行くのか?。
　　/라.　(명령문)　-　行け。
　　/자.　(권유문)　-　行こう。

위 문장은 술어인 동사 어간(가)에 종결어미인 (다.)(지.)(라.)(니.)(자.)가 접속하여 각각 서술문, 확인문, 명령문, 의문문, 권유문을 만든 예이다. 표현유형을 결정하는 이들 종결어미는 파라디그마틱(선택적)관계이다.

또한 다음 예문과 같이 존경, 시제, 추측 등의 명제내용에 대한 서술태도는 '선어말어미(Prefinal Ending)'에 의하여 표현되는데, 선어말어미(先語末語尾)는 술어의 어간과 종결어미3) 사이에 위치하는 특성이 있다.

(2) 선생님은 도착하/ <u>시</u>/ <u>었</u>/ <u>겠</u>/ 다.

위 예문에서는 동사 어간인 '도착하'와 종결어미(Final Ending)인 '다' 사이에, 선어말어미(Prefinal Ending)인 '시' '었' '겠'이 위치한다. 선어말어미의 배열순서는 거의 일정하고, 위 예문과 같이 존경(시)/시제(었)/추측(겠)의 순서로 배열된다. 이들 선어말어미는 신타그마틱(나열적)관계이다.

---

2) 한국어학에서는 '표현유형'보다 '명제유형'이란 용어가 일반적이지만, 용어의 통일성을 유지하기 위하여 '표현유형'이라고 하였다.

3) 안명철(1988/P6)등을 참고하였다. 연구자에 따라 '종결어미'를 '어말어미(語末語尾)'라고 부르는 경우도 있다.

3. '겠지'의 구문과 의미

다음 예문의 '겠지'는 동사 어간 '오' 뒤에 추측의 의미를 나타내는 선어말어미 '겠'과, 확인의 의미를 나타내는 종결어미 '지'가 결합한 것이다.

(3) 내일은 그 사람이 오·겠·지.

'겠'은 '추측'의 의미를 나타내는 형식 중에서[4] 유일한 단일 형태소, 즉 그 이상 분해할 수 없는 형식이다. 다른 형식은 'ㄹ+것+이(다)' '것+같(다)' '듯+하(다)' '가+보(다)' '모양+이(다)'와 같이 반드시 둘 이상의 구성성분으로 이루어진다.[5] 이 때문에 김차균(1981) 등은 문법형식으로서 추측의 의미를 나타내는 것은 '겠' 뿐이고, 나머지는 모두 어휘적 레벨의 결합에 불과하다고 보는 견해도 있다.[6] '겠'은 유일한 단일 형태소란 점도 있어서 '다' 이외의 종결어미와 함께 쓰이는 빈도가 다른 형식에 비해서 훨씬 많다. 특히 '지'와 결합하여 '겠지'로 쓰이는 경우가 많다.

'지'는 '확인 서술문'이나 '확인 의문문'을 만드는 종결어미이다. '확인 서술문'이란 말하는 사람이 명제내용에 대해서 이미 어느 정도 알고 있는 걸 내비치면서 듣는 사람에게 그 내용을 확인하는 서술문이다. '확인 의문문'이란 말하는 사람이 명제내용에 대해서 이미 어느 정도 알고 있는 걸 내비치면서 듣는 사람에게 의문을 던져 동의를 구하는 의문문이다.

다음 예문과 같이 '확인 서술문'과 '확인 의문문'은 명확히 구별할 수 있는 것

---

4) 「겠」의 본래 의미를 '미확인'이라고 보는 견해도 있다.(김미선/p51)
5) '것+같(다)' '듯+하(다)' '가+보(다)' '모양+이(다)'의 형태론적·구문론적 특성에 관하여는 6장에서 설명하기로 하겠다.
6) 서정수(1996)는 '겠' 이외에, 'ㄹ 것이(다)'는 추측의 의미를 나타내는 문법형식으로 인정한 반면에, '것 같(다)' '듯 하(다)' '가 보(다)' '모양이(다)'는 어휘적 레벨의 복합 형태로 인정하였다. '이 사과는 내가 먹을 것이다'의 'ㄹ 것이(다)'는 '사과=것'의 관계라서 문법형식으로 인정되지 않으나, '그 사람은 곧 죽을 것이다'와 같은 추측문의 'ㄹ 것이(다)'는 '사람=것'의 관계가 아니라 'ㄹ 것이(다)' 전체가 하나의 문법형식으로 인정된다고 설명하였다.

이 아니라 연속적으로 이어지는 것이다.

> (4a) 그러면 안되·<u>지</u>. (↘) -확인 서술문
> (4b) 그러면 안되·<u>지</u>? (↗) -확인 의문문

'확인 서술문'과 '확인 의문문'은 음성적 보조 수단으로만 구별되는 경우도 있다. 예를 들면 위 예문에서는 종결어미 '지' 부분의 인토네이션이 하강형이면 확인서술문으로, 상승형이면 확인의문문으로 해석된다. 의문문에는 말한 내용에 대하여 의문을 제기하고 끝나는 명제에 대한 서술태도의 성격이 강한 것도 있고, 듣는 사람에게 적극적으로 대답을 요구하는 질문문과 같이 듣는 사람(聽者)에 대한 서술태도의 성격이 강한 것도 있다. '~지'로 끝나는 '확인 의문문'은 양쪽에 걸치는 형식이라고 말할 수 있겠다. '확인 의문문'과 '확인 서술문'의 구별이 명확하지 못 한 것도 이러한 특성 때문이다.

'ㄹ것이다'는 다음과 같이 '지'와 결합시키면 비문(非文)이 되어 버린다. 6.1에서 자세히 설명하겠지만, 'ㄹ것이다'는 '다' 이외의 다른 종결어미가 접속하는 것을 거의 허용하지 않는다.

> (5) 내일은 그 사람이 *올 것이지.

또한 '것 같(다)' '듯 하(다)' '가 보(다)' '모양이(다)'는 다음 예문과 같이 '지'와 결합하지 못 하는 것은 아니지만, '지'와 결합하면 명제내용에 대한 말하는 사람 고유의 진위판단이라고 하는 '추측(敍述)문'의 자격을 잃고, 듣는 사람에게 적극적으로 대답(정보)을 요구하는 질문문이 되어 버린다.

> (6a) 내일은 그 사람이 올 것 같지?
> /듯 하지?
> /건가 보지?
> /모양이지?

(6b) 나는 "내일은 그 사람이 올 /것 같지?"하고 물었다.
　　　　　　　　　　　 /듯 하지?"
　　　　　　　　　　　 /모양이지?"
　　　　　　　　　　　 /(건)가 보지?"

(6c) 나는 "내일은 그 사람이 /??올 것 같지"하고 생각했다.
　　　　　　　　　　　 /??올 듯 하지."
　　　　　　　　　　　 /??올 모양이지."
　　　　　　　　　　　 /??올건가 보지."

위 예문과 같이 '것 같지' '듯 하지' '가 보지' '모양이지'는 "나는~라고 물었
다."라는 질문문의 내포문으로는 적절하지만, "나는~라고 생각했다."라는 서술
문의 내포문으로는 부적절한 것을 알 수 있다. '것 같지' '듯 하지' '가 보지' '모
양이지'가 이미 서술문 자격을 잃고 질문문으로 쓰이고 있기 때문이다. 이에 대
하여 '겠지'는 다음 예문과 같이 "나는~라고 물었다."라는 의문문의 내포문으로
서도, "나는~라고 생각했다."라는 서술문의 내포문으로서도 적절한 것을 확인
할 수 있다.

(7a) 나는 "내일은 그 사람이 오<u>겠지?</u>"하고 물었다.
(7b) 나는 "내일은 그 사람이 오<u>겠지</u>"하고 생각했다.

단 이것은 (8a)와 같이 '겠지' 부분의 인토네이션이 통상적인 하강형인 경우이
고, (8b)와 같이 상승형인 경우는 '추측 확인의문문'으로 해석된다.

(8a) 내일은 그 사람이 오겠지. (↘)
(8b) 내일은 그 사람이 오겠지? (↗)

그러나 이 경우의 '겠지'도 듣는 사람에게 적극적으로 대답(정보)를 요구하는 질
문문이 아니라, 의문만 제기하고 끝나는 것이다. 즉 듣는 사람으로부터 정보를 얻어

내는 것이 목적이 아니다. 말하는 사람이 자신의 추측 판단에 대해서 확신을 가지려는 것이 원래 목적이고, 그것을 위해서 듣는 사람에게도 확인을 해보는 수순을 밟는 것뿐이다. 예를 들면 (8b)는 듣는 사람이 존재한다고도 하지 않는다고도 해석할 수 있다. 듣는 사람이 존재하지 않는다고 하면, 말하는 사람은 스스로 자문자답하고 대답을 찾아 구하는 모양새가 된다. 또한 듣는 사람이 존재하고, 그 듣는 사람에게 해당 정보가 없는 것이 확실한 대화장면에서도 '겠지'는 (8b)와 같이 쓰일 수 있다. 그 경우는 말하는 사람이 듣는 사람과 함께 대답을 찾아구하는 의미를 나타낸다. 이와 같은 '겠지'는 이미 의문문이 아니라 서술문, 즉 '확인 서술문'에 상당히 가깝다고 말할 수 있다.[7]

정리하자면 '겠지'는 '추측 확인서술문' 및 '추측 확인의문문'을 만드는 형식이인데, '추측 확인의문문'의 경우라도 상대에게 적극적으로 정보를 요구하는 청자(聽者)에 대한 서술태도를 나타내는 질문문이 아니다. 명제내용에 대하여 의문을 제기하는 걸로 끝나는 명제에 대한 서술태도의 성격이 강하다. 따라서 '겠지'는 명제내용에 대한 진위판단의 의미를 나타내는 추측형식으로 인정하여 분석 대상에 포함시키기로 하겠다. 반면에 '것 같지' '듯 하지' '가 보지' '모양이지'는 항시 상대에게 적극적으로 정보를 요구하는 청자에 대한 서술태도를 나타내는 '질문문'이다. 따라서 질문문인 '것 같지' '듯 하지' '가 보지' '모양이지'는 분석 대상에 포함시키지 않고, 서술문인 '것 같다' '듯 하다' '가 보다' '모양이다'만을 분석 대상에 포함시키기로 하겠다.

---

7) 이런 점은 일본어의 'だろう 의문문'에 상당히 가깝다고 말할 수 있다.
  (예) これは何ですか? - これはいったい何だろう?。
  진위판단가 아직 미확정인 경우에 그에 관한 정보를 듣는 사람에게 구하려 하는 것이 일반 의문문(질문문)이다. 이에 반하여 'だろう 의문문'은 형식 자체의 의미로 듣는 사람에게 해당 정보를 요구하지 않는다는 특성이 있다. 즉 '일반의문문'과 'だろう 의문문'의 차이는 부족한 미확정 부분의 정보를 듣는 사람에게 의존하는가 하지 않는가의 차이이다. 'だろう 疑問文'은 의존하지 않는다. 예를 들면 '今、何時だろう?'와 같은 경우, 꼭 상대방에게 시간을 물어보는 것이 아니다. 단 '담화 협조의 원리'를 바탕으로 듣는 사람이 해당 정보를 제공하는 일은 충분히 있을 수 있다.

4. 'ㄹ 것이다'의 구문과 의미

'ㄹ것이다'는 'ㄹ+것+이다'와 같이 3개의 구성성분로 이루어진다. '미연(未然)·미래'의 의미를 나타내는 관형형어미(冠形形語尾) 'ㄹ'에, 형식명사 '것'이 결합한 구문론적 구성체에 지정사(指定詞) '이다'가 첨가된 형식이다. 'ㄹ것이다'가 구성체로서 추측의 의미를 나타내는 경우는 형태소 각각의 의미의 단순한 결합이 아니라, 합성된 새로운 의미가 생겨난다. 그렇지 않은 경우는 서술태도 형식으로 인정되지 않는다.[8]

> (9a) 이 사과는 내가 먹을 것이다.
> (9b) 이 사과는 내가 먹을 과일이다.
> (9c) 이 사과는 내가 먹으리라.

(9a)는 합성형태로 인정되는가 아닌가에 따라서 그 의미가 달라진다. (9b)와 같이 '것'이 '과일'을 지칭하는 경우는 단순한 구문론적 결합이므로, 추측의 의미를 나타내는 서술태도 형식이 아니다. 그러나 이것이 합성형태를 이루는 (9c)의 의미로 해석되는 경우는 서술태도 형식으로 인정된다. 이 경우 형태소 하나 하나의 원래 의미는 사라지고, 한 덩어리가 되어서 합성적 의미를 나타내는 것이다.

> (10) a.그 사람이 내일 올 것이다.
>   b.그 사람이 내일 올 사람이다.
>   c.그 사람이 내일 오리라.

특히 (10a)와 같이 주어가 사람인 경우, (10b)와 같이는 해석할 없고, 반드시 (10c)와 같이 추측의 의미를 나타내게 된다. (10a)의 'ㄹ것이다'가 (10c)와 같이 반드시 추측형식으로 해석되는 이유는 '것'이 '물건'을 대신하는 형식명사로 쓰일 수는 있어도 '사람'을 대신할 수는 없기 때문이다. 'ㄹ것이'가 구성성분 하나

---

8) 서정수(1996/p312)

하나의 원래 의미를 잃고 합성적 의미를 나타내게 된 것은 15세기경이었다고
한다.9)

'ㄹ 것이다'에 'ㄹ'을 따로 명시한 이유는 '것이다'가 '미연(未然)·미래'의 의미를
나타내는 관형형어미 'ㄹ'이 앞에 오는 경우에 한해서만 추측의 의미를 나타낼 수
있기 때문이다. 'ㄹ 것이다' 는 구성성분 내부에 'ㄹ' 이외에 추측의 의미로 연결될
만한 형태소를 내포하고 있지 않기 때문에, 반드시 'ㄹ'을 취하지 않으면 안 된다.
일반적으로 미래의 일은 확실히 예측하기 힘들다는 점에서 '미연·미래'의 의미를
나타내는 'ㄹ'이 파생적 의미로 추측의 의미를 나타내게 된 것으로 보여진다. 미래
시제를 나타내는 형식소가 '추측'의 의미를 나타내게 된다는 견해는 서양 언어학에도
보이는데, 다음은 Lyons과 Palmer.F.R.를 인용한 것이다.

> • *Futurity is never a purely temporal concept; it necessarily includes an element of prediction or some related notion.* 〈*Lyons(1977/p677)*〉

> • *What is convetionally used as a future tense ··· is rarely, if ever, used solely for making statements or predictions, or posing or asking factual questions, about future. It is also used in a wider or narrower range of non-factive utterancces, involving supposition, inference, wish, intention and desire.* 〈*Lyons(1977/p816)*〉

> • *Will is also used to refer to future time. This is not particularly surprising: the future is not fully known, but it is reasonable assumption that it will ensue. Conversely, it is often possible to paraphrase the epistemic use of will as You will find that······';　but that is less appropriate in the first sentence above than in the second. In any case, it is clear that there is a difference between epistemic will and　'future'will, though the relations between them will have to be discussed in some*

---

9) 나진석(1953)

이에 반하여 '것 같다'는 '같다'의 '가정적 동일성'을 통하여, '듯 하다'는 '듯'의 '가정적 유사성'을 통하여 추측의 의미를 나타내게 된 것이라서, 관형형어미(冠形形語尾)가 'ㄴ'이던 'ㄹ'이던 간에 상관없다. 또한 '모양이다'는 '모양'의 어휘적 의미로부터, '가 보다'는 의문형어미 '가'와 인지동사 '보다'의 의미로부터 추측의 의미를 나타내게 된 것이므로 관형형어미의 한정을 받지 않는다.

5. 근거 전제형과 근거 비전제형의 의미 차이

이 절에서는 현실 세계에 실재하는 판단 근거를 전제로 하는 '근거 전제형' 추측인 '것 같다' '듯 하다' '가 보다' '모양이다'와, 반드시 전제로 하지는 않는 '근거 비전제형' 추측인 'ㄹ것이다' '겠지'가 서로 어떻게 의미가 다른지 분석하기로 하겠다.

5.1. '추측 판단'과 '희망 표명'

다음 예문은 다른 듣는 사람이 없는 장면에서 말한 것이라고 상정하기로 하겠다.

(11a) (단지 막연한 희망을 읊조리듯이)
언젠가는 그녀도 내 마음을 알아 줄거다.
/주겠지.

(이 때 그녀부터 애정과 격려가 가득 담긴 전화가 온다.)
음, 역시 (내마음을) 알아주는 것 같다.
/듯하다.

/가 보다.
/모양이다.

처음에는 아무런 실재적 근거도 없이 단지 그냥 막연한 희망을 읊조리듯이 '언젠가는 그녀도 내 마음을 알아 줄거다[10]/주겠지'라고 판단답지도 않은 판단을 중얼거렸을 뿐이다. 이러한 '추측 판단'이라고 하기 보다는 오히려 개인적인 '희망 표명'에 가깝다고 말할 수도 있을 것 같다. 이러한 문장에서 'ㄹ것이다/겠지'는 극히 자연스럽다. 동일한 장면에서 애정과 격려가 가득 담긴 전화가 왔다고 치자, 즉 실재적 근거가 출현했다고 치자. 이렇게 실재적 근거의 출현을 명시한 후에는 거꾸로 '것 같다' '듯 하다' '가 보다' '모양이다'가 자연스러워진다.

(11a)의 'ㄹ것이다' '겠지'와 '것 같다' '듯 하다' '가 보다' '모양이다'를 서로 맞바꾸면 (11b)와 같이 극히 어색해진다.

(11b) (단지 막연한 희망을 읊조리듯이)
언젠가는 그녀도 내 마음을 알아줄 ??것 같다./??듯하다./??가 보다./??모양이다.

(이 때 그녀부터 애정과 격려가 가득 담긴 전화가 온다.)
음, 역시 (내마음을) 알아 ??줬을거다./??주었겠지.

(11a)과 (11b)의 'ㄹ것이다' '겠지'와 '것 같다' '듯 하다' '가 보다' '모양이다' 사이의 자연스러움의 정반대 엇갈림은 동일 장면에서 '실재적 근거(전화)'의 출현을 명시하였느냐 하지 않았느냐에 따라 발생한 것이다. 따라서 이러한 차이는 'ㄹ것이다' '겠지'의 '근거 비전제형'의 의미 특성과, '것 같다' '듯 하다' '가 보다' '모양이다'의 '근거 전제형'의 의미 특성을 대비적으로 반영한 것이라고 해석해도 좋을 것이다.

---

10) 'ㄹ거다'는 'ㄹ것이다'의 축약형이고, '것이'가 음운 축약되어 '거'가 된 것이다. 축약형의 편리성 때문에, 일상적인 회화에서는 보다 자주 사용된다.

5.2. 막연한 추측

(12a) 그 사람 이민 간 후 10년째 소식도 모르지만, 뭐 건강할거다.
　　　　　　　　　　　　　　　　　　　　　　　　/하겠지.

(12b) 그 사람 이민 간 후 10년째 소식도 모르지만, 뭐 건강할 ??것 같다.
　　　　　　　　　　　　　　　　　　　　　　/??듯 하다.
　　　　　　　　　　　　　　　　　　　　　　/??가 보다.
　　　　　　　　　　　　　　　　　　　　　　/??모양이다.

　　본 연구가 의도하는 판정을 위해서, 아무런 실재적 근거도 없음(10년째 소식도 없음)을 문맥정보로 명시하였다. 이렇게 아무런 근거도 없이 막연한 추측을 하는 문장에서는 '근거 비전제형'인 'ㄹ것이다' '겠지'는 자연스러운데 반하여, '근거 전제형'인 '것 같다' '듯 하다' '가 보다' '모양이다'는 다소 부자연스러운 것을 확인할 수 있다. (12a)와 같은 문장은 바로 앞서 5.1에서 '희망 표명'에 가깝다고 정의한 문장과 전형적인 '진위 판단'의 의미를 나타내는 추측문의 중간적 성격이라고 말할 수 있겠다. (12a)의 최종적 서술태도에는 '이민 간 사람이 건강해야 할 텐데…' 라는 식으로 말하는 사람의 희망이 적지 않게 내포되어 있다고 보는 것이 타당할 것이다. 실재적 근거를 배경으로 삼은 논리적 판단이라고 하기 보다는 말하는 사람의 주관적 희망 사항으로부터 영향을 받은 판단이라고 해야 할 것이다.

5.3. 실재적 근거의 명시

(13a) 일기예보를 봤는데, 내일은 비가 올 것 같다.
　　　　　　　　　　　　　　/듯 하다.
　　　　　　　　　　　　　　/건가 보다.
　　　　　　　　　　　　　　/모양이다.

(13b)일기예보를 봤는데, 내일은 비가 ??올 것이다.

/??오겠지.

실재적 근거(일기예보)의 존재를 드러내어서 이와 같이 장면 설정을 바꾸면, 바로 앞서 5.2와는 정반대로 이번에는 'ㄹ것이다' '겠지'에 비해서 '것 같다' '듯 하다' '가 보다' '모양이다' 쪽이 안정적인 표현이 된다. 여기서 'ㄹ것이다' '겠지'가 안정적이지 못 한 이유는 실재적 근거의 존재를 문맥정보로서 드러내어 명시까지 해놓고서, 바로 직후에 그 존재를 부인하듯이 '근거 비전제형'인 'ㄹ것이다' '겠지'를 사용하는 것은 일관된 서술태도에 어긋나기 때문이다. 즉 한 문장에 모순되는 두 가지 서술태도가 공존해야 하는 어색함을 심리적으로 받아들이기 힘든 것이다. 역으로 '것 같다' '듯 하다' '가 보다' '모양이다'는 문맥정보로서 명시한 실재적 근거의 존재를 충실히 반영하는 '근거 전제형' 추측이므로 아무런 부자연스러움이 없다.

5.4. 말한 사람 자신의 내재적 정보

(14a) 어제 밤 난 엄청 마신 것 같다.

/듯 하다.

/마셨나 보다.

/모양이다.

(14b) 어제 밤 난 엄청 마셨??겠지.

/??을거다.

본 연구가 말하는 실재적 근거는 그것이 반드시 외부 세계에 존재하고, 눈에 보이는 형태의 유형물(有形物)이 아니면 안 된다는 것은 아니다. 말하는 사람의 머리 속에 실재하는 기억 등과 같은 눈에 보이지 않는 것도 충분히 실재적 근거로 성립한다. 위 예문에서 'ㄹ것이다' '겠지'가 부자연스러운 이유는 다음과 같이 설명할 수 있을 것 같다. 과음한 다음 날이라서 머리가 띵 하다던가, 속이 울렁거린다던가, 말하는 사람의 기억 또는 자신을 둘러싼 상황 중에 반드시 뭐라도 흔적(근거)이 남아 있기 마련인데, 그 근거의 존재를 애써 부인하듯이 '근거 비전제형'인 'ㄹ 것이다' '겠지'를 사용하여 마치 막연한 상상 속의 일인 것 마냥, 즉 아무런 실재적 근거도 없었던 것처럼 표현한 것이 부자연스러운 것이다. 반면, '것 같다' '듯 하다' '가 보다' '모양이다' 는 기억이나 속이 울렁거리는 것과 같은 실재적 근거의 존재를 충분히 반영하는 '근거 전제형'이므로 자연스럽다. 본 연구는 이러한 말하는 사람 자신에 내재하는 기억·감정·직감 등과 같은 것을 '내재적 정보'라고 정의하고 6장 5.3.에서 자세히 다루기로 하겠다. 11)

5.5. 진술부사 '실제로'와의 호응

   (15a) 실제로, 삼촌은 한 달 전에 퇴원해서 벌써 일을 하고 있는 것 같다.
                                                    /듯 하다.
                                                    /가 보다.
                                                    /모양이다.

   (15b) 실제로, 삼촌은 한 달 전에 퇴원해서 벌써 일을 하고 있었??을 것이다.
                                                      /??겠지.

  '실제로'의 어원에서 쉽게 알 수 있듯이 이러한 부사는 '현실·실제'를 반영하는 의미 특성을 지닌다. 위 예문에서 '실제로'는 '것 같다' '듯 하다' '가 보다' '모양이다'와는 자연스럽게 호응하는데 반하여, 'ㄹ 것이다' '겠지'와는 그다지 호응하지 못 하는 것을 확인할 수 있다. '실제로'의 '실제(현실)'을 반영하는 의미 특성 때문에, 동일한 명제내용임에도 불구하고 현실을 반영하고 현실에 실재하는 근거를 바탕으로 하는 '근거 전제형'인 '것 같다' '듯 하다' '가 보다' '모양이다'와는

---

11) 말하는 사람 자신의 내재적 정보도 '실재적 근거'로 보는 견해는 蓮沼昭子(1991/p214)를 참조한 것이다.

자연스럽게 호응하는데 반하여, 그렇지 않는 '근거 비전제형'인 'ㄹ것이다' '겠지'
와는 그다지 잘 호응하지 못 한다고 보는 것이 타당할 것이다.

5.6. 동일한 추측문에 반영된 의미 차이

앞서 말한 의미 차이 때문에, 동일한 추측문의 의미를 '것 같다' '듯 하다' '가
보다' '모양이다' 는 '실재적 근거'를 반영하는 내용으로 만들고, 'ㄹ것이다' '겠지'
는 반영하지 않는 내용으로 만드는 대비적인 경향이 발견된다. 본 절에서는 이
점에 따져 보기로 하겠다.

> (16a) 늦어도 2020년에는 세계적 불황이 해결될 거다.
> /되겠지.

> (16b) 늦어도 2020년에는 세계적 불황이 해결될 것 같다.
> /듯 하다.
> /건가 보다.
> /모양이다.

'ㄹ것이다' '겠지' 문장은 실제적 근거를 전제로 하지 않고 "아무리 늦어져도
2020년쯤엔 뭐 어떻게든 세계적 불황이 해결되어야 할 텐데…" 라고 일종의 막
연한 희망을 읊조린 것으로 해석하는 것이 타당할 것이다. 이에 반하여, '것 같
다' '듯 하다' '가 보다' '모양이다' 문장은 실제로 불황 타개책을 실행 중이고 그
구체적인 진행 상황으로 보아서 늦어도 2020년까지는 세계적 장기 불황이 해결
될 것으로 예측이 가능하다는 의미를 내포하고 있다고 생각된다. 예를 들어 경
기 지표가 상승 곡선을 그리기 시작했다던가 하는 '실재적 근거'에 영향을 받은
추측의 의미를 나타낸다고 생각된다.

또한 다음과 같은 예문에서도 'ㄹ것이다' '겠지'와 '것 같다' '듯 하다' '가 보다'
'모양이다' 사이에는 미묘하게나마 의미 차이가 인정된다.

(17a) 여기라면 담배를 피워도 괜찮을 거다.
/겠지.

(17b) 여기라면 담배를 피워도 괜찮을 것 같다.
/듯 하다.
/려나 보다.
/모양이다.

'것 같다' '듯 하다' '가 보다' '모양이다' 문장은 재떨이가 놓여 있다던가, 담배 피고 있는 사람이 있다던가, 다른 곳엔 '금연' 표식이 있었는데 여기만 없다던가 하는 '흡연 허용'을 적극적으로 뒷받침하는 상황, 즉 실재적 근거가 인정되어야 한다. 한편 'ㄹ 것이다' '겠지' 문장은 반드시 그러한 실재적 근거의 뒷받침이 없더라도, 흡연하더라도 별 탈은 없겠지 또는 흡연하더라도 특별히 위험하지는 않겠지 하는 정도의 판단을 말하는 사람 자신이 내릴 수 있는 상황이면 족할 것이다.

6. 'ㄹ 것이다'과 '겠지'의 의미 차이

끝으로 동일하게 '근거 비전제형'에 속하는 'ㄹ 것이다'와 '겠지'의 의미 차이에 관하여 따져 보기로 하겠다.

6.1. 'ㄹ 것이다'의 표현 유형의 제한

(18) 그 사람이 그랬겠지?
/*그랬을 것이지?

(19) 미안하다. 너도 얼마나 기가 막혔겠니?
/*을 것이니?

(20) 그 사람 도저히 안되겠군.
　　　　　/*안 될 것이군.

(21) 그렇지 꼭 저만 한 때였겠구나!
　　　　　/*때였을 것이구나!

(22) 정말 좋았겠네.
　　　　/*좋았을 것이네.

앞서 말했듯이 이들 한국어 '종결어미(Final Ending)'는 서술문, 의문문, 확인문, 명령문, 권유문 등, 문장의 다양한 표현유형을 정하는 역할을 하는 형태소이다. 위 예문에서 알 수 있듯이 '겠'은 다양한 종결어미와 결합할 수 있는데 반하여, 'ㄹ것이'는 이들 종결어미의 접속을 대부분 허용하지 않는 경향이 있다. 결과적으로 'ㄹ것이다'는 말하는 사람이 듣는 사람에게 일방적으로 서술내용을 서술하는 '일반 서술문' 용법으로 제한받게 된다.

6.2. 말하는 사람 우위(優位)의 'ㄹ것이다'

(23) 두드려라. 그러면 열릴 것이다.
　　　　　/??열리겠지.

(24) 내가 앞으로의 일을 예언컨대, 너희는 앞으로 3년간 고난을 겪을 것이다. /??겪겠지.

'ㄹ것이다'는 말하는 사람의 정보량이 듣는 사람보다 우위에 있는 것을 전제로 하는 '화자 우위(話者優位)'인 추측의 의미를 나타낼 수 있다. 위 예문과 같이 'ㄹ것이다'는 성서 예언에도 빈번히 등장한다. 성서 예언은 전지전능한 하나님이 무지한 인간에게 일방적으로 앞으로의 일을 통보하는 것이다. 이와 같이 '화자 우위'인 추측의 의미를 나타내는 'ㄹ것이다'를 '겠지'로 바꾸면 기묘한 문장이 되어 버린다.

성서 예언 정도는 아니더라도 말하는 사람의 정보량이 훨씬 더 많은 것이 명확한 문맥에서는 'ㄹ것이다'는 적절하지만, '겠지'는 부적절하다. 아래 예문에서도 말하는 사람(나) 쪽의 정보량이 훨씬 우위에 있기 때문에 'ㄹ것이다'는 적절하지만 '겠지'는 부적절한 것이다.

(25) 내가 차를 보내주마. 차는 1시쯤 도착할거다.
/??하겠지.

동일한 문장이라도 문맥 설정을 어떻게 하는가에 따라서 'ㄹ것이다'와 '겠지'의 자연스러움이 바뀌는 경우도 흔히 있다. 먼저 다음 예문이 "의사가 환자에게 질병 완치의 예측 전망을 일방적으로 통고하는" 문맥이라고 설정하자. 그러면 이러한 문맥에서는 'ㄹ것이다'는 적절한 반면에 '겠지'는 부적절해진다.

(26) 이병은 반드시 완치 될 것입니다.
/??되겠지요.

그런데 문맥 설정을 바꾸어 "환자 가족들이 환자의 증상 호전을 기대하면서 이야기를 나누고 있는" 상황으로 가정하면 '겠지'도 허용될 수 있을 것이다.

6.2.1. '~ㄹ것'에 관하여

(26) 이 규칙은 반드시 지킬 것.(이다)
(27) 먹고 싶으면 열심히 일할 것.(이다)

공문서 등에 자주 쓰이는 관용적인 문어체(文語體)이긴 하지만, '~할 것'의 형태로 말하는 사람이 듣는 사람에게 일방적으로 명제내용을 성립시키도록 요구하는 명령문을 만드는 경우가 있다. 위 예문과 같이 '~할 것'의 형태가 일방적으로 듣는 사람에게 뭔가 행동을 요구하는 명령문으로 쓰이는 것은 'ㄹ것이다'가 화자 우위(話者 優位) 서술태도를 나타내는 형식이란 점을 설명하는 근거가 될 수 있을 것으로 생각된다.

6.3. 공감대 형성의 '겠지'

앞서 설명과 같이 '겠지'는 선어말어미(先語末語尾) '겠'이 추측의 의미를 나타내고, 종결어미 '지'가 확인의 의미를 나타내는데, 문말(文末) 인토네이션 변화에 따라 '추측 확인 서술문' 또는 '추측 확인 의문문'으로 쓰인다.

> (28a) 내일은 그 사람이 오겠지. (↘)
> (28b) 내일은 그 사람이 오겠지? (↗)
> (28c) 내일은 그 사람이 오겠다. 그렇지?

꼬리상승형 인토네이션이면 '추측 확인 의문문'으로 쓰이고, 꼬리하강형 인토네이션이면 '추측 확인 서술문'으로 쓰인다. 어느 쪽이던 간에 확인의 의미를 나타내는 종결어미 '지'의 의미로 인하여, 말하는 사람이 일방적으로 최종 판단을 내리는 것이 아니라, 듣는 사람과 함께 최종 판단을 형성해 가는 서술태도를 나타내게 된다. (28c)와 같이 부가의문문(付加疑問文)으로 바꾸어지는 것을 보아도 '겠지'가 듣는 사람을 의식하는 형식인 것을 알 수 있다. 위 예문의 '겠지'를 'ㄹ것이다'로 바꾸면 듣는 사람의 의견(정보)을 고려하는 어감은 소멸해 버릴 것이다.

다음 두 실례에서도 '겠지'를 'ㄹ것이다'로 바꾸면, 다소 문장이 부자연스러워진다. 듣는 사람을 의식하지 않을 수 없는 상황에서 듣는 사람을 무시하는 듯이 받아들여지기 때문일 것이다.

> (29) 자네는 이 금화를 원래의 석탄으로 되돌려 놓겠다고 하지. 우리는

또 하지 말았으면 좋겠다고 하지. 이래가지고서는 언제까지 가 봐
도 끝나지 않는 게 당연하겠지. 그래서 내 생각에는 이 금화를 밑
천으로 해서 자네가 우리하고 카드놀이를 하는 거야. 《日韓 2 卷》

(30) 리스코 : 어쩜, 아까 노부코도 그렇게 말했는데. 당신네 일가는 역
　　　　　　시 닮았군요.
　　　　　　하지만, 노부코가 말한 건 다른 의미였어요.
　　에사부로 : 그렇겠지, 다른 의미일 게 뻔해. 그 녀석에게는 그런
　　　　　　말을 할 권리가 없어.
　　　　　　《日韓 1 0 卷》

　정리하면 'ㄹ것이다'는 듣는 사람의 의견(정보)을 고려하지 않고, 말하는 사람
이 정보 우위 입장에서 명제내용에 대한 진위 판단을 듣는 사람에게 일방적으
로 서술하는 추측의 의미를 나타낸다. 한편 '겠지'는 듣는 사람의 의견(정보)를
고려하면서 듣는 사람과 함께 판단을 형성해가고자 하는 '공감대 형성'을 전제
로 추측의 의미를 나타낸다.

7. 맺음말

　이 장에서는 한국어 개연성 추측에 실재적 근거를 전제로 하는 '근거 전제형'
과, 반드시 전제하지는 않는 '근거 비전제형'의 구별이 있는 것을 확인하였다.
'것 같다' '듯 하다' '가 보다' '모양이다'는 '근거 전제형' 추측이었고, 'ㄹ것이다'
'겠지'는 '근거 비전제형' 추측이었다. 동일한 추측문의 의미를 전자는 실재적 근
거를 반영하는 내용으로, 후자는 반영하지 않는 내용으로 해석하게 만드는 대
비적인 경향이 보였다.
　또한 '근거 비전제형'인 'ㄹ것이다' '겠지'는 단순한 '희망 표명'에 가까운 의미
를 나타내는 일도 있으며, 근거의 존재를 명시한 문맥에서는 부적절하고, 현실

을 반영하는 진술부사 '실제로'와는 자연스럽게 호응하지 못 하는 점 등을 밝혔다. 나아가 '겠지'와 'ㄹ것이다'는 듣는 사람의 의견(정보)를 고려하는가 하지 않는가 하는 관점에서 재분류할 수 있었다. '겠지'는 고려하였고, 'ㄹ것이다'는 고려하지 않았다.

그런데 '근거 전제형'인 '것 같다' '듯 하다' '가 보다' '모양이다'는 최종 판단에 대해서 주인된 태도를 취하는가, 제삼자적 태도를 취하는가 하는 점에서 의미 차이가 인정되는데, 이러한 점에서 또 다른 하위 범주로 재분류할 수 있으리라 생각된다. 바로 다음 6장에서 따져 보기로 하겠다.

6장 | 주체 추측 '것 같다' '듯 하다'와 객체 추측 '가 보다' '모양이다'[*]

1. 머리말

앞 장에서 '것 같다' '듯 하다' '가 보다' '모양이다'가 현실에 실재하는 근거를 바탕으로 하는 '근거 전제형' 추측에 속하면서 상당히 유사한 의미를 나타내는 점을 밝혔다. 이 장에서는 이들의 의미적 상이점에 초점을 맞춘 분석을 시도해 보기로 하겠다. '것 같다' '듯 하다' '가 보다' '모양이다'는 상당히 유사한 의미를 나타내기는 하지만, 이들 의미에 미묘한 차이가 있는 것도 사실이다. 이러한 문말(文末) 형식들은 명제내용에 대해서 말하는 사람의 서술태도를 나타내는 형식이므로, 이들의 의미 차이도 서술태도의 표출 방식의 차이에 초점을 맞추어 분석할 필요가 있을 것으로 생각된다. 본 연구는 최종 판단에 대해서 말하는 사람이 판단의 주인된 태도를 취하는가, 아니면 제삼자적 태도를 취하는가 하는 점에 초점을 맞추어 이들의 의미 차이를 분석하기로 하겠다.

---

* 이 내용의 일부는 김동욱(2000)「한국어 추측 표현의 의미차이에 관한 연구」『국어학35집』(한국)국어학회 를 수정 보완한 것이다.

2. 구문과 의미

구체적인 분석에 들어가기 전에 이들 문말형식의 구문과 의미에 대해서 간략히 살펴보기로 하겠다.

2.1. '것 같다'

(1)[[범인이 잡힌]것]같다.

'것 같다'의 구문 구조는 다음과 같이 설명할 수 있다. 위 예문과 같이 먼저 "범인이 잡혔다."란 명제내용을 형식명사 '것'이 하나로 묶어서 [[범인이 잡힌]것]이란 명사절을 만들고, 이것을 선행문으로 삼는다. 이 때 형식명사 '것'을 수식하기 위하여 술어인 '잡혔다'는 관형형어미(冠形形語尾) 'ㄴ'을 포함하는 '잡힌'의 형태로 바꾼다. 그리고 명사절[[범인이 잡힌]것]이란 명제내용과 말하는 사람의 예측 내용이 동일함을 나타내는 등식술어 '같다'로 묶는 것이다. 등식술어 '같다'가 아직 확인되지 않은 명제내용을 서술 대상으로 삼을 경우, '같다'의 '가정적 동일성'의 의미를 매개로 하여 추측의 의미를 나타내게 되는 것이다. 전항 요소인 '것'은 명제내용을 명사절로 묶는 문법적 기능을, 후항 요소인 '같다'는 '가정적 동일성'의 의미를 나타내는 의미적 기능을 하는데, '것 같다' 전체로는 '추측'의 의미를 나타내는 문말형식의 역할을 한다.

2.2. '듯 하다'

(2)[[범인이 잡힌]듯]싶다.
(3)[[범인이 잡힌]듯]하다.

'듯 싶다'의 '듯'도 '범인이 잡혔다'란 명제내용을 묶어서 [[범인이 잡힌]듯]이란 명사절을 선행문으로 만든다는 점에서는 '것 같다'의 '것'과 문법적 기능이 동일하다.

(4) 지금도 그녀가 마치 내 옆에라도 있는 듯, 나는 설레임을 느낀다.

그런데 '것 같다'의 '것'은 문법적 기능을 수행할 뿐인데, '듯 하다'의 '듯'은 문법적 기능뿐만 아니라 의미적 기능도 함께 수행한다. '듯'의 기본 의미는 '가정적 유사성'인데, '가정적 유사성'이란 의미가 아직 확인되지 않은 명제내용을 서술 대상으로 삼을 경우, '추측'의 의미를 나타내게 되는 것이다.

다음 예문에서 '범인이 잡힌 듯'은 명사절만으로도 추측의 의미를 나타낼 수 있는데 반하여, '범인이 잡힌 것'은 명사절만으로는 추측의 의미를 나타낼 수 없는 걸 확인할 수 있다.

(5) '범인이 잡힌 듯'
(6) '범인이 잡힌 것'

실제로도 '듯 하다'의 '듯'은 명사절만으로도 추측의 의미를 나타내는 경우가 흔히 있다. 다음 실례는 1994.12.18.일자 중앙일보 1면 머리기사의 타이틀이다. 신문 기사의 타이틀은 핵심 의미가 왜곡 없이 전달되는 한 문법적 형식을 최소한까지 생략하는 특성이 있고, 추정 보도가 많아서 형식명사 '듯'으로 묶어지는 타이틀이 많이 눈에 띈다.

(7) '외교안보팀 전원 바뀔 듯'

'듯 싶다'는 '가정적 유사성'을 나타내는 형식명사 '듯'과, 보조용언 '싶다'가 결합한 것이다. 한국어학에서 보조용언 '싶다'의 원의(原義)를 '느끼다'로 보는 것이 일반적이다. '~하고 싶다' '~하면 싶다'의 '싶다'는 '~하고자 하는' 희망·욕망을 '느끼다'란 의미이고, '듯 싶다'의 '싶다'는 '~듯'이란 명사절의 명제내용이

나타내는 '가정적 유사성'을 '느끼다'란 의미로 해석할 수 있다. '듯 하다'는 '듯 싶다'의 '싶다'가 대용언(代用言-Proverb))인 '하다'로 대치된 것이다. '하다'는 거의 모든 술어를 대신할 수 있을 정도로 거의 무한에 가까운 생산성을 지니는 대용언이다. 영어 대동사(代動詞) 'do' 및 일본어 대동사 'する'에 상당한다고 말할 수 있다.

참고로 한국어 대용언 '하다'는 동사뿐만 아니라 형용사를 대신할 수도 있다는 점이 영어 'do' 및 일본어 'する'와 다르다. 영어로는 'Proverb'인데도 '대동사(代動詞)'라고 하지 않고 '대용언(代用言)'이라고 호칭한 것은 이러한 이유 때문이다. 한국어에서는 동사(운동*하다*)와 형용사(따뜻*하다*)가 동일하게 '하다'의 형태를 취하기 때문에, 동사와 형용사의 구별이 애매한 부분이 있다. 어미 맨 끝의 모음 형태가 'ウ(u)'인지 'イ(i)'인지를 확인하는 것만으로 쉽게 구별할 수 있는 일본어보다 훨씬 복잡한 양상이다.

2.3. '가 보다'

(8) [[범인이 잡혔는]가보다.

'가 보다'의 '가'는 의문형 종결어미이다. 따라서 '가'로 종결되는 선행문(先行文)-[[범인이 잡혔는]가]은 항상 의문문일 수밖에 없다. 의문문의 의미 특징은 명제내용에 대한 말하는 사람의 내면적 의심 및 회의적 태도이다. 즉 '가 보다'의 '가'는 문법적으로는 명제내용을 의문문으로 묶어주는 역할을, 의미적으로는 명제내용에 대해서 내면적 의심 및 회의적 태도를 나타내는 역할을 한다고 볼 수 있다.

(9) 범인이 잡히는 장면을 보다.
(10) 범인은 이미 잡혔다고 본다
(11) [범인이 잡혔는가] 보다.

'보다'는 (9)와 같이 시각을 통해서 사물을 인지한다는 의미를 나타낸다. 이러한 의미가 확대되어 (10)과 같이 인지한 사물에 대해서 '판단'을 한다는 의미로 쓰이기도 한다. 그런데 (11)와 같이 '보다' 앞에 의문문이 오면, 의문문이 나타내는 명제내용에 대한 '내면적 의심'과 '보다'가 나타내는 '판단'의 의미가 합쳐져서 '가 보다' 전체로는 '추측'의 의미를 나타내게 되는 것이다.

2.4. '모양이다'

'것 같다' '듯 하다' '가 보다'는 '것+같다' '듯+하다' '가+보다'와 같이 전항 요소와 후항 요소로 나누어져, 전항 요소가 선행문으로 명사절이나 의문절을 만들고, 거기에 후항 요소인 보조용언이 부가적인 의미를 보충하는 구문구조를 이루었다.

한편 '모양이다'는 비교적 간단한 구문구조를 지닌다. '모양이다'의 '모양'은 아직 일반명사의 성격도 다소나마 남아있어서, 실제로 '네모난 모양 둥근 모양'과 같이 일반명사로 쓰이기도 한다.

(12) 범인이 잡힌 모양이다.

그런데 현대 한국어에서는 '모양이다'가 추측 형식으로 인식되고, 실제로 그렇게 사용되고 있다. 위 예문의 '모양이다'도 추측의 서술태도를 나타내는 형식으로 인정하여야 할 것이다. 위 예문의 '모양이다'의 '모양'은 '네모난 모양 둥근 모양'의 일반명사 '모양'과는 그 의미를 달리 한다고 보아야 하겠다. 위 예문의 '모양'은 일반명사의 어휘적 의미를 상실하고 형식명사화한 것으로 볼 수 있다. 또한 '일반명사+이다'로 보기보다는 '모양이다' 전체가 한 덩어리로 하나의 서술태도 형식으로 굳어진 표현이 되었다고 보아야 할 것이다.

단 '모양이다'는 '것 같다' '듯 하다' '가 보다' 등의 안에 들어가 명제내용의 일부가 되어서 '모양인 것 같다' '모양인 듯 하다' '모양인가 보다'와 같이 쓰일 수 있다. 이런 경우의 '모양'은 아직 일반명사 성격이 강하다고 볼 수 있다. 이런 점에서 다른 세 형식에 비하여, '모양이다'는 서술태도만을 전담하는 전용 형식으로서 안정감이 다소 떨어지는 것도 사실이다.[1] 그러나 본 연구는 현대 한국어에서 실질적으로 '추측' 형식으로 빈번히 쓰이고 있는 현실을 중시하여 분석 대상에 포함시키기로 하겠다.

3. 기본 입장

말하는 사람이 서술내용에 대하여 주체적인 서술태도를 취하는지 객체적인 서술태도를 취하는지 하는 관점에서 따졌을 때, '것 같다' '듯 하다'는 '주체 추측'의 의미를, '가 보다' '모양이다'는 '객체 추측'의 의미를 나타낸다는 기본 입장을 취한다. '주체 추측'과 '객체 추측'의 구체적인 내용은 다음과 같다.

  • '주체 추측'
'주체 추측'이란, 말하는 사람이 자신의 판단 및 판단이 제시하는 명제 내용에 대하여 주체적인 서술태도, 즉 판단의 주인된 태도를 취하는 추측이라고 정의한다. 말하는 사람 고유의 판단이라는 의식이 있고, 판단의 최종 책임이 말하는 사람에게 있음을 암묵적으로 인정하는 태도를 나타낸다.

  • '객체 추측'
'객체 추측'이란, 말하는 사람이 자신의 판단 및 판단이 제시하는 명제 내용에 대하여 객체적인 서술태도, 즉 제삼자 같은 태도를 취하는 추측이라고 정의한다. 말하는 사람 고유의 판단이란 의식이 없고, 판단의 최종 책임이 말하는 사람에게 없음을 은연중에 내비치는 태도를 취한다.

---

1) 이른바 '擬似モダリティ' 성격이 가장 강하다고 볼 수 있다.

4. '내가 생각하기에는' 테스트[2)]

　본격적인 분석에 들어가기 전에 기본 입장을 간단히 확인하기 위해서, 말하는
사람이 판단의 주체인 것을 명확히 드러내는 '내가 생각하기에는'와 한 문장에서
자연스럽게 어울려지는가를 따져보는 공기(共起) 테스트를 해보기 하겠다.

　　　　(13a) 저 사람이 범인인 것 같다.
　　　　　　　　　　/듯 하다.

　　　　(14a) 그는 작년 학회에는 참석하지 않았던 것 같다.
　　　　　　　　　　　　　　　/듯 하다.

　　　　(13b) 저 사람이 범인인 가 보다.
　　　　　　　　　　/모양이다.

　　　　(14b) 그는 작년 학회에는 참석하지 않았던 가 보다.
　　　　　　　　　　　　　/모양이다.

　위 예문들과 같이 판단 주체가 누구인지를 명시하지 않으면, '것 같다' '듯 하
다'나 '가 보다' '모양이다' 양쪽 모두 자연스럽다. 그런데, 아래 예문과 같이 판
단 주체가 말한 사람 본인인 것을 확연히 드러내는 '내가 생각하기에는'이란 조
건을 명시하면 자연스러움에 확연한 차이가 발생한다.

　　　　(13c) 내가 생각하기에는, 저 사람이 범인인 것 같다.
　　　　　　　　　　/듯 하다.

　　　　(14c) 내가 생각하기에는, 그는 작년 학회에는 참석하지 않았던 것 같다.
　　　　　　　　　　　　　/듯 하다.

---

2) 이 테스트는 森山(1989)의 '思うに'테스트에서 착안하였다. 단 森山(1989)는 '思うに'테스트를
　'상황 파악(추측)'과 '정보 파악(전문)'을 구별하는 수단으로 제안하였는데, 본 연구는 '주체
　추측'과 '객체 추측'을 구분하는 수단으로 자리매김하고자 한다. 또한 '思うに'테스트와 달리
　주어가 1인칭 단수인 것을 명시하였다.

(13d) ??내가 생각하기에는, 저 사람이 범인인가 보다.
/모양이다.
(14d) ??내가 생각하기에는,그는 작년 학회에는 참석하지 않았던가 보다.
/모양이다.

위 예문들에서 '내가 생각하기에는'과 '것 같다' '듯 하다'는 자연스럽게 어울리는데 반하여, '가 보다' '모양이다'는 그렇지 못 한 것을 확인할 수 있다. '것 같다' '듯 하다'가 '내가 생각하기에는'과 자연스럽게 어울려 판단 주체가 말한 사람 자신인 것을 드러낼 수 있는 것은 말한 사람이 판단에 대해서 주인된 태도를 취하는 '주체 추측'이기 때문이다. 반면에 '가 보다' '모양이다'가 '내가 생각하기에는'과 어울리지 못 하는 것은 판단에 대해서 제삼자적인 태도를 취하는 객체 추측이기 때문이다. 이 밖에도 '내 판단으로는' '내 생각으로는' 등등, 말하는 사람이 판단 주체임을 드러내는 여러 표현들과 '것 같다' '듯 하다'는 자연스럽게 어울리는데 반하여, '가 보다' '모양이다'는 상당히 부자연스럽다.

5. 주체 추측과 객체 추측

이들 추측형식들은 뭔가 실재적 근거를 바탕으로 하는 '근거 전제형'이란 공통점을 갖는다. 여기서는 판단 근거를 3종류로 나누어, 어떠한 경우에도 '것 같다' '듯 하다'는 '주체 추측'의 의미를 나타내고, '가 보다' '모양이다'는 '객체 추측'의 의미를 나타낸다는 사실을 확인하고자 한다. 판단 근거를 3종류로 나누는 것은 판단 근거가 어떤 종류인가가 의미에 영향을 미치기 때문이 아니다. 단지 구체적인 장면 설정을 해 놓고 좀 더 세밀한 의미 분석을 하려는 환경설정에 불과하다. 판단 근거의 종류와는 무관하게 말하는 사람의 서술태도만이 단일 팩터로 작용하여 '것 같다' '듯 하다'는 '주체 추측'의 의미를, '가 보다' '모양이다'는 '객체 추측'의 의미를 나타낸다고 하는 것이 본고의 입장이다. 판단 근거가 되는 정보에는 다음 3종류가 있다고 설정한다.

　　• '간접 정보'
　신문, 방송, 활자, 다른 사람의 이야기 등, 어떠한 매개체를 통해서 외부세계로부터 얻어진 정보.

　　• '직접 정보'
　시각, 청각, 촉각 등, 말하는 사람 자신의 고유한 인지 기능을 통해서 외부세계로부터 얻은 정보.

　　• '내재 정보'
　말하는 사람 자신의 기억, 감정, 직관 등과 같이 본래부터 자신에게 내재된 정보. 말하는 사람이 어떠한 형태로는 다른 사람에게 드러내 보이지 않는 한, 말하는 사람 밖에는 파악할 수 없다는 특성이 있다. 이런 점에서 누구든지 접촉할 수 있는 외부세계에 있는 '직접 정보' '간접 정보'와는 성격이 다르다.

5.1. 간접 정보

(15a) 외신보도를 *종합·분석하건데*, 소련의 쿠테타는 실패 가능성이
　　　높은 것 같다. /듯 하다.

(15b) 외신보도를 *종합·분석하건데*, 소련의 쿠테타는 실패 가능성이
　　　높은가 보다. /모양이다.

(15a)의 '것 같다' '듯 하다'는 외신보도라는 간접적 정보를 판단 근거로 삼아서 말하는 사람 스스로 종합·분석하여 쿠테타가 실패할 것이란 최종 결론을 내린 것, 즉 말하는 사람 자신이 최종 판단(종합분석)의 주인임을 전면에 내세우는 '주체 추측'의 의미를 나타낸다. 이에 반하여 '가 보다' '모양이다'는 밑줄 그은 종합분석이란 최종 판단을 마치 다른 사람이 한 것 같은 제삼자적인 태도

를 취한다. 다음 예문에서도 이러한 의미 차이가 인정된다.

> (16a) 경찰이 제공한 정보를 *종합해 추측하건데*, 犯人은 현재 도망중인
>   것 같다. /듯 하다.
> (17a) 양측 공소인의 진술을 *비교·검토하건데*, 그 어느쪽이 일방적으
>   로 나빴다고도 말할 수 없는 것 같다. /듯 하다.

> (16b) 경찰이 제공한 정보를 *종합해 추측하건데*, 범인은 현재 도망중인
>   가 보다. /모양이다.
> (17b) 양측 공소인의 진술을 *비교·검토하건데*, 그 어느쪽이 일방적으
>   로 나빴다고도 말할 수 없는가 보다. /모양이다.

‘것 같다’ ‘듯 하다’는 어떠한 매개체를 통하여 얻은 간접적 정보를 판단 재료
로 삼아서 말하는 사람이 주체적으로 최종 판단(밑줄 부분)을 내렸다는 ‘주체
추측’의 의미를 나타낸다. 이에 반하여 ‘가 보다’ ‘모양이다’는 밑줄 부분의 최종
판단의 주체가 말하는 사람 자신인 것을 명확히 드러내지 않는다. 오히려 최종
판단을 내린 사람은 말하는 사람 이외의 타인이고, 말하는 사람은 단지 그 타
인의 판단에 공감하는 정도의 제삼자적인 태도를 취하는 ‘객체 추측’의 의미를
나타낸다.

5.1.1. 전문(傳聞)과 유사한 ‘가 보다’ ‘모양이다’

간접적으로 얻어진 정보를 정보 그 자체의 형태로 듣는 사람에게 전달하는
형식을 ‘전문(轉聞)’, 그 정보를 판단 재료로 삼아서 말하는 사람의 판단을 덧붙
인 형태로 듣는 사람에게 전하는 형식을 ‘추측’이라고 정의한다. 이렇게 정의했
을 때, ‘가 보다’ ‘모양이다’는 장면에 따라서는 마치 전문(轉聞)인 것 같은 인상
을 받는 경우가 있다.

(18a) 신문에서 읽었는데, 살인사건의 범인이 드디어 잡혔는가 봐요.
　　　　　　　　　　　　　　　　　　　　　　　　/힌 모양이예요.

(19a) 라디오 교통정보에서 들었는데, 고속도로가 심하게 붐비고 있는가 봐요.
　　　　　　　　　　　　　　　　　　　　　　　　/모양이예요.

위 예문의 장면 설정은 판단 근거가 간접적 정보인 사실과 함께, 그 정보의 출처까지 구체적으로 명시하고 있다. 특히 이러한 문맥에서는 '가 보다' '모양이다'는 간접적으로 얻어진 정보를 정보 그 자체의 형태로 듣는 사람에게 전달하는 것인지, 또는 그 간접적 정보에 말하는 사람의 판단을 덧붙여서 전달하는 것인지가 극히 애매한 경우가 있다. 즉 '전문(轉聞)'인지 '추측'인지가 극히 애매한 것이다. 물론 간접적 정보였음과 함께 정보의 출처까지 구체적으로 명시한 문맥으로부터의 영향이 인정된다. 판단보다 정보원에 중점을 둔 표현이 되기 쉽다. 그러나 역시 근본 요인은 자신의 판단에 대해서 마치 제삼자 같은 태도를 취하면서 일정한 심리적인 거리를 두는 '가 보다' '모양이다'의 '객체 추측'의 특성 때문이다. 동일한 명제내용에 '것 같다' '가 보다'를 사용한 다음 예문에서는 '전문(轉聞)'같은 어감이 다소나마 감소된다.

(18b) 신문에서 읽었는데, 살인사건의 범인이 드디어 잡힌 것 같아요.
　　　　　　　　　　　　　　　　　　　　　　　　/듯 해요.

(19b) 라디오 교통정보에서 들었는데, 고속도로가 심하게 붐비고 있는
　　　것 같아요. /듯 해요.

5.1.2. 전문(轉聞) '(라)고 한다'와 객체 추측 '가 보다' '모양이다'

그렇다고 '가 보다' '모양이다'를 전문(轉聞)으로 분류할 필요가 있다는 것은 아니다. 기본적으로 역시 '가 보다' '모양이다'는 전문으로 보기 힘들다.

(20a) 새댁 : 죄송합니다만, 남편이 오면 연락 좀 해주라고 전해 주세
　　　　요. 우리 애가 쓰러졌습니다. (잠시후, 남편이 옴)

　　　집주인 : 바깥양반! 새댁한테서 연락이 왔었어요!

　　　남편 : ?

　　　집주인 : 애가 쓰러졌는*가 봐요!*/애가 쓰러진 *모양이에요!*/애가 쓰
　　　　러졌*답니다!*

　　　남편 : 뭐라구요!

(20b) 새댁 : 죄송합니다만, 남편이 오면 연락 좀 해주라고 전해 주세요.
　　　　우리 애가 갑자기 현기증이 나서 쓰러질 것 같다고 그러면
　　　　서…, 아이구 어쩌면 좋을지……

　　　(잠시 후, 남편이 옴)

　　　집주인 : 바깥양반! 새댁한테서 연락이 왔었어요!

　　　남편 : ?

　　　집주인 : 애가 쓰러졌는*가 봐요!*/애가 쓰러진 *모양이에요!*/??애가
　　　　쓰러졌*답니다!*

　　　남편 : 뭐라구요!

　　제삼자의 발언 내용을 그대로 전달하기만 하는 (20a)는 기본적으로 객체 추측의 '가 보다' '모양이다' 또는 전문(轉聞)의 '고 한다' 어느 쪽이나 사용할 수 있으나, 약간이라도 말하는 사람의 판단이 덧붙여진 (20b)에서는 허용도에 다소 차이가 생겨난다. 이러한 점에서 역시 '가 보다' '모양이다'는 전문(轉聞)과는 다른 범주에 속하는 형식이고, 제삼자적인 입장을 취하긴 하지만 어디까지나 말하는 사람의 판단이 더해진 '추측' 형식으로 보아야 할 것이다.

5.2. 직접 정보

    (21a) 이 쪽 케익이 더 맛있는 것 같다. /듯 하다.
    (22a) 한국차가 일본차보다 가속이 **빠른** 것 같다. /듯 하다.

    (21b) 이 쪽 케익이 더 맛있는 가 보다. /모양이다.
    (22b) 한국차가 일본차보다 가속이 **빠른** 가 보다. /모양이다.

위와 같이 아무런 문맥정보도 없는 예문에서는 '것 같다' '듯 하다' 및 '가 보다' '모양이다' 양쪽 모두 자연스럽다. 그런데 아래 예문과 같이 '난 양쪽 케익을 먹어 봤는데' '난 양쪽 다 타 봤는데' 라고 판단 근거로 삼은 정보를 말하는 사람이 직접 얻었음을 문맥정보로 명시하면, '것 같다' '듯 하다'는 그대로 자연스러운 문장으로 남는데 반하여, '가 보다' '모양이다'는 부자연스러워진다.

    (21a') 난 양쪽 케익을 먹어 봤는데, 이 쪽 케익이 더 맛있는 것 같다.
                                  /듯 하다.

    (22a') 난 양쪽 다 타 봤는데, 한국차가 일본차보다 가속이 **빠른** 것 같다.
                                    /듯 하다.

    (21b') ?난 양쪽 케익을 먹어 봤는데, 이 쪽 케익이 더 맛있는가 보다.
                                    /모양이다.

    (22b') ?난 양쪽 다 타 봤는데, 한국차가 일본차보다 가속이 **빠른가** 보다.
                                    /모양이다.

이것은 무엇을 의미하는 것일까? 먼저 판단 근거가 직접적 정보이었음을 명시하면, '가 보다' '모양이다'가 부자연스러워지는 이유를 살펴보자. 판단 근거로 삼은 정보를 말하는 사람이 직접 얻었음을 문맥정보로 의도적으로 명시한 것은 이미 그 정보에 근거한 판단에 대해서도 주체적인 태도를 보인 것이 되는데, 이것은 판단에 대해서 제삼자적인 태도를 취하는 '객체 추측'의 '가 보다' '모양이다'와는 서로 모순되는 것이다. 물론 실제 대화에서 굳이 이런 모순을 한 문장 안에 나타내는 일은 없을 것이다. 말하는 사람은 주체적인 태도를 취할까 객체적인 태도르 취할까를 무엇보다 우선적으로 정하고나서, 주체적인 태도를 취하고 싶으면 (21a)(22a) 또는 (21a')(21a')과 같은 문장을 사용하고, 객체적인 태도를 취하고 싶으면 판단 근거가 직접적 정보이었더라도 굳이 밝히지 않고 (21b)(22b)와 같은 문장을 사용하면 그 뿐인 것이다.

  (21b) 이 쪽 케익이 더 맛있는 가 보다.
       /모양이다.

  (22b) 한국차가 일본차보다 가속이 빠른 가 보다.
       /모양이다.

판단 근거가 직접적 정보이었음을 의도적으로 명시하는 것은 '내가 생각하기에는'과 같이 말하는 사람이 판단 주체임을 명시하는 표현을 덧붙이는 것과 본질적으로는 동일하다고 볼 수 있다.

  (21b") ?내가 생각하기에는, 이 쪽 케익이 더 맛있는가 보다. /모양이다.
  (22b") ?내가 생각하기에는, 한국차가 일본차보다 가속이 빠른가 보다.
       /모양이다.

한 문장 안에 주체적인 태도와 객체적인 태도가 공존해야 하는 모순을 초래하는 것이다. 그렇다고 해서 판단 근거가 직접적 정보인 경우는 '것 같다' '모양이다'를 사용해서는 안 된다는 것이 아니다. 굳이 일부러 한 문장 안에 명시하는 것이 앞뒤가 상충되는 서술태도를 공존시켜야 하는 모순이 발생한다는 것뿐이다. 명시하지만 않으면 그 뿐이다. 판단 근거가 직접적 정보이었던 아니었던 간에 '것 같다' '듯 하다'는 주체 추측의 의미를, '가 보다' '모양이다'는 객체 추측의 의미를 나타낸다.

또한 상당히 드물기는 하지만, 판단 근거가 직접적 정보인 것을 명시한 문맥에서도 '가 보다' '모양이다'가 허용되는 일이 있다. 단 그 경우라도 '것 같다' '듯

하다'는 주체 추측의 의미를, '가 보다' '모양이다'는 객체 추측의 의미를 나타낸
다는 점은 변함이 없다.

> (23a) 이런 것도 못 들어 올리다니, 나도 나이를 먹은 것 같다.
> /듯 하다.

> (23b) 이런 것도 못 들어 올리다니, 나도 나이를 먹었는가 보다.
> /모양이다.

위 예문에서도 주체 추측인 '것 같다' '듯 하다'에 비해서 객체 추측인 '가 보
다' '모양이다' 쪽이 판단 주체이면서 동시에 판단 대상이기도 한 스스로를 제삼
자적인 입장에서 일정한 심리적 거리를 두고 판단하는 느낌이 있다. 자기 자신
의 일이지만 마치 남 이야기 하듯이 말하는 인상이 남는다.

5.3. 내재 정보

> (24a) 이 정도가 체력의 한계인 것 같다.
> /듯 하다.

> (25a) 최근 기억력이 나빠진 것 같다.
> /듯 하다.

> (24b) 이 정도가 체력의 한계인가 보다.
> /모양이다.

> (25b) 최근 기억력이 나빠졌는가 보다.
> /모양이다.

위 예문들은 말하는 사람 자신의 기억, 감정, 직감 등의 '내재적 정보'를 판단
근거로 삼았다고 볼 수 있다. 이러한 예문의 '것 같다' '듯 하다'를 '가 보다' '모
양이다'로 바꾸면 미묘하나마 어감이 다소 달라진다. '것 같다' '듯 하다'를 사용
한 문장은 말하는 사람 자신에게 내재된 직감을 판단 근거로 삼은 말하는 사람

고유의 판단, 즉 판단의 주인된 태도를 취하는 '주체 추측'의 의미를 나타낸다. 그에 비하여 '가 보다' '모양이다'를 사용한 문장은 예를 들자면, 제삼자로부터 "자네 어째 좀 기운이 없어 보여." "그런 것도 기억 못 하면 곤란해." 등과 같은 말을 들었을 때 적합한 표현이라고 생각된다. 말하는 사람 자신의 일이면서도 말하는 사람 고유의 판단이라는 의식이 별로 없고, 그 결과 마치 제삼자의 판단을 빌려 온 것 같은 '객체 추측'의 태도를 취하는 것으로 느껴진다.

그런데 문맥에 따라서는 내재적 정보가 판단 근거인 '것 같다' '듯 하다'를 '가 보다' '모양이다' 로 바꾸면, 마치 주체와 객체가 뒤바뀌는 듯 한 인상을 받는 일이 있다. 이 현상이 '주체 추측'과 '객체 추측'이라는 본 연구의 기본 입장을 정의하는 계기가 되었다. 본 연구 독자적인 입장에서 이 현상을 따져 보기로 한다.

(26a) 왠지 그녀가 점점 좋아지는 것 같다.
　　　　　　　　　　　　/듯 하다.

(27a) 지금 이야기는 이전에도 들은 적이 있는 것 같다.
　　　　　　　　　　　　　　　/듯 하다.

아무런 문맥 정보도 주어지지 않은 위 예문에서 생략된 주체는 대개의 경우 어느 쪽인가 하면 말하는 사람 자신으로 느껴진다. 즉 이야기를 들은 적이 있는 사람, 그녀가 점점 좋아지는 사람은 보통 말하는 사람 자신이라고 해석되기 마련이다. 그런데 위 예문의 '것 같다' '듯 하다'를 '가 보다' '모양이다'로 바꾸면, 생략된 주체와 객체가 서로 뒤바뀐 듯 한 인상을 받게 된다.

(26b) 왠지 그녀가 점점 좋아지는가 보다.
　　　　　　　　　　　　/모양이다.

(27b) 지금 이야기는 이전에도 들은 적이 있는가 보다.
　　　　　　　　　　　　　　　/모양이다.

'가 보다' '모양이다'가 쓰인 위 예문에서 생략된 주체는 대개 말한 사람 이외의 다른 사람인 것 같은 인상을 받는다. 즉 '것 같다' '듯 하다'를 '가 보다' '모양이다'로 바꾸었더니, 말한 사람 자신을 서술 대상으로 삼았던 문장이 다른 사람을 서술 대상으로 삼은 문장으로 뒤바뀐 듯 한 인상을 받게 된 것이다. 이 같이 주체와 객체가 반전된 것 같은 인상을 받는 것은 무엇보다 '것 같다' '듯 하다'의 '주체 추측', '가 보다' '모양이다'의 '객체 추측'의 특성에서 비롯된 것으로 보인다. 또 다른 요인은 이들 예문의 판단 근거가 '내재적 정보'라는 점이다. 앞서 정의했듯이 말하는 사람의 기억, 감정, 직관 같은 '내재적 정보'는 말하는 사람이 타인에게 의도적으로 드러내지 않는 한, 말하는 사람 자신 밖에는 파악할 수 없다는 특성이 있다. 말하는 사람 자신밖에 파악할 수 없을 정도로, 자신에게 밀착된 정보에 근거한 판단에 대해서 마치 남 이야기 하듯이 제삼자적인 태도를 취한 것이 주체와 객체가 반전된 듯 한, 어떤 의미에서 착각을 일으키게 하는 것이다.

그러나 '내재적 정보'를 판단 근거로 삼은 예문에 '가 보다' '모양이다'가 부적절하다는 것은 아니다. 예를 들면 "난 딸이 결혼하는 게 기쁜가 보다/모양이다." 등과 같이 말하는 사람이 자신의 기분을 '가 보다' '모양이다'로 제삼자적으로 표현해도 무방한 경우가 얼마든지 있을 수 있다. 다만 그 경우라도 자기 이야기를 한다기보다는, 판단 주체인 자신을 판단 대상이기도 한 자신으로부터 분리하여 심리적 거리를 두고, 거의 타인 입장에서 말하는 인상을 주게 될 것이다.

6. 판단 책임성

'것 같다' '듯 하다'의 '주체 추측'의 특성, '가 보다' '모양이다'의 '객체 추측'의 특성에 관련된 문제는 여러 가지가 있을 수 있는데, 그 중에서 '판단의 책임성'이란 문제에 대해서 간략히 언급해 두고자 한다. 주체 추측인 '것 같다' '듯 하다'와 객체 추측인 '가 보다' '모양이다' 사이에는 판단에 대한 책임감 표명에 상당한 차이가 인정된다.

> (28a) 조작을 잘못해서 기계를 고장낸 것 같습니다.
> /듯 합니다.

> (28b) 조작을 잘못해서 기계를 고장냈는가 봅니다.
> /모양입니다.

물론 조작을 잘못해서 기계를 고장을 낸 장본인이 죄송한 마음을 담아서 이야기한다면, (28a)과 같은 "고장 낸 것 같다/듯 하다." 또는 "고장 내 버렸습니다."와 같은 단정 표현이 적절할 것이다. 그런데, 책임 회피를 하려고 의도적으로 '가 보다' '모양이다'를 사용한다면, 기계 고장을 초래한 장본인치고는 너무나 무책임하게 느껴질 것이다. 기계를 고장 낸 사람은 마치 말한 사람이 아닌 다른 사람인 것 같은 인상을 줄 우려조차 있다.

> (29a) (재무부 장관이)
> 이번 증권비리는 대주주들로부터의 압력도 그 한 원인이었던 것 같습니다.
> /듯 합니다.

> (30a) (공사 책임자가)
> 이 공사를 요번달 말까지 끝내는 건 아무래도 무리인 것 같습니다.
> /듯 합니다.

직책으로 보아서 위 예문을 말하는 사람들에게는 책임 있는 발언이 요구된다고 볼 수 있겠다. 이러한 장면에서 판단의 최종적인 책임이 말하는 사람 자신에게 있음을 암묵적으로 인정하는 '주체 추측'의 '것 같다' '듯 하다'는 잘 어울린다. 그러나, 위 예문의 '것 같다' '듯 하다'를 '가 보다' '모양이다'로 바꾼 아래 예문들에서는 말하는 사람이 책임을 져야할 판단 내용에 대해서 무책임한 인상을 줄 수밖에 없을 것이다.

(29b) (재무부장관이)

이번 증권비리는 대주주들로부터의 압력도 그 한 원인이었던가 봅니다
/모양입니다.

(30b) (工事責任者)

이 공사를 요번달말까지 끝내는 건 아무래도 무리인가 봅니다
/모양입니다.

이는 '가 보다' '모양이다'가 판단의 최종 책임이 말하는 사람에게 없음을 암묵적으로 내표하는 '객체 추측'이기 때문일 것이다.

7. '것 같다'와 '듯 하다', '가 보다'와 '모양이다'의 차이

그런데 '것 같다'와 '듯 하다'의 사이에도, '가 보다'와 '모양이다'의 사이에도 아주 미묘하기는 하지만, 의미 차이가 인정되고 구체적인 대화 장면에 따라서 구별되어 쓰이는 것으로 보인다. 단 "확신의 정도 → 실재적 판단 근거를 바탕으로 하는가 → 주체적인가 객체적인가" 라는 3단계 과정을 거치고 나서도 의미적 유사성을 공유할 정도로 극히 유사한 형식들끼리의 차이일 뿐이다. 또 하나의 하위범주를 따로 설정해야 할 정도의 의미 차이로는 인정되지 않는 것으로 보고, 또 다른 하위범주로 추가하지는 않기로 하겠다.

7.1. '것 같다'와 '듯 하다'의 차이

다음 예문의 '것 같습니다'를 '듯 합니다'로 바꾸면, 다소 부자연스러워진다.

(31) '어제 회의에 나가셨습니까?'
'예'

‘철수씨도 출석했던가요?’
‘예, 왔던 <u>것 같습니다</u>. 창구에서 봤습니다.’
‘예, 왔던 ?<u>듯 합니다</u>. 창구에서 봤습니다.’

위 예문의 ‘것 같다’는 이른바 ‘완곡한 단정’으로, 지금까지 다룬 ‘추측 표현’과는 성격을 달리 한다. ‘추측’과 ‘완곡한 단정’은 그 구별이 명확하지 않지만, 본 연구에서는 ‘추측’과 ‘완곡한 단정’의 차이는 판단과 표현의 상관관계에 의한 것으로 규정하기로 한다. ‘추측’은 말하는 사람의 판단 자체가 불확실한 것으로, 불확실한 판단을 불확실하게 표현하는 것이다. 즉 판단과 표현이 일치한다. 한편, ‘완곡한 단정’은 말하는 사람에게는 확실한 판단이 존재함에도 불구하고, 그걸 마치 불확실한 것처럼 표현한다고 하는 이중성을 지닌다. 즉 판단과 표현이 불일치한다. ‘추측’과 ‘완곡한 단정’을 구별할 수 있는 언어학적 기준은 없고, ‘완곡한 단정’은 다분히 어용론(語用論)에 가까운 개념이라고 볼 수 있다. 위 예문은 “철수씨를 창구에서 봤다.”라는 진술로 보아서 말하는 사람에게 확실한 판단이 존재하는 것으로 보이므로, 이른바 ‘완곡한 단정’으로 볼 수 있겠다. 이러한 문맥에서 ‘것 같다’는 자연스럽지만, ‘듯 하다’는 다소 부자연스러운데, 그 이유는 다음과 같이 설명할 수 있을 것 같다.

2절에서 설명했듯이, ‘것 같다’는 ‘같다’의 ‘가정적 동일성’의 의미를 통하여, ‘듯 하다’는 ‘듯’의 ‘가정적 유사성’의 의미를 통하여 추측의 의미를 나타낸다. ‘같다’의 ‘가정적 동일성’과 ‘듯’의 ‘가정적 유사성’이 아직 확인되지 않은 내용을 서술 대상으로 삼을 경우, 명제 내용과 말하는 사람의 예측 내용이 동일하거나 유사하다고 표현하는 것으로 ‘추측’의 의미를 나타내게 되는 것이다. 그런데, ‘듯’의 ‘가정적 유사성’에 비하여, ‘같다’의 ‘가정적 동일성’이 명제 내용과 말하는 사람의 예측 내용을 결합시키는 정도가 강하다. 그 만큼 말하는 사람이 나타내는 확신의 정도도 강하다고 볼 수 있겠다. 따라서 ‘완곡한 단정’과 같이 ‘단정’에 필적할 정도의 확신도가 요구되는 문맥에서는 ‘듯 하다’의 ‘가정적 유사성’으로는 불충분한 것이다.

또한 '듯 하다'는 말하는 사람 자신을 서술 대상으로 삼는 경우는 부적절한 경우가 있다. 이 점에 대해서 라성영(1995/P76)은 다음 예문을 들어 *"주어가 1 인칭인 경우, 특히 말하는 사람 자신의 내적 상태를 서술 대상으로 삼는 경우에는 '듯 하다'는 사용할 수 없다."*라고 하였다. 다음 예문에 한정하면, 라성영(1995)가 주장한 '듯 하다'의 1인칭 주어 제한은 언뜻 타당한 것처럼 보이기도 한다.

> (32a) 난 감기에 걸린 것 같다.
> /?듯 하다.

> (33a) (난) 어제 너무 먹어서 체한 것 같다.
> /?듯 하다.

그러나, 다음 예문과 같이 말하는 사람 자신을 서술 대상으로 삼더라도, 자신에게조차 진위 여부를 용이하게 판단하기가 까다롭고 애매한 내용으로 변화를 주면, 1인칭 주어라도 얼마든지 '듯 하다'가 자연스러울 수 있다.

> (32b) 난 아침부터 감기 기운이 약간 있는 <u>것 같다.</u>
> /<u>듯 하다</u>.

> (33b) (난) 아까부터 아랫배가 좀 더부룩한 <u>것 같다</u>
> /<u>듯 하다</u>.

말하는 사람 자신을 서술 대상으로 삼을 경우, '듯 하다'가 부자연스러운 경우가 생기는 것은 문법적인 1인칭 제한이라기보다 자신의 일은 확실한 어조로 말하는 것이 일상적이기 때문일 뿐이다. 말하는 사람이 자신을 돌아보기만 하면 용이하게 파악할 수 있는 자신의 내적 상태를 부정확하게 표현하는 것이 일상적이지 않을 뿐이다. 그런 점에서 '완곡한 단정'으로도 쓰일 수 있는 '것 같다'에 비하여, 확신의 정도가 약한 '듯 하다'는 더욱 일상적이지 않을 뿐이지, 문법적인 인칭 제한이 있는 것은 아니다. 본 연구는 '듯 하다'의 1인칭 제한을 인정하지 않고, '같다'의 '가정적 동일성'에 비하여, '듯'의 '가정적 유사성'이 나타내는 확신의 정도가 약한 점만을 인정하기로 한다.

7.2. '가 보다'와 '모양이다'의 차이

'가 보다'와 '모양이다'의 차이는 의미적인 면보다 형태적인 면이 보다 확실하다. 다음 예문과 같이 '모양이다'는 (34a)형식 자체가 과거형이 될 수 있고, (34b)다른 명사를 수식할 수도 있으며, (34c)말하는 사람 이외의 다른 사람의 심적 태도도 표현할 수 있다.

> (34a) 그땐 무슨 일이 잘 안 되는 <u>모양이었다</u>.
> (34b) 태도가 그 <u>모양인</u> 사람은 쫓아내야 한다.
> (34c) 사람들 말로는 앞으로 대학제도가 크게 변할 <u>모양이라고 한다</u>.

> (35a) *그땐 무슨 일이 잘 안 되는<u>가 보았다</u>.
> (35b) *태도가 그런<u>가 보는</u> 사람은 쫓아내야 한다.
> (35c) *사람들 말로는 앞으로 대학제도가 크게 변할 건<u>가 보다 라고 한다</u>.

이에 반하여, '가 보다'는 시제 변화가 허용되지 않고, 명사를 비롯한 다른 품사를 수식할 수 없이 문장 끝에만 쓰일 수 있으며, 오로지 말하는 사람 자신의 서술 태도만을 표현할 수 있다. 위 예문의 '모양이다'를 '가 보다'로 바꾸면 (35a) (35b) (35c)와 같이 모두 문법에 어긋나는 엉뚱한 문장이 만들어질 뿐이다.

형태적 차이만큼 명확하지는 않지만, 둘 사이에는 미묘한 의미 차이도 인정되며, 구체적인 문맥에 따라서 구별해서 쓰이기도 한다. 다음 예문을 살펴보자. 예를 들면, 판단 근거가 간접적 정보인 경우, 그것을 '~얼핏 들었는데'와 같이 최종 판단을 근거(간접적 정보)에 전면적으로 의존하지 않는 의미의 조건절로 나타내면, 양쪽 모두 비교적 안정적이다. 그에 반하여 '~이야기를 들어보니'와 같이 최종 판단을 근거에 전면적으로 의존하는 의미의 조건절로 나타내면 미묘하게나마 '모양이디'에 비하여 '가 보다'는 안정감이 떨어진다. 이러한 차이는 다음과 같이 설명할 수 있지 않을까?

(36a) 경찰 이야길 얼핏 들었는데, 음주운전이 사고 원인인 모양이다.
(36b) 경찰 이야길 얼핏 들었는데, 음주운전이 사고 원인인가 보다.

(36c) 경찰 이야기를 들어보니, 음주운전이 사고 원인인 모양이다.
(36d) ?경찰 이야기를 들어보니, 음주운전이 사고 원인인가 보다.

‘가 보다’ ‘모양이다’는 둘 다 판단에 대해서 제삼자적인 태도를 취하는 ‘객체 추측’이지만, 제삼자적인 태도를 취하게 된 과정은 서로 다른 부분이 있다.

앞서 말했듯이 ‘모양이다’의 ‘모양’은 일반명사로서의 어휘적 의미가 여전히 남아 있어서, ‘모양이다’의 객체 추측의 의미도 ‘모양’의 어휘적 의미에 크게 의존한다. ‘모양’의 어휘적 의미는 사물의 모양새를 말한다. 추측 형식으로서의 ‘모양이다’의 의미도 판단 대상인 사물의 상태, 형태를 파악한다는 의미에서 파생된 것으로 생각된다. 판단 대상이 되는 사물의 상태, 형태를 파악한다는 의미에서 한 발 더 나아가 대상이 되는 사물에게 일어날 수 있는 상황을 예측한다는 의미로 확대되어 파생적 의미로써 추측의 의미를 나타내게 된 것이다. 예를 들면 “슬슬 출발할 모양이다.”와 같은 문장은 본래 지금 상황이 출발할 모양새를 보인다는 것을 말했을 뿐인데, 차차 이러한 쓰임새가 빈번해지면서 파생적 に으로 추측의 의미도 띄게 된 것으로 생각된다. 결과적으로 판단의 최종 책임은 근거로 제시한 모양새에 있고, 말하는 사람은 모양새가 보여주는 자연스런 흐름에 따라 귀결되는 판단을 소극적으로 언급했을 뿐이라는 제삼자적 태도를 나타내게 된다. 이러한 맥락에서 ‘모양이다’는 최종 판단을 근거인 모양새에 전적으로 의존하는 의미를 나타내는 조건절과 잘 어울린다고 생각 할 수 있겠다.

한편, ‘가 보다’가 판단에 대하여 나타내는 제삼자적인 태도는 의문형 어미 ‘가’의 역할이 크다. 앞서 말했듯이 의문형 어미 ‘가’는 문법적으로는 명제내용을 의문절로 묶어주는 역할을 하며, 의미적으로는 명제내용에 대하여 말하는 사람의 내면적 의심, 회의적 태도를 나타내는 역할을 한다. ‘가’가 나타내는 내면적 의심, 회의적 태도에 의해서 말하는 사람은 자신의 판단이면서도 일정한 심리적 거리를 두고 한 발짝 물러나서 제삼자적 태도를 나타낼 수 있는 것이다. 그런데 판단 근거를 명시해 놓고, 게다가 거기에 최종 판단을 전적으로 의존하는 태도까지 내보이면, 근거에 의존하는 만큼 근거와 판단의 연결을 강하게 만들어버려, 판단에 대한 심리적 거리를 좁히고, 더 이상 내면적 의심, 회의적 태도를 갖지 말고 결론을 내도록 재촉하게 된다. 결과적으로 의문형 어미 '가'가 나타내는 내면적 의심, 회의적 태도와는 서로 모순되는 것이다. 본래 의문형 어미 '가'는 판단이 성립하지 않았음을 나타내는 형태소이므로, 판단 성립을 재촉하는 조건절과는 호응하지 않는 것이 당연하다고 할 수 있겠다. 판단을 근거에 전적으로 의존하는 의미의 조건절과 '가 보다'가 호응하지 못 하는 것은 이러한 연유로 볼 수 있을 것이다.

8. 마무리

본 연구는 말하는 사람이 자신의 판단에 대하여 주체적 태도를 취하는지 객체적 태도를 취하는지에 따라 달라지는, 서술태도의 표출 방식 차이에 초점을 맞추어 '것 같다' '듯 하다'와 '가 보다' '모양이다'의 의미 차이를 설명하였다. 말하는 사람의 서술태도가 단일 팩터로 작용하여 '것 같다' '듯 하다'는 '주체 추측'의 의미를, '가 보다' '모양이다'는 '객체 추측'의 의미를 나타낸다는 본 것이다. 아직 한국어학에서는 '주관적' '객관적'이란 용어가 일반적이고, 특히 '판단'이란 말에는 '주관적' '객관적'이란 수식어가 붙어 다니다시피 한다. 그러나 '객관적'이란 의미에는 "어느 쪽에도 치우치지 않는" "진실에 가장 가까운"이란 '올바른' 판단이란 의미가 있어서 오해의 소지가 다분하다. 이 같은 오해의 소지를 배제하려고 '주체' '객체'란 개념을 도입한 것이다.

또한 미묘하나마 '것 같다'와 '듯 하다' 사이에도 확신도 차이가 인정되었고,

'가 보다'와 '모양이다' 사이에도 형태적, 의미적 차이가 인정되었다. 좀 더 면밀한 검증 방법을 고안 하는 것이 향후 과제로 남는다.

7장 | 한국어 추측 표현의 체계

1. 한국어의 명제 내용과 서술태도

여기서는 5장과 6장의 내용을 포함하여, 한국어의 추측 표현의 전체적인 체계를 다루기로 하겠다. (1a) 한국어 문장을 크게 2분하면 말하고자 하는 내용을 중심으로 하는 내용적인 부분(*내일은 비가 오(다)*)과, 그에 대하여 말하는 사람이 나타내는 심적 태도를 중심으로 하는 태도적인 부분으로 나눌 수가 있을 것이다(*'ㄹ 것이다' 이하*).

> (1a) 내일은 비가 오ㄹ 것이다
> /(오)겠지
> /것 같다.
> /듯 하다.
> /건가 보다.
> /모양이다
> /지도 모른다.
> /게 틀림없다.

본 연구는 내용적인 부분을 '명제내용(Proposition)', 태도적인 부분을 '서술태도(Modality)'라고 부르기로 하겠다. 서술태도란 말하는 시점에 말하는 사람이 명제내용을 어떻게 파악하고 있는가를 주관적으로 표현한 것이라고 말할 수 있겠다. 서술태도에는 다양한 것들이 있을 수 있겠는데, 여기서는 명제내용의 진위 여부에 대하여 말하는 사람 고유의 서술태도를 나타내는 것에 한정하여 다루기로 한다.

2. 한국어의 진위판단 서술태도

명제내용을 '참'으로 인식하는 서술태도를 나타내는 문장 끝의 형식들을 '진위판단 서술태도'라고 부르기로 한다. '진위판단 서술태도'를 나타내는 여러 형식들의 의미는 각기 미묘하게 다를 것으로 예측되는데, 이들이 의미적으로 어떻게 다는가를 분석하기로 하겠다.

2.1. 단정과 추측

'진위판단 서술태도'에는 명제내용을 확실한 사실로 말하는 '단정'과, 불확실한 것으로 말하는 '추측'이 있다.

단정	추측
(1b) 내일은 비가 온다.	(1c) 내일은 비가 올 것이다

    /것 같다.
    /듯 하다.
    /건가 보다.
    /모양이다
    /지도 모른다.
    /게 틀림없다.
    /(오)겠지

한국어에서 '단정'은 (1b)와 같이 서술형 '종결어미'인 '(는)다'로 문장을 종결하는 형태로 나타내다. 한편, '추측'은 술어의 어간과 어미 사이에 선어말어미(先語末語尾)인 '겠'을 넣거나, 종결어미 '지'와 결합시켜 '겠지'를 만드는 등, 일본어에 비하여 복잡하고 다양한 문장 구조를 이룬다. (5장 3절). '것 같다' '듯 하다' '모양이다' '가 보다' 등의 추측형식도 '것' '듯' '모양' '가'를 사용하여 일단 명제내용을 명사절이나 의문절로 묶어주고, 그 뒤로 보조용언인 '같다' '하다' '이다' '보다'를 접속시키는 등, 상당히 복잡한 문장 구조를 지닌다.(6장 4절).

이 같이 한국어 추측문의 문장 구조가 복잡하기 때문에, 일본어에서처럼 'だろうね。' 'らしいね。' 등과 같이 문장 끝의 추측형식만을 따로 떼어내어 단독으로 사용하는 것이 허용되지 않는다. 한국어 추측문의 문장구조를 포함하여, 두 언어 사이의 대조적인 언어현상에 대해서는 제10장에서 설명하기로 하고 여기서는 이 정도로 요약하겠다.

사실을 사실로서 담담하게 말하는 경우는 별도의 형식을 필요로 하지 않는데 반하여, 그렇게 잘라 말할 수 없는 경우는 뭔가 별도의 형식을 보충하여 '단정'이 아닌 것을 표시해야 한다는 점은 두 언어가 공통된다. 한국어의 '추측'도 명제내용을 아직 확실한 내용으로 '사실 취급'할 수 없다고 하는 조건 딸린 표현인 것이다.

2.2. 전문(傳聞)과 추측

진위판단 서술태도와 관련이 있으면서 명제내용을 단정적으로 말하지 않는 형식으로는 '추측' 이외에 '전문(傳聞)'을 들 수 있다. 한국어의 대표적인 '전문' 형식으로는 '~(라)고 한다'가 있다.

> (2a) 그 사람이 방에 있다고 하지만, 난 아니라고 생각한다.
>
> (2b) 그 사람이 방에 ??있을 것이지만, 난 아니라고 생각한다.
>   /??있겠지만,
>   /??있을 것 같지만,
>   /??있을 듯 하지만,
>   /??있을건가 보지만,
>   /??있을 모양이지만,

명제내용이 문자, 방송, 타인의 이야기 등의 매개체를 통하여 얻어진 간접적 정보로 구성된 경우, 정보를 정보 그 자체로 전달하는 형식을 '전문', 해당 정보를 판단 재료로 삼아서 말하는 사람의 판단을 덧붙인 형태로 전하는 형식을 '추측'이라고 정의하기로 한자. 이렇게 정의했을 때, 전문(傳聞)인 '~(라)고 한다'는 명제내용에 대한 말하는 사람의 판단과는 기본적으로 무관하기 때문에, (2a)와 같이 전달 내용을 말하는 사람이 '참'으로 판단하지 않고 있음을 표시할 수도 있다. 이에 반하여, 'ㄹ 것이다' '겠지' '것 같다' '듯 하다' '가 보다' '모양이다'와 같은 추측형식은 불확실하게나마 명제내용을 '참'으로 판단하는 것이기 때문에, (2b)와 같이 그것을 곧바로 부인하는 것은 허용될 수 없다. 요컨대 '추측'은 진위 여부에 대한 '판단'이지만, '전문(傳聞)'은 판단이 아니라, 단순한 정보 '전달'인 것이다. 따라서 본 연구는 '전문(傳聞)'을 '진위판단 서술태도'에 관련되는 주변 형식으로는 인정하지만, '단정'과 '추측'으로 2분되는 '진위판단 서술태도' 체계의 일부로 인정하지는 않기로 하겠다. '전문(傳聞)'의 자리매김에 대해서는 이 책의 '들어가며'의 3절을 참조하길 바란다.[1]

3. 확신 정도에 따른 '추측'의 3분류

한국어 추측형식에는 확신의 강약을 명시하는 구성성분을 내포하는 것과 내포하지 않는 것이 있다. '지도 모른다' '에 틀림없다'는 확신도를 명시하는 구성성분을 내포하는 것이다. '지도 모른다'를 확신도가 가장 낮은 것으로 설정하여 '가연성(可然性) 추측'이라고 부르기로 하겠다. '에 틀림없다'를 확신도가 가장 높은 것으로 설정하여 '확연성(確然性) 추측'이라고 부르기로 하겠다. 'ㄹ 것이다' '겠지' '것 같다' '듯 하다' '가 보다' '모양이다'는 확신의 강약 정도를 명시하는 구

---

1) 단, '가 보다' '모양이다'는 대화 장면에 따라서 마치 전문(傳聞)형식인 것 같은 인상을 받기도 한다. 이 점에 대해서는 6장 5.1.1.에서 설명하였다.

성성분을 내포하지 않는 것들이다. 이들을 확신도를 특정하지 않는 것들로 설정하여 '개연성(蓋然性) 추측'이라고 부르기로 하겠다.

3.1. 가연성(可然性) 추측

    (3a) 또는 그는 1학년일지도 모른다.
        혹시
        어쩌면

    (3b) ??꼭 그는 1학년일지도 모른다.
        ??반드시

한국어 추측형식 중에서 확신도가 가장 낮은 것으로 '지도 모른다'를 선택할 수 있을 것이다. 부사와의 호응관계로도 확인할 수가 있는데, 위 예문과 같이 '또는' '혹시' '어쩌면' 등의 확신이 약함을 나타내는 부사와는 잘 호응하는데 반하여, '꼭' '반드시'와 같이 확신이 강함을 나타내는 부사와는 잘 호응하지 못 하는 것도 '지도 모른다'의 확신도가 약한 것을 뒷받침하고 있다고 말할 수 있을 것 같다.

그런데, '지도 모른다'는 명제내용이 '참'일수도 있고 아닐 수도 있다는 정도의 판단을 나타낸다고 오해를 하는 경향이 있다. 지금까지 '지도 모른다'에 관한 설명들이 다음 예문과 같은 경우를 강조하는 일이 있었기 때문일 것이다. 이 점은 다시 살펴 볼 필요가 있겠다.

    (4a) 그는 1학년일지도 모르지만, 1학년이 아닐지도 모른다.

    (4b) ?? 그는 1학년이겠지만, 1학년이 아니겠지.
    (4c) ?? 그는 1학년일 것이지만, 1학년이 아닐 것이다.
    (4d) ?? 그는 1학년일 것 같지만, 1학년이 아닐 것 같다.

(4e) ?? 그는 1학년일 듯 하지만, 1학년이 아닐 듯 하다.

(4f) ?? 그는 1학년인가 보지만, 1학년이 아닌가 보다.

(4g) ?? 그는 1학년일 모양이지만, 1학년이 아닌 모양이다.

분명히 'ㄹ것이다' '겠지' '것 같다' '듯 하다' '가 보다' '모양이다'는 위 예문의 '지도 모른다'와 같이 명제내용을 일단 긍정한 후에 곧바로 그를 부정하는 문장을 양립시킬 수는 없다. 그런데 이런 측면만 너무 강조하면, '지도 모른다'가 50%정도의 확신을 가지고 명제내용을 '참'으로 인정하는 형식이라고 오해할 우려가 남는다.

한편, 본 연구는 '지도 모른다'를 상정 가능한 여러 복수의 선택지 중의 하나에 불과하다는 정도의 확신을 가지고, 명제내용을 '참'으로 인정하는 '가연성(可然性) 추측'이라고 정의하기로 한다. '지도 모른다'는 그를 부정하는 여러 가능성을 동시에 암묵적으로 내포하면서, 여러 복수의 가능성 중의 하나로 명제내용을 '참'으로 인정하는 추측형식이다. 적어도 이론적으로는 무한한 선택지 중의 하나의 가능성이란 의미의 문장이 만들어질 수 있다.

(5) 그 사람은 가해자일<u>지도 모르</u>지만, 가해자가 아닐<u>지도 모른다</u>. 아니, 어떤 의미에서는 그 사람이야말로 피해자일<u>지도 모른다</u>.

(6) 날 죽이러 숨어들어온 암살자들은 한명일<u>지도 모르</u>고, 두명일<u>지도 모르</u>고, 세명일<u>지도 모른다</u>. 아니, 네명일 <u>지도 모른다</u>. 몇 명이라도 좋다. 전부 싸잡아 상대해 주마.

이러한 문장이 만들어 질 수 있는 것은 '지ㆍ도ㆍ모른다'의 각각 형태소의 본래 의미가 그대로 그 의미 역할을 충분히 다하고 있기 때문이다. '지도 모른다'가 '가연성(可然性) 추측'의 의미를 나타내는데, 가장 중요한 역할은 다음 예문과 같이 '도'가 선택적 의미를 나타내는 형태소로 그 역할을 충분히 해내고 있기 때문이다.

(7) 이것도 좋다. 저것도 좋다. 아니, 아무 거라도 좋다는 식이면 곤란
해요.
뭐라도 좋으니까, 마음잡고 하나를 고르세요.

3.2. 확연성(確然性) 추측

‘에·틀림·없다’는 각각의 구성성분의 의미 그대로 “명제내용의 부정을 부정
한다.”라는 방식으로 다른 가능성은 생각할 수 없다는 배타적 의미를 나타낸다.
즉, 명제내용만이 생각할 수 있는 유일한 결론이란 강한 긍정의 의미를 나타내
는 것이다. ‘에 틀림없다’가 강한 확신을 나타내는 부사인 ‘필시’ ‘반드시’ ‘절대로’
등과는 잘 호응하지만, 약한 확신을 나타내는 부사인 ‘혹시’ ‘어쩌면’ 등과는 잘
호응하지 못 하는 것도 ‘에 틀림없다’의 강한 확신을 뒷받침하는 것으로 볼 수
있겠다.

(8a) 필시 그는 1학년생임에 틀림없다.
반드시
절대로

(8b) ??혹시 그는 1학년생임에 틀림없다.
??어쩌면

다음 두 예문처럼 ‘에 틀림없다’는 ‘단정’표현에 지지 않을 만큼의 강한 확신
을 나타내므로, ‘추측’이 아니라 ‘단정’으로 분류해야 한다는 주장도 있을 수 있
을 것이다.

(9a) 그는 죽었다.
(9b) 그는 죽었음에 틀림없다.

그러나 ‘에 틀림없다’는 말하는 사람의 서술 태도를 주관적으로 표명하는 형

식이지, 사실을 사실 그대로 진술하는 '단정' 형식은 아니다. 예를 들어 (9b)의 "그는 죽었음에 틀림없다."는 (9a)의 "그는 죽었다."와 같이 사실을 사실 그대로 객관적으로 담담하게 말할 뿐이라는 어감을 지니지 못 한다. 어디까지나 강한 확신의 표명, 즉 주관적인 서술태도의 표명이다. 그 의미는 "그 사람이 죽었다는 점에 대해서 나는 전혀 의심을 하지 않는다. 아직 그걸 사실 취급하는 것은 아니지만…' 라고나 할까? 명제내용이 '참'이라고 '확신'하고는 있지만, '단정'처럼 사실 취급하고 있지는 못 하니까, 결과적으로 해당 명제의 진위 여부는 아직 불확실한 것으로 제시되는 것이다. '에 틀림없다'와 '단정'은 확신의 정도는 비슷하더라도, '단정'은 객관적 사실을 사실로서 담담하게 제시하는 반면에, '에 틀림없다'는 명제내용이 '참'이라고 강한 확신을 드러내는 주관적 서술태도의 표명에 초점이 맞추어져 있다.

3.3. 개연성(蓋然性) 추측

'지·도·모른다' '에·틀림·없다'와는 달리, 'ㄹ것이다' '겠지' '것 같다' '듯 하다' '가 보다' '모양이다' 등은 구성 성분 내부에 확신의 정도를 나타내는 형태소가 없다. 확신의 정도를 나타내기 위해서는 진술부사 또는 다른 수식어구의 힘을 빌릴 수 밖에 없다. 이러한 추측 형식들을 개연성(蓋然性) 추측 형식이라고 부르기로 한다. 개연성 추측도 예문(10)과 같이 어떤 명제내용을 말하면서, 동시에 그와 모순 대립하는 내용도 성립할 가능성이 있음을 암시할 수 있다. 단, 예문 (4a)(5)(6)(7)의 '지도 모른다'와 같이 여러 선택지들을 열거할 수는 없다.

> (10a) 그는 1학년이겠지만, 그렇지 않을 가능성도 생각해 볼 수 없는
>   것은 아니다.
> (10b) 그는 1학년일 거지만, 그렇지 않을 가능성도 생각해 볼 수 없는
>   것은 아니다.
> (10c) 그는 1학년일 것 같지만, 그렇지 않을 가능성도 생각해 볼 수 없

는 것은 아니다.

(10d) 그는 1학년일 듯 하지만, 그렇지 않을 가능성도 생각해 볼 수 없는 것은 아니다.

(10e) 그는 1학년인가 보지만, 그렇지 않을 가능성도 생각해 볼 수 없는 것은 아니다.

(10f) 그는 1학년인 모양이지만, 그렇지 않을 가능성도 생각해 볼 수 없는 것은 아니다.

4. 근거 전제형과 근거 비전제형

여기서는 '개연성(蓋然性) 추측'에 함께 속하는 'ㄹ것이다' '겠지' '것 같다' '듯하다' '가 보다' '모양이다'의 의미 차이를 분석한다. 이들은 유사한 추측의 의미를 나타내지만, 동시에 미묘한 의미 차이도 인정된다. 이들 의미 차이가 구체적으로 어떻게 다른지에 주목하기로 한다.

4.1. '근거 전제형'과 '근거 비전제형'[2)]

현실세계에 실재하는 판단 근거를 전제로 하는 '근거 전제형'인 '것 같다' '듯하다' '가 보다' '모양이다'와, 반드시 전제로 하지는 않는 '근거 비전제형'인 'ㄹ것이다' '겠지'의 의미가 어떻게 다른지 간략히 따져보기로 하겠다.

4.1.1. 실제적 판단 근거의 명시

다음 예문은 듣는 사람이 없이 혼잣말을 한 것으로 설정하기로 한다.

---

2) 이 내용은 5장의 일부 요약이다. 상세한 내용은 5장을 참조.

(11a) (단지 막연한 희망을 읊조리듯이)

언젠가는 그녀도 내 마음을 알아 줄거다.

/주겠지.

(이 때 그녀부터 애정과 격려가 가득 담긴 전화가 온다.)

음, 역시 (내마음을) 알아주는 것 같다.

/듯하다.

/가 보다.

/모양이다.

처음에 아무런 실재적 근거도 없이, 단지 막연한 희망을 읊조리듯이 "언젠가는 그녀도 내 마음을 알아 줄거다[3]/주겠지."라고 판단답지도 않은 판단을 말했다고 하자. '추측 판단'인지 개인적인 '희망 표명'인지도 불분명한 수준이다. 이러한 문장에서 'ㄹ것이다' '겠지'는 자연스러운데 반하여, '것 같다' '듯 하다' '가 보다' '모양이다'는 그렇지 못 하다. 동일한 발화 장면에서 그녀로부터 애정어린 전화가 왔다고 하자. 즉 실재적 판단 근거가 출현한 것이다. 이러한 실재적 판다 근거의 출현을 명시한 이후에는 거꾸로 '것 같다' '듯 하다' '가 보다' '모양이다'가 더 자연스러워지는 반면에, 'ㄹ것이다' '겠지'는 그렇지 못 하다.

(11b) (단지 막연한 희망을 읊조리듯이)

언젠가는 그녀도 내 마음을 알아줄 ??것 같다./??듯하다./??가 보다./??모양이다.

(이 때 그녀부터 애정과 격려가 가득 담긴 전화가 온다.)

음, 역시 (내마음을) 알아 ??줬을거다./??주었겠지.

동일한 장면에서 '실재적 근거'의 출현 유무에 따라서 생긴 이러한 의미 차이는 'ㄹ것이다' '겠지'의 '근거 비전제형', '것 같다' '듯 하다' '가 보다' '모양이다'의

---

3) 'ㄹ거다'는 'ㄹ것이다'의 축약형이고, '것이'가 음운 축약에 의하여 '거'로 된 것이다. 축약형은 간결하고 효율적이기 때문에 주로 회화체에서 자주 쓰인다.

'근거 전제형'의 의미 특성에서 비롯되었다고 보아야 할 것이다.

4.1.2. 동일한 추측 문장에 반영된 의미 차이

동일한 추측 문장의 의미를 'ㄹ것이다' '겠지'는 실재적 근거를 반영하지 않는 내용으로, '것 같다' '듯 하다' '가 보다' '모양이다'는 실재적 근거를 반영하는 내용으로 해석하게 만드는 대조적 경향이 있다.

> (14a) 늦어도 2020년에는 아토피 치료약이 나오겠지.
> /ㄹ 거다.

> (14b) 늦어도 2020년에는 아토피 치료약이 나올 것 같다.
> /듯 하다.
> /건가 보다.
> /모양이다.

(14a)는 아무런 실재적 근거도 전제하지 않고 "뭐 어떻게든 2020년이 되기 전엔 아토피 치료약이 나와 주겠지./줄 거다."라고 그저 막연히 추측한 것으로 해석하는 것이 보통이다. 반면에 (14b)는 "현실 세계에서 아토피 치료약 개발을 위한 구체적인 프로세스가 진행 중이고, 그 실제 진행 상황으로 보아서, 늦어도 2020년에는 완료될 것으로 예측된다."라는 식으로 해석하는 것이 보통이다. 예를 들면 동물실험에서 일정한 성과를 올렸다는 뉴스 같은 '실재적 근거'에 영향을 받은 경우 등이다.

4.1.3. 'ㄹ것이다'와 '겠지'

'ㄹ것이다'와 '겠지'는 둘 다 '근거 비전제형'에 속하면서도 구체적인 대화 장면에 따라서 구별되어 쓰인다.

'ㄹ것이다'는 일반 서술문이라서, 말하는 사람이 듣는 사람에게 명제내용을 일방적으로 전달하는 형식이다. 'ㄹ것이다'는 듣는 사람의 판단을 배려하지 않고, 명제내용의 진위 여부에 대한 말하는 사람의 판단을 일방적으로 전달하는 형식이다. 다음 예문처럼 'ㄹ것이다'는 성서의 예언에 빈번히 쓰인다. 성서의 예언이란 전지전능한 하나님이 무지한 인간에게 일방적으로 앞으로 일어날 일을 통보하는 성격이다. 이러한 문장의 'ㄹ것이다'를 '겠지'로 바꾸면, 상당히 어색해진다.

> (15) 내가 앞으로의 일을 예언컨대, 너희는 앞으로 3년간 고난을 겪을
>   것이다. /??겠지.

한편 '겠지'는 '겠'이 추측의 의미를, '지'가 확인의 의미를 나타내는 '추측 확인문'이다. 확인의 의미를 나타내는 종결어미 '지'는 말하는 사람이 자신의 판단을 일방적으로 듣는 사람에게 전달하는 것이 아니라, 듣는 사람과 더불어 최종 판단을 형성해 가고자 하는 서술태도를 나타낸다. 즉 '겠지'는 듣는 사람의 판단을 배려하는 형식인 것이다. 다음 예문의 '겠지'를 'ㄹ것이다' 로 바꾸면 부자연스러워지는데, 듣는 사람의 판단도 더불어 배려해야 할 상황에서 듣는 사람을 무시하는 인상을 주기 때문이다.

> (16) 자네는 이 금화를 원래의 석탄으로 되돌려 놓겠다고 하지. 우리는
>   또 하지 말았으면 좋겠다고 하지. 이래가지고서는 언제까지 가 봐
>   도 끝나지 않는 게 <u>당연하겠지.(??당연할 것이다.)</u> 그래서 내 생각
>   에는 이 금화를 밑천으로 해서 자네가 우리하고 카드놀이를 하는
>   거야. 〈日韓 2券〉

4.2. 주체 추측과 객체 추측[4]

'것 같다' '듯 하다' '가 보다' '모양이다'는 모두 '근거 전제형' 추측에 속하면서도 각기 미묘한 의미 차이 역시 인정된다. 여기서는 최종 판단에 대하여 말하는 사람이 주체적 태도를 취하는지 객체적 태도를 취하는지에 초점을 맞추어 이들의 의미 차이를 따져 보기로 하겠다. 주체적 태도를 취하는 것을 '주체 추측', 객체적 태도를 취하는 것을 '객체 추측'이라고 부르기로 한다. 구체적인 장면 설정을 위하여 편의상 판단 근거를 직접적 정보, 간접적 정보, 내재적 정보의 3종류로 나누어 설명하는데, 이는 환경 설정에 불과하다. 판단 근거의 종류와 무관하게 말하는 사람의 서술태도가 단일 팩터로 작용하여 '것 같다' '듯 하다'는 '주체 추측', '가 보다' '모양이다'는 '객체 추측'의 의미를 나타낸다는 입장을 취한다.

4.2.1. 간접적 정보

> (17a) 외신보도를 *종합·분석하건데*, 소련의 쿠데타는 실패 가능성이
>   높은 것 같다. /듯 하다.

> (17b) 외신보도를 *종합·분석하건데*, 소련의 쿠데타는 실패 가능성이
>   높은가 보다. /모양이다.

'것 같다' '듯 하다'는 '외신보도'라는 간접적 정보를 판단 근거로 삼아서, 말하는 사람 자신이 스스로 그 간접적 정보를 바탕으로 종합·분석하여, 쿠데타가 실패할 것이라는 최종 결론을 내렸음을 나타낸다. 즉 말하는 사람 자신이 최종 판단(종합·분석)의 주체임을 전면에 내세우는 '주체 추측'의 의미를 나타낸다. 반면에 '가 보다' '모양이다'는 최종 판단(종합·분석)을 마치 다른 사람이 하고,

---

4) 이 내용은 6장의 요약이다. '주체 추측'과 '객체 추측'의 정의를 비롯한 상세한 내용은 6장을 참고 바란다.

말하는 사람은 수동적으로 거기에 동의하는 정도로 제삼자적 태도를 취하는 '객체 추측'의 의미를 나타낸다.

4.2.2. 직접적 정보

    (18a)이 쪽 케익이 더 맛있는 것 같다.
                          /듯 하다.

    (19a)한국차가 일본차보다 가속이 빠른 것 같다.
                          /듯 하다.

    (18b)이 쪽 케익이 더 맛있는 가 보다.
                          /모양이다.

    (19b)한국차가 일본차보다 가속이 빠른 가 보다.
                          /모양이다.

    위 예문들과 같이 아무런 문맥 정보도 없는 경우, 이들 추측 형식 모두 자연스럽다. 그런데, 아래 예문들과 같이 "난 양쪽 케익을 먹어 봤는데" "난 양쪽 다 타 봤는데"라고 판단 근거가 말한 사람이 직접 얻은 직접적 정보였음을 문맥 정보로 명시해 놓으면, '것 같다' '듯 하다'는 자연스럽지만 '가 보다' '모양이다'는 부자연스러워진다.

    (18c) 난 양쪽 케익을 먹어 봤는데, 이 쪽 케익이 더 맛있는 것 같다.
                          /듯 하다.

    (19c) 난 양쪽 다 타 봤는데, 한국차가 일본차보다 가속이 빠른 것 같다.
                          /듯 하다.

    (18d) ?난 양쪽 케익을 먹어 봤는데, 이 쪽 케익이 더 맛있는가 보다.
                          /모양이다.

(19d) ?난 양쪽 다 타 봤는데, 한국차가 일본차보다 가속이 **빠른가** 보다.

/모양이다.

　　판단 근거로 삼은 정보를 말한 사람 스스로 직접 얻었음을 의도적으로 명시한 것은 이미 그 정보를 근거로 삼은 판단에 대해서도 주체적 태도를 나타낸 것이 된다. 이것은 판단에 대하여 제삼자적 태도를 취하는 '객체 추측'의 '가 보다' '모양이다'와는 서로 모순된다. 짧은 한 문장 안에 주체적 태도와 객체적 태도가 공존해야 하는 모순인 것이다. 말하는 사람은 주체적 태도를 취하고 싶으면 (18a)(19a) 또는 (18c)(19c')를, 객체적 태도를 취하고 싶으면 판단 근거가 직접적 정보였더라도 굳이 밝히지 말고 (18b)(19b)를 사용하면 그걸로 그만인 것이다.

4.2.3. 내재적 정보

(20a) 이 정도가 체력의 한계인 것 같다.

/듯 하다.

(21a) 최근 기억력이 나**빠**진 것 같다.

/듯 하다.

(20b) 이 정도가 체력의 한계인가 보다.

/모양이다.

(21b) 최근 기억력이 나**빠**졌는가 보다.

/모양이다.

　　'것 같다' '듯 하다' 문장은 말하는 사람 자신의 기억, 감정, 직감 같은 '내재적 정보'에서 비롯된 말하는 사람 고유의 판단, 즉 '주체 추측'의 의미를 나타낸다. 반면에 '가 보다' '모양이다' 문장은 예를 들면 제삼자로부터 "자네 요즘 기운이 좀 없어 보여." "그런 것도 기억 못 하면 곤란해." 같은 이야기를 들었을 경우에 더 어울리는 표현이다. 말하는 사람 자기 일이면서도 말하는 사람 고유의 판단이란 의식이 별로 없고, 제삼자의 판단을 빌려 와서 남 이야기하고 있는 듯한 '객체 추측'의 태도를 취하는 것이다. 단 자신의 감정과 같은 '내재적 정보'에 근거한 판단이라도 "난 그녀를 사랑하는가 보다."와 같이 얼마든지 객체적 태도를 취할 수 있다.

4.2.4. '것 같다'와 '듯 하다'

'것 같다'는 '같다'의 '가정적 동일성'을 통하여, '듯 하다'는 '듯'의 '가정적 유사성'을 통하여 추측의 의미를 나타낸다. 그런데 '가정적 동일성'은 '가정적 유사성'에 비하여 확신의 정도가 강하다고 보아야 할 것이다. 아래 예문의 '것 같습니다.'를 '듯 합니다.'로 바꾸면 다소 부자연스러워진다.

> (22) '어제 회의에 나가셨습니까?'
> '예'
>
> '야마다씨는 출석했습니까?'
>
> '예, 왔던 <u>것 같습니다</u>. 창구에서 봤습니다.'
> → '예, 왔던 ?<u>듯 합니다</u>. 창구에서 봤습니다.'

위 예문의 '것 같다'는 이른바 '완곡한 단정'인데, 말하는 사람에게 실제로는 확실한 판단이 있으면서도 불구하고, 그것을 마치 불확실한 것처럼 표현하는 2중구조이다. 즉 판단과 표현이 불일치한다. '완곡한 단정'과 같이 '단정'에 준하는 확신도가 요구되는 경우에는 '듯 하다'의 '가정적 유사성'으로는 부족하고, 적어도 '것 같다'의 '가정적 동일성'이 요구된다.

4.2.5. '가 보다'와 '모양이다'

다음 예문과 같이 판단 근거가 간접적 정보인 경우, 그것을 '얼핏 들었는데'와 같이 최종 판단을 근거에 전적으로 의존하지는 않는 의미의 조건절로 나타내면, 양쪽 모두 안정적이다. 반면에 '이야기를 들어보니'와 같이 최종 판단을 근거에 전적으로 의존하는 의미의 조건절로 나타내면, 미묘하나마 '모양이다'에 비해서 '가 보다'는 다소 안정감이 떨어진다.

> (23a) 경찰 이야길 얼핏 들었는데, 음주운전이 사고 원인인 모양이다.
> (23b) 경찰 이야길 얼핏 들었는데, 음주운전이 사고 원인인가 보다.
>
> (23c) 경찰 이야기를 들어보니, 음주운전이 사고 원인인 모양이다.
> (23d) 경찰 이야기를 들어보니, 음주운전이 사고 원인인?가 보다.

'모양이다'의 '모양(模樣)'의 어휘적 의미는 말 그대로 사물의 '모양' '생김새'를 말한다. 추측 형식으로서의 '모양이다'의 의미도 판단 대상인 사물의 '모양'을 파악한다는 의미로부터 출발하여, 판단 대상인 사물에게 일어날 상황을 예측한다는 의미로 확대되어, 파생적 의미로 추측의 의미를 나타내게 되었다. 따라서 판단의 최종 책임은 근거가 나타내는 모양새에 있고, 말하는 사람은 근거로 인하여 자연스럽게 이끌린 결론에 소극적으로 동의한 것뿐이라는 제삼자적 태도를 나타낸다. 이러한 이유로 '모양이다'는 최종 판단을 근거(모양)에 전적으로 의존하는 의미의 조건절과도 잘 어울린다고 볼 수 있을 것 같다.

한편 '가 보다'의 의문형 어미 '가'는 명제내용에 대한 말하는 사람의 내면적 회의 및 회의적 태도를 나타내는데, 이로 인하여 말하는 사람은 자신의 판단이면서도 일정한 심리적 거리를 두고 제삼자적 태도를 나타내게 된다. 본래 의문형어미 '가'는 판단이 성립하지 않았음을 나타내는 형식인데, 최종 판단을 근거에 전적으로 의존하는 의미의 조건절을 명시하는 것은 결과적으로 판단 성립을 재촉하는 것이 된다. 이러한 이유에서 최종 판단을 근거에 전적으로 의존하는 의미의 조건절과 '가 보다'는 서로 어울리지 못 하는 것이다.

5. 현재 상황 묘사의 '겠다'

여기서는 명제내용을 불확실하나마 '참'으로 인정하는 '추측'과 유사한 의미를 나타내는 '겠다'를 다루기로 하겠다. '겠다'의 의미는 명제내용을 '참'으로 인정하는 '진위 판단'이라기 보다는 현장 상황을 '묘사'하는 성격이 보다 본질적으로 생각된다. 전통적인 문법연구에서 이른바 '양태(樣態)' 형식으로 분류되었던 것도 모'양과 상'태'를 묘사하는 성격이 강하기 때문일 것이다.

5.1. '겠다'의 어원

張京姬(1985/p50)는 '겠다'를 '양태(樣態)' 형식으로 정의하고, 그 어원은 '게 생겼다'에서 비롯되었으며, 다음 예문과 같이 대부분 '겠다'를 '게 생겼다'로 바꿀 수 있다고 설명하였다.

(24a) 비가 오겠다.
(24b) 비가 오게 생겼다.

(25a) 저러다간 한 대 얻어맞겠다.
(25b) 저러다간 한 대 얻어맞게 생겼다.

張京姬(1985)는 '게 생겼다'가 "어떤 상황이 일어날 가능성을 현재 상태가 내포하고 있다."는 의미를 나타낸다고 정의하면서, 현재 상황에 초점이 맞추어져 있고 '+可視的(시각적)' 의미 특성이 있다고 하였다.

5.2. '겠다'의 눈앞 묘사

'겠다'가 움직임을 나타내는 동사 뒤에 접속하는 경우, 예를 들어 다음 예문의 '겠다'는 "지금 막 떨어지려 한다."라는 의미에 가깝다.

(26a) 야! 니 쪽으로 떨어지겠다. 피해!

이러한 예문의 '겠다'는 이른바 '눈앞 묘사'에 해당하는데, '눈앞 묘사'란 "눈앞에 맞닥뜨린 상황을 평가하거나 따져볼 여유도 없이 순간적으로 말로 표현하는 것"을 말한다. 거기에는 'ㄹ것이다' '겠지' '것 같다' '듯 하다' '가 보다' '모양이다'와 같은 추측 형식에 보이는, 명제내용을 불확실하나마 '참'으로 인정하는 '진위판단' 작용은 두드러지지 않는다.

이러한 '눈앞 묘사'의 '겠다'를 추측 형식으로 바꾸면, 다음 예문과 같이 어색해진다. '것 같다'는 예외적으로 허용 가능하다는 일부 의견도 있을 수 있지만, 그 경우라도 "눈앞에 맞닥뜨린 상황을 판단이나 평가할 여유도 없이 순간적으로 말로 표현한다."고 하는 '겠다'의 현장감이나 절박함은 느껴지지 않을 것이다.

(26b) 야! 니 쪽으로 떨어질??것이다. 피해!
/??겠지
/?것 같다.
/??듯 하다.
/??가 보다.
/??모양이다.

'겠다'는 전형적인 추측 형식들과 달리, 말하는 사람이 감각적(주로 시각적)으로 포착한 상황을 직감적으로 있는 그대로 '묘사'하는데 그치는 어감이 강하고, 감각적으로 포착한 상황을 판단 재료로 삼아서 그로부터 뭔가를 머리 속에서 '판단'하는 어감이 약하다.

5.3. '겠다'의 비유적 묘사

다음 예문의 '겠다'는 말하는 사람이 그 자리의 상황을 그렇게 되기 직전의
사태로 받아들이고 있음을 나타내는데, 초점은 표현하고자 하는 바는 그런 일
이 실제로 일어날 것이라는 게 아니라 현재 상황의 묘사에 있다.

(27a) 아이고! 정말 바빠 죽겠다.
(28a) 천천히 좀 먹어라. 숨넘어가겠다.

이런 종류의 '겠다'에는 비유 표현 용법으로 굳어진 것들도 있는데, 예를 들
어 위 예문의 '바빠 죽겠다.' '숨넘어가겠다.' 는 미래 어느 시점에 실제로 그런
일이 일어날 것이라고 진위 여부를 '판단'한 것이 아니다. 이대로 두면 당장이라
도 그런 일이 생길 것만 같은 극한 상황에 놓여 있다고 느끼는 현재 심리상태
를 비유적으로 '묘사'한 것에 불과하다. 요컨대 미래 시점에 일어날 사건 성립
여부에 대한 '판단'이 아니라, 현재 상황의 '묘사'인 것이다.

(27b) 아이고! 정말 바빠 죽을 ?것 이다.
/?겠지.
/?것 같다.
/?듯 하다.
/?가 보다.
/?모양이다.

(28b)천천히 좀 먹어라. 숨넘어갈 ?것 이다.
/?겠지.
/?것 같다.
/?듯 하다.
/?가 보다.
/?모양이다.

위 예문과 같이 비유적 묘사의 '겠다'를 진위판단의 추측형식들인 'ㄹ 것이다' '겠지' '것 같다' '듯 하다' '가 보다' '모양이다'로 바꾸면, 부자연스러워진다. 추측형식들은 불확실하나마 명제내용이 '참'으로 성립할 것이라고 진위 여부를 '판단'하는 것인데, 아무리 바빠도 바빠서 죽지는 않고, 아무리 서둘러 밥을 먹어도 숨이 넘어가는 일은 '참'으로 성립하는 경우는 없기 때문이다. 현실 세계에서 일어날 수 없는 일을 '참'으로 '판단'한 것이 되어버려서 기묘한 문장이 만들어 질 뿐이다. 안명철(1982/P85)은 이런 종류의 '겠다'는 현장 상황을 그대로 묘사하는 형용사적인 성격이 강하다고 언급하였다.

5.4. '겠다'가 추측에 가까운 의미를 나타내는 경우

'겠다'의 본래 의미는 '묘사'이지만, 장면에 따라서는 추측에 가까운 의미를 나타내는 경우도 있다. 예를 들어 (29a)의 '겠다'는 (29b)의 'ㄹ 것이다' '겠지' '것 같다' '듯 하다' '가 보다' '모양이다'와 극히 유사한 의미를 나타낸 것처럼 보인다. '겠다'와 나머지 형식들이 극히 유사한 의미를 나타내는 경우라도, 엄밀히 따지면 미묘한 의미 차이가 인정되는데, 어떻게 다른지 살펴보기로 하자.

 (29a) 좀 있으면 비가 오<u>겠다</u>.
    → (29c) 좀 있으면 비가 오<u>게 생겼다</u>.

 (29b) 좀 있으면 비가 올 것이다.
     /오겠지.
     /것 같다.
     /듯 하다.
     /건가 보다.
     /모양이다.
    → (29d) 좀 있으면 비가 올 것으로 <u>판단된다</u>.

 (29a)의 '겠다'는 "비가 내리기 시작할 거라고 생각하게 만드는 하늘 모습을

현재 상황이 보이고 있다"는데 초점이 맞춘 '현재 상황 묘사'의 성격이 강하다. 반면에 'ㄹ 것이다' '겠지' '것 같다' '듯 하다' '가 보다' '모양이다'는 비가 내릴 것으로 예측하는 미래의 사건 발생에 대한 '판단'에 초점이 맞추어져 있다. 물론 '겠다'에도 얼마간은 추측의 어감이 있다는 것은 부정하기 힘들지만, 강우(降雨) 현상이 발생할 것이란 예측 자체가 본래 의미는 아니다. 적어도 'ㄹ 것이다' '겠지' '것 같다' '듯 하다' '가 보다' '모양이다'와 비교했을 때에 전형적인 추측 '판단' 형식에서는 벗어난다고 보는 것이 타당하다. 위 예문과 같이 '겠다'를 '게 생겼다'로 바꾸어도 둘 다 기본적으로 '묘사'의 의미를 나타내기 때문에, 현격한 의미 차이는 발생하지 않는다. 반면에, 'ㄹ 것이다' '겠지' '것 같다' '듯 하다' '가 보다' '모양이다'로 바꾸면 '묘사'에서 '묘사'으로 의미 변화가 발생한다.

> (30a) 저 사람 엄청 취했는데, 저러다 쓰러지겠다.
> → 쓰러지<u>게 생겼다</u>.

> (30b) 저 사람 엄청 취했는데, 저러다 쓰러질 것이다.
> /겠지.
> /것 같다.
> /듯 하다.
> /건가 보다.
> /모양이다.
> → 쓰러질 것으로 <u>판단된다</u>.

(30a)와 (30b)는 상당히 유사한 의미를 나타낸 것처럼 보이지만, 동시에 미묘한 의미 차이가 인정된다. (30a)의 '겠다'는 당장이라도 비틀비틀 쓰러질 것만 같은 모습이라는 '현재 묘사'에 초점이 있지, 쓰러진다는 상황이 발생할 것이라는 '판단'에 이르렀는지는 다소나마 불분명한 부분이 남는다. 반면에 'ㄹ 것이다' '겠지' '것 같다' '듯 하다' '가 보다' '모양이다'는 미래 어느 시점에 쓰러진다는 상황 발생이 예측된다는 '판단'을 내린 것으로 보기에 충분하다. 위 예문의 '겠다'를 '게 생겼다'로 바꾸어도 둘 다 기본 의미가 '묘사'이기 때문에, 현격한 의미

변화가 생기지는 않는다. 반면에 'ㄹ것이다' '겠지' '것 같다' '듯 하다' '가 보다' '모양이다'로 바꾸면 '묘사'에서 '판단'으로 의미 변화가 생긴다.

(31a) 지금 니 얼굴을 보아하니, 어렸을 때 고생이 많았겠다.

(31b) 지금 니 얼굴을 보아하니, 어렸을 때 고생이 많았을 것이다.
/겠지.
/것 같다.
/듯 하다.
/는가 보다.
/모양이다.

이러한 차이는 미래 일을 서술 대상으로 하는 경우에만 한정되는 것은 아니다. 과거 일을 서술 대상으로 하는 경우에도 인정된다. (31a)의 '겠다'는 '지금 니 얼굴'에, (31b)의 'ㄹ것이다' '겠지' '것 같다' '듯 하다' '가 보다' '모양이다'는 '어렸을 때 고생'에 초점이 맞추어져 있다. 즉 '겠다'는 "니 얼굴은 어린 시절에 고생했을 것 같은 인상을 준다."라는 말하는 현재 시점에 현존하는 근거(얼굴)를 묘사하는 것이 우선한다. 반면에, 다른 형식들은 "니 얼굴 생김새로 보건데, 너는 어린 시절 꽤나 고생했을 것으로 추측된다."라는 대화 현장의 근거로부터 이끌려나오는 '판단'의 의미가 우선된다.

6. 마무리

다음 표와 같이 한국어 진위판단 서술태도의 체계를 정리해 보았다. 단 '겠다'는 본래 의미가 진위 여부의 추측 '판단'이 아니라 현재 상황의 '묘사'에 가깝다고 보아서, 전형적인 진위판단 형식으로 보지 않고 주변 형식으로 자리매김하였다.

단 ↔ 추	가연성(可然性)			지도 모른다	가능한 여러 선택지 중의 하나로 명제내용을 '참'으로 인정.
	확연성(確然性)			에 틀림없다	유일한 선택지로 명제내용을 '참'으로 인정
	개연성 (蓋然性)	근거 비전제		겠지 ㄹ것이다	듣는 사람을 의식하는 장면에서는 '겠지', 의식하지 않는 장면에서는 'ㄹ것이다'
정 ↔ 측		근거 전제	현상 묘사	겠다	본래 의미는 진위 여부 '판단'이 아니라 현재 상황의 '묘사'
			주체적	것 같다 듯 하다	'것 같다'가 '듯 하다'보다 확신의 정도가 강함.
			객체적	가 보다 모양이다	판단 근거에 전적으로 의존하는 조건절이 명시되면 '모양이다'

한국어 진위판단 서술태도의 체계는 명제내용을 확실한 '참'으로 인정하는 '단정'과 불확실하게나마 '참'으로 인정하는 '추측'이 대립적인 관계에 있다. '단정'은 일반서술형 종결어미인 '(는)다'로 문장을 종결하는 형태로 나타난다. 이에 반하여, '추측'은 'ㄹ것이다' '겠지' '것 같다' '듯 하다' '가 보다' '모양이다' 등의 추측 형식을 문장 끝에 추가로 접속시키는 형태로 나타나는데, 위 표와 같이 세분화할 수 있다. "확신의 정도 → 실재적 판단 근거를 전제로 하는지 안 하는지 → 최종 판단에 대하여 주체적 태도를 취하는지 객체적 태도를 취하는지"라는 레벨을 달리 하는 3단계 기준의 하위 범주에 의하여 분류될 정도로 체계적으로 세분화된다.

또한 동일한 하위범주에 속하는 'ㄹ것이다'와 '겠지', '것 같다'와 '듯 하다', '가 보다'와 '모양이다' 사이에도 극히 미묘하나마 의미 차이가 인정되었다. 단, 또 다른 하위범주로 추가로 설정해야 할 만큼은 확연한 의미 차이는 아니라고 보았다.

한국인의 언어생활에서 이러한 하위분류 체계가 실제로 항시 적용되고 있으리라고는 말하기는 힘들지만, 한국어 모어화자의 의식 속에는 크건 작건 이러한 '추측' 형식의 세분화가 작용하리라고 볼 수 있을 것이다.

일한대조

8장 | 일본어와 한국어의 문장 구조의 차이[*]

1. 머리말

(1) 店は売れそうなの?
　　<u>たぶんね</u>
　　『ノルウェイの森(下)p150/村上春樹/講談社文庫』

(2) 가게 팔릴 것 같아?
　　<u>아마요.</u>
　　『노르웨이의 숲p371/번역:김난주/한양출판』

　위와 같이, 진술 부사가 단독으로 쓰여져 話者의 심적 태도를 나타낼 수 있다는 사실은 이미 인정되어져 온 한일양국어의 공통점으로 볼 수 있다. 양국어의 부사가 모두 자립어적인 성격이 강한 점 등에 비추어 보아 당연하다고 할 수 있겠다. 따라서 이점에 관해서는 특별히 논의하지 않기로 한다.

(3) ええ、感じのいい方ね。高木さんの小父さんとお近いの?
　　<u>らしいね</u>。薬局の娘さんだそうだよ。
　　『続 氷点(上)p230/三浦綾子/朝日文庫』

---

* 이 내용은 김동욱(1995)「단독 형식화 서술태도의 유무를 통해서 본 한일 문말구조의 차이점」『日語日文學硏究26』韓國日語日文學會에 게재된 바 있다.

(4) 응. 인상이 좋은 분이야. 다까기 아저씨의 친척이야?

　　그런가봐. 약국집 딸이라지 아마.

　　『속 빙점p168/번역자:최현/汎友社』

　그런데, 일본어에서는 이들 진술부사와 한 문장 안에서 자주 호응하는 조동사 중에서 'だろう' 'らしい'등, 이른바 추량의 조동사도 (3)과 같이 단독으로 쓰여 화자의 심적 태도를 나타내는 경우가 있다. 이에 반해, 한국어에서는 (4)와 같이 'そうらしいね'에 해당하는 '그런 것 같은데' '그런가 본데'등의 형식만이 허용되며, (3)의 'らしいね'에 해당하는 '것 같은데' '가 본데'등이 단독으로 따로 쓰이는 일은 어떠한 경우에도 허용되지 않는다. 이런 점은 지금까지 전혀 논의되지 않았던 부분으로, 본고는 여기에 초점을 맞춘다. 자립어 'たぶん'등의 진술부사와 같이, 부속어 'だろう' 'らしい'등의 조동사가 단독으로 쓰여져 화자의 심적 태도를 나타내는 경우를 '단독형식화 서술태도'라고 부르기로 한다. 이는 본래 단독형식으로써는 문장 성분이 될 수 없는 부속어인 조동사가 마치 자립어처럼 단독형식화하여 쓰여진 점을 강조하기 위함이다. 본고는 이와 같은 '단독형식화 서술태도'가 왜 일본어에만 존재하는지를 분석함으로써, 한일 문말구조의 차이점을 살펴보고자 한다. 그럼, 먼저 일본어에서는 어떤 조건을 만족시키는 조동사가 위와 같은 단독형식화 서술태도를 갖는가를 살펴보기로 한다.

2. 형태론적 분석

(5) 最初がゼロだといろいろ学ぶことが多いわね。

　　「だろうね」と僕は言った。

　　『ノルウエイの森(下)p151/村上春樹/講談社文庫』

(6) だんだん世の中のしくみがわかってきたみたいじゃない。

　　「みたいですね」と僕は言った。

『ノルウェイの森(下)p6/村上春樹/講談社文庫』

(7) 達也「イヤそれ まずいんじゃないかな, もしかして敵のヤクザとか」
    悟郎「かもしれない」
    『シナリオ/1991年1月号「さらば愛しのやくざ」p92/シナリオ作家協会』

소설등의 실례를 조사한 결과, 추량의 뜻을 나타내는 조동사인 'だろう' 'らしい' 'みたいだ' 'かもしれない'의 경우, 단독형식화 서술태도가 존재했다. 이렇듯 실제로는 조동사가 상당한 정도 단독으로 쓰여지고 있음에도 불구하고, 그에 대한 분석이 이루어지지 않은 이유는 橋本, 時枝등이 이들 조동사를 단독으로는 문장의 성분이 될 수 없는'附屬語' '辭'로 규정하는 등, 지금까지 그 분석범위를 문장 레벨에 국한시켜 왔기 때문이라고 볼 수 있다. 이에 대해, 본고는 문장 레벨에서의 형태론적인 분석을 거쳐, 談話레벨에서의 의미론적인 분석을 더하기로 한다. 우선, 형태론적인 분석을 해 보기로 하자.

2.1. 서술내용이 동사나 형용사로 끝날 경우

(8) 明日は雨が降る/だろう。　　　　(10) 明日は雨が降り/そうだ。
    　　　　/みたいだ。
    　　　　/らしい。
    　　　　/かもしれない。

(9) 日本は湿気が多い/だろう。　　　(11) 日本は湿気が多/そうだ。
    　　　　/みたいだ。
    　　　　/らしい。
    　　　　/かもしれない。

'だろう' 'らしい' 'みたいだ' 'かもしれない'는 단독형식으로 쓰이는데도 불구하고, 이들과 마찬가지로 추량의 뜻을 나타내는 '(し)そうだ' 'ようだ'는 단독형식이 없다. 예를 들어, (8)과 같은 문장에 있어서 '明日は雨が降る'까지를 敍述內容

(Proposition), ‘だろう’ ‘らしい’ ‘みたいだ’ ‘かもしれない’등의 조동사부분을 서술내용에 대한 화자의 심적태도(Modality)로 보는 것이 일반적이다. 본고는 단독형식화 서술태도의 有無에 대한 원인을 서술내용과 서술태도와의 접속형태의 차이점에서 찾고자 한다. 서술내용이 각각 동사 형용사, 형용동사 명사로 끝나는 두 경우로 나누어 생각해 보기로 한다. 우선, 서술내용이 동사나 형용사로 끝나는 경우를 살펴 보자.

‘だろう’ ‘らしい’ ‘みたいだ’ ‘かもしれない’는 동사나 형용사로 서술내용이 끝나는 경우, 그 종지형을 요구한다. 이에 반해, ‘(し)そうだ’는 동사의 경우는 연용형(聯用形), 형용사의 경우는 어간(語幹)만을 요구한다. 그 결과 주목 할만한 차이점이 나타난다. 단독형식을 갖는 ‘だろう’등의 앞에 접속하는 서술내용은 그 자체만으로도 사실상 독립된 하나의 완전한 문장으로써(明日は雨が降る。/日本は湿気が多い。), 이들 조동사와의 접속부분 또한 간결하여 서술내용과 서술태도형식을 분리하기 쉽게 된다. 이에 반해, ‘(し)そうだ’는 서술내용만으로는 어중간한 형태로 남게 되고(明日は雨が降り/日本は湿気が多), 접속형태 또한 간결치 못하여 서술내용과 서술태도형식을 분리하기 어렵게 된다. 물론, 변칙활용을 하는 형용사 ‘ない’ ‘よい’ ‘少ない’등으로 서술내용이 끝날 때도 마찬가지로 이 같은 차이점이 나타난다.

(12) 韓国は湿気が少ない/だろう。
　　　　　　　　　　　/みたいだ。
　　　　　　　　　　　/らしい。
　　　　　　　　　　　/かもしれない。

(13) 韓国は湿気が少なさ/そうだ。

위와 같이 변칙활용을 하는 형용사로 서술내용이 끝난 경우에도, 단독형식화 서술태도를 갖는 형식과(湿気が少ない), 갖지 않는 형식사이에는(湿気が少なさ), 서술내용과 서술태도형식과의 접속형태에 분명한 차이점이 있음을 알 수 있다.

‘(し)そうだ’가 단독형식이 없는 것은 이와 같은 서술내용과 서술태도형식의 접속형태의 차이점에 그 원인이 있다고 보여진다.

    (14) 明日は雨が降る/ようだ。
    (15) 日本は湿気が多い/ようだ。
    (16) 韓国は湿気が少ない/ようだ。

그런데, 이런 설명만으로는 여전히 의문이 남는다. 같은 추량의 의미를 나타내는 ‘ようだ’는, 앞 예문에서와 같이, 서술내용이 동사나 형용사로 끝날 경우, 서술내용만으로도 완전한 문장이 되며, 접속부분 역시 간결한데도 불구하고 단독형식이 없는 것이다. 이에 대한 답은 서술내용이 형용동사나 명사로 끝날 때의 접속형태의 차이점에서 찾을 수 있다.

2.2. 서술내용이 형용동사(形容動詞)나 명사로 끝날 경우

    (17) それはだめ/だろう。   (19)それはだめな/ようだ。
             /みたいだ。
             /らしい。
             /かもしれない。

    (18) 犯人はあいつ/だろう。   (20)犯人はあいつの/ようだ。
             /みたいだ。
             /らしい。
             /かもしれない。

위와 같이 서술내용이 형용동사나 명사로 끝날 때, 단독형식을 갖는 ‘だろう’ ‘らしい’ ‘みたいだ’ ‘かもしれない’는 서술태도 형식이 서술내용에 그대로 접속하는데 반해, ‘ようだ’는 보조 역할을 하는 ‘な’ 또는 ‘の’를 필요로 한다. 이로 인해, ‘ようだ’는 ‘な’나 ‘の’같은 군더더기를 남김으로써, ‘だろう’등에 비하여 서술내용과 서술태도 형식의 접속형태가 간결치 못하게 된다. 물론, 이 경우는 ‘だろう’

등의 앞에 접속하는 서술내용만으로는 독립된 완전한 문장으로 보기가 다소 힘들다(それはだめ). 단정의 조동사 'だ' 등을 첨가하지 않으면 안 될 것이다(それはだめだ). 그렇다고 하더라도, 'な'나 'の'를 필요로 하는 'ようだ'에 비해 'だろう' 등이 서술내용과 서술태도 형식과의 접속형태가 간결하여 둘을 분리하기 쉽다는 점은 부인할 수 없을 것 이다. 또, 일반적인 문장이라고는 할 수 없으나 시적 표현이나 표어 격언 등에서는 실제로 아래와 같이 단정의 조동사 'だ' 없이도 문장을 종결하는 경우가 흔히 있다.

(21) 「この味がいいね」と君が言ったから七月六日はサラダ記念日。
     (サラダ記念日 라는 短歌)

(22) 輸入品生かしてわが家も国際化。
     世界といっしょにナイスプレイ。(日本貿易振興会의 표어)

(23) 知らぬが仏。(격언)

또, 다소 예외적이기는 하나 일반적인 문장에서도 아래 예문같이 단정의 조동사 'だ'없이도 문장을 종결하는 경우가 있다. 이런 사실들을 고려하면, 'ようだ' 앞에 접속하는 'それはだめな'에 비해, 'だろう' 'らしい' 'みたいだ' 'かもしれない' 앞에 접속하는 'それはだめ'가 서술내용만으로도 문장의 독립성이 상당부분 유지되는 완전한 문장에 가까운 형태라고 볼 수 있겠다.

(24) 僕は医者、女房は看護婦、うちの夫婦は幸せな同業者。

지금까지의 형태론적인 분석내용을 정리해 보면, 서술내용만으로도 완전한 문장의 형태에 가깝고, 서술내용과 서술태도 형식과의 연결부분이 단순 간결하여 둘을 분리하기 쉬운 경우에 단독형식화 서술태도가 존재함을 알 수 있다.

3. 의미론적인 분석

     (25) 店は売れる/そうだ。
     (26) 日本は湿気が多い/そうだ。
     (27) 韓国は湿気が少ない/そうだ。
     (28) それはだめだ/そうだ。
     (29) 犯人はあいつだ/そうだ。

그러나, 서술내용과 서술태도 형식과의 접속형태를 따지는 앞서의 문장 레벨의 형태론적인 분석만으로는 여전히 의문점이 남는다. 위 예문에서 알 수 있듯이 전문(傳聞)의 'そうだ'는 서술내용이 어떠한 품사로 끝나든간에 그 자체만으로도 하나의 완전한 문장이 되며, 서술내용과 서술태도 형식의 접속부분 또한 단순 간결하여 둘을 분리하기 쉽다고 하는 형태론적인 조건을 가장 확실히 만족시킴에도 불구하고 단독형식이 없는 것이다. 앞에서의 형태론적인 분석은 문장 레벨에서의 분석이라고 하겠으나, 단독형식화 서술태도는 본래 대화 레벨에서의 문제라고 할 수 있다. 따라서, 문장 레벨의 분석으로 설명 할 수 없는 문제에 관해서는 대화 레벨에서 설명할 필요가 있다고 하겠다.

     (5') 「最初がゼロだといろいろ学ぶことが多いわね」
       「そうだね」と僕は言った。

예를 들어, 실례 (5)를 일부 수정한 (5')의 'そうだね'를 전문의'そうだ'로 보기는 극히 힘들다. 즉, 위 예문의'そうだね'를'最初がゼロだといろいろ学ぶことが多いそうだね。'가 생략된 형태로는 볼 수 없다. 전문을 '정보를 정보 그 자체의 형태로 전달하는 형식'이라고 정의 한다면, 해당 정보를 자신에게 전해준 바로 그 장본인에게 또 다시 똑같은 정보를 전한다고 하는 것은 극히 부자연스럽기 때문이다. 즉, 담화가 성립하기 위한 기본적인 요건에 합치되지 않는 것이다. 따라서, 위 예문의 'そうだ'의 'そう'는 'こ' 'そ' 'あ'의 'そ'로 보는 것이 타당하다. 그 의미

역시 전문(傳聞)이 아닌 단순한 맞장구 정도로 생각된다. 그렇다면, 단독형식화 서술태도를 갖기 위한 조건에는 형태론적인 제약 이외에 다른 조건이 있을 수 있다는 것이 된다. 특히, 단독형식화 서술태도를 갖는 이들 조동사들이 소위 추량의 조동사에 속하는 점으로 미루어 보아, 어떤 의미론적인 조건을 갖고 있다고 보여 진다. 그럼, 이번에는 이들 단독형식화 서술태도가 추량의 조동사에 한정되어 있는 이유를 밝히기 위해, 談話레벨에서의 의미론적인 분석을 더하기로 한다.

3.1. 종조사 'ね'와 구(舊) 정보 제한

(30) 「最初がゼロだといろいろ学ぶことが多いわね」
　　　 「だろうね」と僕は言った。
　　　 『ノルウエイの森(下)p151/村上春樹/講談社文庫』

(31) ええ、感じのいい方ね、高木さんの小父さんとお近いの?'
　　　 「らしいね」薬局の娘さんだそうだよ。
　　　 『続　氷点(上)p230/三浦綾子/朝日文庫』

(32) だんだん世の中のしくみがわかってきたみたいじゃない。
　　　 「みたいですね」と僕は言った。
　　　 『ノルウエイの森(下)p6/村上春樹/講談社文庫』

(33) 達也：イヤそれ　まずいんじゃないかな　もしかして敵のヤクザとか'
　　　 悟郎：「かもしれない」
　　　 『シナリオ/1991年1月号'さらば愛しのやくざ"p92/シナリオ作家協会』

(30') 最初がゼロだといろいろ学ぶことが多い/だろうね。

(31') 高木さんの小父さんと近い/らしいね。

(32') だんだん世の中のしくみがわかってきた/みたいですね。

(33') もしかして敵のヤクザ/かもしれない。

　위 예문에 쓰인 단독형식화 서술태도 'だろうね' 'らしいね' 'みたいですね' 'かもしれない'는 각각 상대편이 말한 서술내용 전체에 접속하는 것으로 볼 수 있다. 즉, (30)의 'だろうね' (31)의 'らしいね' (32)의 'みたいですね' (33) 'かもしれない'는 각각 (30')(31')(32')(33')가 생략된 형태로 볼 수 있다. 이들을 각각 'そうだろうね' 'そうみたいですね' 'そうらしいね' 'そうかもしれない'가 생략된 형태로 볼 수도 있겠으나, 그 경우도 'そう'가 가르키는 내용이 결국 상대편이 말한 서술내용 전체라는 점에서는 마찬가지라고 할 수 있다. 요컨대, 이들 단독형식화 서술태도의 의미는 상대편이 이미 말한 서술내용 전체를 받아 그것에 동의하는 형식을 취하는 소극적인 추량형식이라고 볼 수 있다. 그 실질적인 의미는 단순한 맞장구 정도로 보여지는데, 단정의 'だ'를 포함하는 'そうだね'에 비해서는 다소 그 확신의 정도가 약하지 않은가 생각된다.

　이런 이유 때문에 단독형식화 서술태도는 종조사와 함께 쓰일 때는 반드시 듣는 사람이 서술내용을 이미 알고 있다고 전제하는 '聞き手情報配慮'의 종조사 'ね'와 함께 쓰인다. (33)'かもしれない'가 종조사 없이 쓰인 사례, (30)'だろうね' (31)'みたいですね' (32)'らしいね'가 종조사 'ね'와 함께 쓰인 사례이다. 때로 종조사 'な'와 함께 쓰이는 경우가 있으나 이 역시 '聞き手情報配慮'라고 볼 수 있겠다. 조사한 바로는 의문문에 대한 대답을 제외하고, 듣는 사람이 서술내용을 아직 모른다고 전제하는 '聞き手情報非配慮'의 종조사 'よ'와 함께 쓰인 예는 찾아볼 수 없었다. '聞き手情報配慮'의 종조사 'ね'와 함께 자주 쓰인다는 사실은 단독형식화 서술태도의 생략된 서술내용이 상대편이 이미 말한 서술내용이라는 점을 뒷받침한다고 볼 수 있다. 즉, 말하는 사람과 듣는 사람 모두 알고 있는 정보를 '구정보(舊情報)'라고 했을 때, 단독형식화 서술태도의 생략된 서술내용은 그 전부가 '구정보'이어야 한다는 제한을 받고 있다고 정의할 수 있다.

3.2. 진위판단 서술태도

'구정보 제한'은 이들 단독형식화 서술태도가 모두 추량의 조동사라는 사실과
어떠한 관련이 있는 것일까? 여기서는 그 연관관계에 관해 생각해 보기로 하자.
益岡隆志(1991)는 이른바 추측을 '진위판단 서술태도'라고 정의했다. '진위판단
서술태도'란 서술내용에 대해 진위 여부를 따지는 형식이다.

> (34) A: 遊び好きのあいつが最近は勉強しているんだって。
> 　　 B: だろうね。
> 　　 /らしいね。
> 　　 /みたいだね。
> 　　 /かもしれないね。

따라서, '진위판단 서술태도'의 경우는 (34)와 같이 상대편이 이미 말한 서술
내용(舊情報)에 대해서 그 진위여부에 관한 자신의 심적 태도를 덧붙이는 것만
으로도 담화가 자연스럽게 성립한다. '遊び好きのあいつが最近は勉強している'라
는 상대편 화자가 이미 말한 서술내용에 대해서, 다소 소극적으로 그 진위여부
에 대한 자신의 심적 태도 나타내는 조동사 'だろう'등을 덧붙이는 것만으로도
담화가 성립함을 알 수 있다.

> (35) A: 遊び好きのあいつが最近は勉強しているんだって。
> 　　 B:?わけだね。
> 　　 /?ものだね。
> 　　 /?のだね。

다른 서술태도 형식은 어떨까. 위의 예에서 알 수 있듯이'わけだ' 'ものだ' 'の
だ'등과 같은 이른바 '설명 서술태도'는 이와는 사정이 다르다. 위에서 알 수 있
듯이 상대가 이미 말한 서술내용(舊情報)에 대해 'わけだ' 'ものだ' 'のだ'등을 덧
붙이는 것만으로는 담화가 성립하지 않는다.

(36) あいつは遊び好きだ。 ……………………P1

しかし,今は大学入試を目の前にしている 。…P2

合格するためにはなんとか頑張るしかない。…P3

だから,最近は勉強している/わけだ。……………Q

　그 의미 특성을 각각 미묘히 달리하고 있기때문에 한마디로 잘라 말하기는 곤란하나, ‘わけだ’ ‘ものだ’ ‘のだ’등의 이른바 ‘설명 서술태도’는 ‘진위판단 서술태도’에 비해서, 서술내용 사이의 인과관계를 크게 중시한다는 공통점을 가지고 있다. 서술내용 사이의 인과관계를 자연스럽게 성립시키기 위해서는 반드시 무언가 새로운 설명을 필요로 하게 된다. 위의 예문에서도, ‘Qわけだ’의 배후사정을 설명하기 위하여 신정보(P1,P2,P3)를 필요하고 있음을 알 수 있다. ‘설명 서술태도’가 단독형식화 서술태도를 갖지 못 하는 이유는, 새로운 설명(新情報)을 필요로 한다고 하는 의미 특성이 생략할 서술내용 전체가 구정보이어야 한다는 ‘구정보 제한’ 조건을 만족시킬 수 없게 하기 때문으로 볼 수 있다.

(37) A: 遊び好きのあいつが最近は勉強しているんだって。

B:?方がいいね。

/?べきだね。

/?なければならないね。

(38) あいつは大の遊び好きだった。 ……………………………… P1

しかし,今は大学入試を目の前にしている。 ……………… P2

合格するためにはなんとか頑張るしかない。 ……………… P3

だから,勉強する/方がいい/べきだ/なければならない。 …… Q

　‘方がいい’ ‘べきだ’ ‘なければならない’등의 ‘가치판단 서술태도’는 어떠한가? ‘가치판단 서술태도’란 서술내용에 대해서 ‘그렇게 하는(되는) 것이 바람직하다’고 하는 판단을 나타내는 형식을 말한다. 설명 그 자체를 주된 의미 특성으로 하는 ‘설명 서술태도’와는 이점이 다소 다른 듯 하기도 하나, “그렇게 하는(되는)

것이 바람직하다.”고 하는 서술내용이 나타내는 가치를 상대편에게 설명하기 위해서, 결과적으로 새로운 정보(P1,P2,P3)를 필요로 한다는 점에서는 동일하다. 결국, ‘가치판단 서술태도’도 단독형식화 서술태도가 요구하는 ‘구정보 제한’의 조건을 충족시킬 수 없게 되는 것이다. 같은 판단의 서술태도라고는 하지만, 이미 상대편 화자가 말한 서술내용(구정보)의 진위여부에 대해 자신의 심적 태도를 덧붙이기만 해도 담화가 성립하는 ‘진위판단 서술태도’와는 이점이 크게 다르다고 할 수 있다.

일본어에 대한 지금까지의 분석을 정리하면, 형태론적으로는 서술내용만으로도 완전한 문장에 가깝고 서술내용과 서술태도의 분리가 용이하며, 의미론적으로는 ‘구정보 제한’의 조건을 충족시킬 수 있는 ‘진위판단 서술태도’에 한하여 단독형식화 서술태도가 존재한다고 요약된다.

4. 일한 대조분석

4.1. 영어의 경우

(39) Do you think (that) I can get a date with that girl?

(40a) It could be (that) you can get a date with that girl
(40b) It could be
(40c) could be / maybe

영어의 경우도 ‘진위판단 서술태도’에서 단독형식화 서술태도가 발견된다. (39)에 대해 (40a)(40b)(40c)중 어느 형태로든 대답 할 수 있다. (40c)가 단독형식화 서술태도에 해당한다고 볼 수 있겠다. 흥미로운 사실은 ‘could be’는 아직 조동사로서의 의식이 남아 있어서 띄어쓰기를 하는 반면, ‘maybe’는 거의 부사화되어 붙여쓰기를 한다는 점이다. 서술내용과 서술태도 형식의 연결고리로서 관계대명사 ‘that’을 필요로 하긴 하지만 이를 언제든 수시로 생략 할 수 있다는 점이 영어에 단독형식화 서술태도가 있을 수 있게 하는 이유라고 보인다.

일본어와 다른 점이 있다면, 일본어는 서술내용이 참인 것을 비교적 약한 태도로 나타내는 'だろう' 'らしい' 'みたいだ' 'かもしれない'만이 단독형식화 서술태도를 갖는데 반하여, 영어는 비교적 약한 태도로 나타내는 [could be][maybe]뿐만 아니라, 비교적 강한 태도로 나타내는 [should be][must be][ought to be]도 단독형식화 서술태도를 갖는다는 정도이다.

다른 언어에 관한 연구가 미진한 상태에서 함부로 결론을 내릴 수는 없겠으나, 진위판단 서술태도에 있어서 단독형식화 서술태도가 존재하는 사실은 앞서 논한 진위판단 서술태도의 의미 특성으로 보아서 어느 정도는 언어의 보편성에 합치되는 것으로 보인다. 그런데, 한국어에서는 단독형식화 서술태도를 찾아보기 힘들다. 본고는 그 원인이 한일 문말구조의 차이점에 있다고 본다. 한국어에 단독형식화 서술태도가 존재하지 않는 이유는 의미론적인 측면보다는 형태 및 구문론적인 측면이 원인으로 보인다.

4.2. 형태론적인 대조분석

우선, 형태론적인 측면에서의 차이점을 분석하기 위해서 서술내용과 서술태도형식과의 접속 형태를 기준으로 몇 가지 유형으로 나누어 설명하기로 한다.

4.2.1. 어간(語幹)과 어미(語尾) 사이의 서술태도 형식

(41) 明日は雨が降る/だろう。
　　　　　　　/みたいだ。
　　　　　　　/らしい。
　　　　　　　/かもしれない。

(42a) 내일은 비가 오/겠/다.

(42b) *明日は 雨が 降/겠/る。

　(41)과 같이 일본어는 그 자체만으로도 하나의 완전한 문장을 이루는 서술내용이 끝난 뒤에(明日は雨が降る), 서술태도 형식(だろう)을 살짝 덧붙이기만 하면 되는 간단한 구조를 갖는 경우가 있어서, 이런 경우 서술태도 형식만을 다시 쉽게 띄어내어 단독형식으로 쓸 수가 있다. 반면에, (42a)와 같이 한국어에서는 서술내용이 미처 끝나기도 전 단계에서 동사의 어간과 어미 한가운데로 서술태도 형식이 삽입되는 경우가 있다. 위 예에서는 '오다'라는 동사의 어간 '오'과 어미 '다'의 한가운데로 서술태도 형식인'겠'이 파고들어가 있음을 알 수 있다. 한국어학에서는 '겠'처럼 어간과 어미 사이에 들어가 여러가지 의미를 덧붙이는 형태소를 선어말어미(先語末語尾-prefinal ending)라고 하는데, 이와 같이 어간과 어미 한가운데에 박혀있는 '겠'만을 따로 끄집어내어 단독형식화 서술태도로 쓴다는 것은 극히 힘들다고 할 수 있겠다. 실제로 어떠한 경우에도 '겠'이 단독형식으로 쓰이는 일은 없다. 이를 억지로 일본어에 비유한다면, 동사의 어간 '降'과 어미 'る' 사이에 '겠'이 삽입된 형태인 '降겠る'라고나 하겠으나, 일본어에서 이런 형태는 당연히 문법적으로 틀리다.

　　(43) 日本は湿気が多い/だろう。
　　　　　　　　　　/みたいだ。
　　　　　　　　　　/らしい。
　　　　　　　　　　/かもしれない。

　　(44a) 일본은 습기가 많/겠/다.
　　(44b) *日本は 湿気が 多/겠/い。

　위 예문에서 알 수 있듯이, 이런 차이점은 술어가 형용사일 경우도 마찬가지로 나타난다. 일본어는 그 자체만으로도 사실상 독립된 완전한 문장을 이루는 서술내용이 끝난 뒤에(日本は湿気が多い), 서술태도 형식(だろう)을 살짝 덧붙이기만 하면 된다. 이에 반해, 한국어에서는 형용사의 어간(많)과 어미(다)의 한가

운데 서술태도 형식(겠)이 위치한다. 한국어와 일본어의 문법이 유사하다고는 하지만 문장 끝의 형태소 배열에 있어서는 상당한 차이점이 있음을 보여 주고 있다.

　　　(45a) 最初がゼロだといろいろ学ぶことが多いわね。
　　　　　　「だろうね」と僕は言った。
　　　　　　『ノルウエイの森(下) p151/村上春樹/講談社文庫』

　　　(45b) '최초가 제로라면 여러가지 배울 것도 많아요.'
　　　　　　'그렇겠지'하고 나는 말했다.
　　　　　　『노르웨이의 숲 p371/번역:이미라/도서출판 동하』

　　이러한 한일 문말구조의 차이점 때문에, 위와 같이 실제로 일본어에서는 단독형식화 서술태도가 쓰이는 상황에서도 한국어에서는 단독형식화 서술태도가 쓰이지 못한다. 이 경우에도 '겠'이 단독형식으로 쓰이지 못하는 이유는, '그렇지'의 '그렇'과 '지'의 한가운데에 '겠'이 위치하기 때문으로 설명할 수 있다.

4.2.2. 서술내용이 형식명사에 접속하는 경우

　　　(46a) 昨日は雨が降った/だろう。
　　　　　　　　　　　　/みたいだ。
　　　　　　　　　　　　/らしい。
　　　　　　　　　　　　/かもしれない。

　　　(47a) *어제는 비가 왔다/것 같다.
　　　　　　　　　　　　/듯 싶다.
　　　　　　　　　　　　/듯 하다.

　　(46a)와 같이 일본어에서는 서술내용이 사실상의 종지형(終止形)으로 종결되는 등, 그 자체만으로도 하나의 완전한 문장(昨日は雨が降った)인 서술내용 뒤에 서술태도 형식을 살짝 덧붙이기만 하면 되는 경우가 있어, 이런 경우 단독

형식화 서술태도가 존재한다. 이를 굳이 한국어에 비유한다면, (47a)처럼 된다고 하겠으나, 한국어에서는 종지형으로 서술내용이 끝난 뒤에 서술태도 형식이 접속하는 형태는 어떠한 경우에도 非文이 될 수 밖에 없다.

> (47b) 어제는비가오ㄴ/것 같다.
> 　　　　　　　　　/듯 싶다.
> 　　　　　　　　　/듯 하다.

한국어에는 '것+같다' '듯+싶다' '듯+하다'등과 같이 '형식명사+보조용언'의 형태로 추량의 의미를 나타내는 서술태도 형식이 있다. (47b)에서는'어제는 비가 오ㄴ'까지를 서술내용, '것 같다'를 서술태도로 볼 수 있겠다. 여기서 주목할 곳은 서술내용이 끝나면서 형식명사 '것 듯'에 접속하는 접속형태이다. 한국어학에서는 명사나 형식명사등의 체언에 접속하는 술어의 형태를 '관형형 어미(冠形形 語尾)'라고 하는데, 이는 일본어의 '연체형(聯體形)'에 해당한다. 문법 용어를 서로 다르게 지칭한다고 해서 그 자체가 문제되는 것은 아니다. 문제는 그 실질적인 형태가 다르다는 점에 있다. 일본어의 연체형은 '雨が降ったこと'와 같이 사실상 終止形과 그 형태가 동일한데 반하여, 이에 대응하는 한국어의 관형형어미는 '비가 왔다'→'비가 오ㄴ 것'과 같이 종지형과 그 형태가 다르다는 점에 있다. 이는 문장을 종결 시킬 수 없는 어중간한 형태이기 때문에(어제는 비가 오ㄴ), 서술내용만으로는 완전한 문장이 될 수 없음은 물론, 과거시제를 나타내는 관형형어미'ㄴ'을 군더더기로 남기게 된다. 결국, 일본어의 '聯用形+そうだ' 'の+ようだ'의 경우와 마찬가지로 서술내용과 서술태도와의 접속형태가 간결치 못하여 서술내용에서 서술태도만을 따로 띄어내어 단독형식으로 쓰기가 어려워진다. 실제로 어떠한 경우에도 '것 같다' '듯 싶다' '듯 하다'등이 단독형식으로 쓰이는 일은 없다.

그런데, 이 경우도 단독형식화 서술태도의 유무(有無)가 비롯된 원인을 살펴봄으로씨 한일양국어의 문말구조의 근본적인 차이점을 엿볼 수 있지 않을까 싶

다. 우선 일차적으로는 앞서 밝혔 듯이 일본어는 '聯體形'의 형태가 사실상 종지형과 동일한데, 이에 해당하는 한국어의 '冠形形語尾'는 종지형과 그 형태가 다른 점에서 비롯되었다고 볼 수 있다. 그러나, 보다 근본적인 원인은 한일양국어의 음절체계의 상이함에 있다고 보아야 하겠다. 일본어는 'k+a→ka(か)' 'k+i→ki(き)' 'k+u→ku(く)' 'k+e→ke(け)' 'k+o→ko(こ)'와 같이 '子音＋母音'이 한 셋트로 한 문자를 이루는 開音節체계의 단순한 '音節文字'이다. 이에 반하여, 한국어는 'ㅇ+ㅗ+ㄴ→온'과 같이 '子音＋母音＋子音'으로 이루어지는 閉音節체계의 音節文字적인 특성을 보이는 한편, 경우에 따라서는 관형형어미 'ㄴ'과 같이 자음 단독으로도 과거시제를 나타내는 형태소 역할을 수행하는 등, '알파벳 문자'의 특성을 동시에 갖추고 있다. 일본어에는 없는 이러한 한국어의 알파벳문자적인 특성으로 인하여, 문말에서 과거시제를 나타내는 형태소로써 자음 단독으로 쓰여진 'ㄴ'이 마치 접착제처럼 서술내용과 서술태도를 붙여 놓게 되는 것이다. 단순한 음절체계의 일본어가 단순한 文末構造를, 다양한 음절체계의 한국어가 다양한 文末構造를 갖게 됨은 어쩌면 당연하다고 하겠다.

(48a) だんだん世の中のしくみがわかってきたみたいじゃない。
「みたいですね」と僕は言った。
『ノルウェイの森(下)p6/村上春樹/講談社文庫』

(48b) '차츰 세상의 구조를 깨달아 가고 있는 것 같은데'
'그런 것 같네요'라고 나는 말했다.
『노르웨이의 숲p246/번역:김난주/한양출판』

위의 예문은 이런 설명을 뒷받침해 주는 좋은 실례라고 하겠다. 똑같은 상황에서 일본어는 쉽게 단독형식의 서술태도로 쓰이는데 반하여, 한국어는 그렇지 못함을 알 수 있다.

4.2.3. 서술내용이 부사형 어미에 접속하는 경우

(49a) 昨日は雨が降った/かもしれない。
(49b) *어제는 비가 왔다/지도 모른다.

(49c) 어제는 비가 온/지도 모른다.

이 경우도 앞의 설명과 대동소이하다고 볼 수 있다. 한국어에서는 '지도 모른다'의 '지'를 부사형 어미로, 일본어에서는 'かもしれない'의 'か'를 부조사로 분류하고 있는데, 보다 근본적인 원인은 이러한 분류의 상이함보다는 '지' 'か'에 접속하는 접속형태의 상이함에 있다. 'かもしれない'앞에는 사실상의 종지형(降った)이 접속하기 때문에, 서술내용만으로도 완전한 문장이 됨으로써 'かもしれない'가 떨어져 나가서 단독형식으로 쓰이기 용이하게 한다. 이에 반해, '지도 모른다'앞에 접속한 '어제는 비가 온'은 서술내용만으로는 완전한 문장이 되지 못하는 어중간한 형태로 남게 되어, '지도 모른다'가 떨어져 나가 단독형식으로 쓰이는 것을 어렵게 한다. 이 역시 가장 근본적인 이유는 한일 양국어의 음절 체계의 상이함에서 비롯된 것으로 볼 수 있겠다. 다음은 이와 같은 설명을 뒷받침하는 좋은 실례이다.

(50a) 'あさってのその時刻は,本当に100年に1回くらいにいろいろな条件
　　　 が重なって,あの場所である
　　　 種のかげろうが見えるかもしれない時間なの。ごめんね。かもし
　　　 れない,ばっかりで。'
　　　 『キッチンp194/吉本ばなな/福武文庫』

(50b) '모레 그 시간은 정말로 100년에 한 번 정도로 여러가지 조건들
　　　 이 겹쳐져서, 그 장소에서 어떤 종류의 아지랑이가 보일지도모르
　　　 는 시간이야. 미안, 그럴지도 모른다는 이야기만해서'
　　　 『키친p153/김향옮김/영웅출판』

일본어의 경우는 'あの場所である種のかげろうが見える'라고 하는 그 자체만으로도 독립된 하나의 완전한 문장을 이루는 서술내용으로부터'かもしれない'라는 서술태도 형식을 쉽게 띄어내어 곧바로 그 다음 문장에서 단독형식으로 쓰고 있다. 이에 반해, 한국어의 경우는 똑같은 상황에서도 단독형식이 허용되지 않는다. 서술내용인 '그 장소에서 어떤 종류의 아지랑이가 보이ㄹ'만으로는 독립된 완전한 문장이 되지 못한다. 미래 시제를 나타내는 형태소 'ㄹ'이 서술내용과 서술태도 형식이 분리되기 힘든 상황으로 만들어 놓기 때문이다.

4.3. 구문론적인 대조분석

마지막으로 構文論的인 입장에서 단독형식화 서술태도 유무의 원인을 대조분석함으로써, 한일 양국어 문말구조의 차이점을 살펴보기로 한다.

    (51a)[犯人が捕まった]だろう。
    (51b)[犯人が捕まった]らしい。
    (51c)[犯人が捕まった]みたいだ。
    (51d)[犯人が捕まった]かもしれない。

일본어의 경우,[犯人が捕まった]라고 하는 그 자체만으로도 독립된 完全한 문장을 이루는 서술내용(Proposition)을 한묶음으로 하여, 그 전체를 각각 'だろう' 'らしい' 'みたいだ' 'かもしれない'의 조동사가 수식하는 비교적 단순한 구문을 이루고 있다. 일본어가 이같이 단순한 구문 구조를 갖게 된데는 'だろう' 'らしい' 'みたいだ'등의 조동사가 사실상 하나의 고정된 문법형식으로 굳어진'一語化した 形式'이라는 의식이 강하게 작용한 것으로 보인다. ('かもしれない'는 원래의 구성요소가 다소 복잡하지만, 이에 관해서도 두개의 조사(か/も)와 동사의 부정형(しれない)이 결합하여 하나(一語)의 조동사가 되었다고 보는 견해를 寺村秀夫(1984)등의 선행연구가 이미 밝히고 있음.)물론 서술내용이 길어지더라도 서술내용 전체를 한 묶음으로 수식하는 구문 구성은 그대로 적용되는데, 긴 서술내용을 전부 생략하고, 그 전체를 수식하고 있던'ㅡ語化'된 조동사만을 띄어낸 것이 단독형식화 서술태도라고 할 수 있겠다. 즉, 단순한 구문 구성과 조동사의'ㅡ語化'가 일본어에서 단독형식화 서술태도가 허용되는 근본적인 원인이라고 할 수 있다. 이에 대해, 한국어의 서술태도형식은 '것+같다' '듯+싶다' '듯+하다' '가+보다'등, 그 대다수가 각각 '前項要素+後項要素'로 이루어진 '二語から成る形式'라는 점이 크게 다르다.

(52)[[범인이 잡힌]것]같다

그럼, 먼저 '것 같다'의 구문구성을 살펴보기로 한다. 앞 예문에 주목하자. 우선, 일차적으로 [범인이 잡혔다]라는 서술내용을 형식명사'것'이 하나로 묶어서 [[범인이 잡힌]것]이라는 명사절을 만든다. 이를 다시, 명사절[[범인이 잡힌]것]이 가리키는 상황과 화자가 예측하는 상황이 같음을 나타내는 等式述語 '같다'로 묶어 주고 있다. 등식술어 '같다'가 아직 확인되지 않은 서술내용을 대상으로 할 때, [가정적 동일성]이라는 추측의 의미를 나타내게 된다. 前項要素인'것'은 서술내용을 명사절로 묶는 문법적 기능을, 後項要素인 '같다'는 [가정적 동일성]을 나타내는 의미적 기능을 수행하고 있는 것이다. 결론적으로, '것 같다'의 前項要素인'것'은 서술내용에 밀착하여, 서술내용을 名詞節로 귀결시키는 핵심적인 역할을 하고 있기 때문에, 이를 서술내용에서 따로 띄어내어 '것 같은데' 라는 식의 단독형식으로 쓰기가 극히 힘들다고 하겠다.

(53) [[범인이 잡힌]듯]싶다.
(54) [[범인이 잡힌]듯]하다.

(55) 지금도 그녀가 마치 내 옆에라도 있는 듯, 나는 설레임을 느낀다.

'듯 싶다'의 경우는 어떠한가? (53)에서 알 수 있듯이, '듯 싶다'의 前項要素인

형식명사'듯'도 [범인이 잡혔다]라는 서술내용을 묶어서 [[범인이 잡힌]듯]이라는 명사절로 귀결시킨다는 점에서는, '것 같다'의 전항요소인 '것'과 그 문법적인 기능이 같다. 단, '것'이 문법적 기능만을 수행하는데 반하여, '듯'은 문법적 기능과 의미적 기능을 동시에 수행한다는 점이 다소 다르다. '듯'의 의미는 예문(55)에서 알 수 있듯이 [가정적 유사성]이라고 볼 수 있다. 이러한 [가정적 유사성]이 아직 확인되지 않은 서술내용을 대상으로 할때, 추량의 뜻을 갖게 되는 것이다. 앞서의[[범인이 잡힌]것]이 명사절만으로는 추량의 의미를 갖지 못하는데 반하여, [[범인이 잡힌]듯]은 명사절만으로도 추량의 의미를 나타낼 수 있는 이유는 '것'과는 달리'듯'이 문법적 기능과 의미적 기능을 동시에 수행하기 때문으로 볼 수 있다. 실제로 [[~]듯]은 명사절만으로도 추량의 의미를 나타내는 형식으로 사용되는데, 다음은 그 실례이다.

> (56) '외교안보팀 전원 바뀔 듯'
>   (중앙일보 1994년12월18일자 1면 머리기사 타이틀)

[듯 싶다]는, 의미적으로는 가정적 유사성을 나타내며 문법적으로는 서술내용을 명사절로 귀결시키는 형식명사[듯]과 보조용언[싶다]가 결합한 형태이다. 한국어학에서는 '싶다'의 원래 의미를 '느끼다'로 규정하고 있는데, '~하고 싶다'의 '싶다'는 '~하고자 하는' 희망 욕망을 '느낀다'라고, '~듯 싶다'의 '싶다'는 명사절 [~듯]이 나타내는 [가정적 유사성]을 '느낀다'라고 풀이된다. 또한, '듯 하다'는 '듯 싶다'의 '싶다'가 '하다'로 대치되었다고 볼 수 있다. 결론적으로, '것 같다'의 전항요소인 '것'과 마찬가지로, '듯 싶다' '듯 하다'의 전항요소인 '듯'도 서술내용에 밀착하여, 서술내용을 명사절로 귀결시키는 핵심적인 역할을 하고 있기 때문에, 이를 서술내용에서 따로 띄어내어 '듯 싶은데' '듯 한데'라는 식의 단독형식으로 쓰기가 극히 힘들다고 하겠다.

> (57) [[범인이 잡혔는]가]보다.

그럼, '가 보다'를 살펴보기로 하자. '가 보다'의 전항요소인 '가'는 의문형 종결어미이다. 따라서 '가'로 종결되는 선행문인[범인이 잡혔는]가는 당연히 의문문일 수밖에 없다. 의문문이 갖는 의미적 특징은 서술내용에 대한 화자의 내면적 의심 및 회의적 태도이다. 즉, '가 보다'의 전항요소인 '가'는 문법적으로는 서술내용을 의문문으로 귀결시키는 역할을, 의미적으로는 서술내용에 대한 내면적 의심 및 회의적 태도를 나타내는 역할을 한다고 볼 수 있다.

> (58) 범인이 잡히는 장면을 보다.
> (59) 범인은 이미 잡혔다고 본다.
>
> (60) [범인이 잡혔는가] 보다.

'가 보다'의 後項要素인 '보다'는 (58)와 같이 시각을 통해 어떠한 사실을 인지한다고 하는 뜻을 나타낸다. 이러한 의미가 확대되어 (59)와 같이 인지한 사실에 대해 판단을 한다는 뜻으로도 쓰인다. 그런데, [보다]가 (60)에서처럼 그 앞에 선행문으로 의문문을 취하게 되면, 의문문이 나타내는 서술내용에 대한 내면적 의심과 [보다]가 나타내는 판단의 의미가 결합하여 [가 보다] 전체로는 추량의 의미를 갖게 되는 것이다.

결론적으로, 앞의 경우들과 마찬가지로 '가 보다'의 전항요소인'가'도 先行文인 서술내용에 밀착하여 서술내용을 의문문로 귀결시키는 역할을 하고 있기 때문에, 이를 서술내용에서 따로 띄어내어'가 본데'라는 식의 단독형식으로 쓰기가 극히 힘들다고 분석된다.

5. 마무리

지금까지의 논의는 단독형식화 서술태도의 유무 그 자체를 따지기 위한 것이리기보다는 단독형식화 서술태도의 유무를 통해서 한일 양국어 문말구조(文末

構造)의 근본적인 차이점을 밝히는데 그 목적이 있었다. 양국어 공통적으로 '주어+목적어+술어(SOV)' 구문을 취하기 때문에 문말에 오는 술어를 보충하기 위하여 서술태도 요소도 문말에 위치하는 등, 얼핏 유사한 점이 많아 보이나, 보다 심층적인 부분까지를 살펴본 결과, 상당한 차이점이 있음을 확인했다. 일본어는 그 자체만으로도 독립된 완전한(또는 그에 가까운) 문장을 이루는 서술내용이 끝난 뒤에 서술태도 형식을 살짝 덧붙이기만 하는 간단한 구조를 갖고 있어서, 서술태도 형식만을 다시 쉽게 분리시켜 단독형식으로 쓸 수가 있다. 이에 대해, 한국어는 다소 복잡한 구조를 가지고 있음을 알 수 있었다. 단독형식화 서술태도가 있을 수 없게 하는 한국어 문말구조의 특징은 일본어에 대해 대략 다음과 같이 요약할 수 있다.

- 한국어는 서술내용이 미처 끝나기도 전에 술어의 語幹과 語尾 한가운데에 '겠'과 같은 서술태도 형식이 위치하는 경우가 있는데, 이런 경우 '겠'만을 따로 분리하여 단독형식으로 쓰기가 힘들다.

- 일본어는 서술내용 전체를 한 단어로 굳어진 'だろう' 'らしい'등의 조동사가 수식하는 단순한 문말구조를 갖는다. 이에 반해, 한국어의 [것＋같다]듯＋하다[가＋보다]등은 각각[前項要素＋後項要素]로 이루어지는 두 단어 형식이라는 점이 크게 다르다. 前項要素인 [겟][듯]과 [가]는 서술내용을 각각 명사절과 의문문으로 귀결시키는 등 서술내용과 밀착되어 있기 때문에 이를 서술내용으로부터 분리시켜 단독형식으로 사용하기는 극히 힘들다고 보여진다.

- 한국어는 서술내용과 서술태도 형식과의 접속형태가 관형형어미 'ㄴ, ㄹ'과 같은 군더더기를 남기는데, 이의 근본적인 이유는 한국어가 기본적으로는 '음절문자'이면서도, 경우에 따라서는 자음 단독으로도 형태소 역할을 수행하는 '알파벳 문자'적인 특성을 동시에 갖추고 있기 때문이다.

- 일본어의 연체형(連体形)은 사실상 종지형과 그 형태가 동일한데, 일본어의 연체형에 해당하는 한국어의 관형형어미(冠形形語尾)는 종지형과 그

형태가 상이하다.

　한국어와는 달리, 일본어에서는 '*だろう*' '*らしい*' '*みたいだ*' '*かもしれない*'등 이른바 추량의 조동사가, '*たぶん*'등의 진술부사와 마찬가지로, 실제로는 상당히 빈번히 단독형식으로 쓰이고 있다. 일본어의 단순한 문말구조에서 비롯된 단독형식화 서술태도는 그 언어운용의 경제성 등을 고려했을 때, 일본어교육에 활용될 가치가 충분히 있다고 보인다. 앞으로 보완되어야 할 부분이 많겠으나, 이런 측면이 앞으로의 일본어교육이나 한일대조연구에 다소나마 반영될 수 있었으면 한다.

9장 | 근거 비전제형의 대응관계[*]

-'だろう'와의 대응관계를 중심으로-

1. 머리말

일본어 'だろう'와 한국어 'ㄹ것이다' '겠지'는 각각 개별 언어의 추측 체계에서 공통적으로 실재적 근거를 전제로 하지 않는 '근거 비전제형' 추측에 속하는 것으로 분류되었다. 각각 'だろう'는 1장で에서, 'ㄹ것이다' '겠지'는 5장에서 다루었다. 종래 일한대조연구에서는 (1)과 같은 '추측' 용법의 'だろう'와 'ㄹ것이다' '겠지'의 대응관계를 주로 다루어왔다고 말해도 좋을 것이다.

> (1) たぶん明日は雨が降るだろう。
> (2) ほら、やっぱり彼も来ただろう。
> (3) これは何だろう。

한편 (2)와 같은 '확인' 용법의 'だろう'와의 대응관계, (3)과 같은 문장 안에 의문사(何)를 포함하는 '부정 의문문(不定疑問文)' 용법의 'だろう'와의 대응관계는 충분히 다루어지지 못 한 것 같다. 먼저 실재적 근거를 전제로 하지 않는 '근거 비전제형'이란 관점에서 '추측' 용법의 'だろう'와 'ㄹ것이다' '겠지'의 기본적

---

* 이 내용의 일부는 김동욱(2000)「'だろう'에 대응하는 한국어의 다양한 형식들」『일어일문학연구 37집』한국일어일문학회 를 수정 보완한 것이다.

인 대응관계를 살펴 본 후에, 확인 용법의 '*だろう*' 및 '부정 의문문' 용법의 '*だ
ろう*'와의 대응관계에 관하여 분석하기로 하겠다.

이하, 일한대조분석을 위한 예문들은 축어역(逐語譯)을 통해서 일본어 문장과
한국어 문장의 명제내용을 거의 동일하게 만들어놓고, 문말(文末)형식들만 바꾼
것들이다. 분석 대상 이외의 다른 조건들을 엄격하게 통제해놓고, 분석 대상인
문말(文末)형식들만 엄밀히 대조 분석하기 위해서이다.

2. '추측'의 '*だろう*'와 'ㄹ 것 이다' '겠지'

(1)과 '추측'의 '*だろう*'는 명제내용의 진위 여부에 관한 말하는 사람 고유의 판단을
나타내는 '명제에 대한 서술태도'로 자리매김할 수가 있다. 여기서는 '명제에 대한
서술태도'인 '추측'의 '*だろう*'와 한국어의 대조분석을 하겠다. 특히 '*だろう*'와 'ㄹ것이
다' '겠지'가 실재적 근거를 반드시 전제하지는 않는 '근거 비전제형' 추측으로서
대응한다는 점에 초점을 맞춘다. 1장, 5장에서 밝힌 각각의 개별 언어에서의 분석
결과를 참조하면서, 대조분석을 진행하기로 한다. 대조분석이 다른 요인으로부터
영향을 받지 않도록, 동일한 분석 기준을 가지고, 또한 두 언어 사이에 되도록 동일한
의미로 축어역(逐語譯)한 문장에서 '*だろう*'와 'ㄹ것이다' '겠지'가 '근거 비전제형'
추측으로 대응하는지 아닌지를 확인하기로 한다.

2.1. 희망 표명

아래 예문들은 모두 듣는 사람이 없는 장면으로 상정한다.

 (4a) (ただ漠然とした希望を述べるかのように)
   いずれは彼女も私の気持ちを分かってくれるだろう。

(このとき、彼女から愛情のこもった電話がくる)
うん、やはり、分かってくれたようだ/らしい。

(4b) (단지 막연한 희망을 중얼거리듯이)
언젠가는 그녀도 내 마음을 알아 줄 거다. /주겠지.

(이 때, 그녀로부터 애정 어린 전화가 온다)
음, 역시 (내 마음을) 알아주는 것 같다/듯하다/가 보다/모양이다.

처음에 아무런 실재적 근거도 없이 "いずれは彼女も私の氣持ちを分かってくれ
るだろう。/언젠가는 그녀도 내 마음을 알아 줄 거다./주겠지."라고 판단답지도
못 한 판단을 말했을 뿐이다. '추측 판단'이라기보다 오히려 막연한 '희망 표명'
에 가깝다. 'だろう'와 'ㄹ것이다·겠지'는 이러한 문장에 자연스럽게 어울린다.
동일한 장면에서 직후에 그녀로부터 애정 어린 전화가 왔다고 하자, 즉 '실재적
근거'가 출현한 것이다. 이러한 실재적 근거의 출현을 명시한 후에는 거꾸로 'よ
うだ' 'らしい'와 '것 같다' '듯 하다' '가 보다' '모양이다'가 자연스럽다. 아래 예문
과 같이 'だろう'와 'ようだ' 'らしい', 'ㄹ것이다' '겠지'와 '것 같다' '듯 하다' '가 보
다' '모양이다'를 맞바꾸면 기묘한 문장이 되어버린다.

(4c) (ただ漠然とした希望を述べるかのように)
いずれは彼女も私の気持ちを分かってくれる??ようだ/??らしい。
(このとき、彼女から愛情のこもった電話がくる)
うん、やはり、分かってくれた??だろう。

(4d) (단지 막연한 희망을 중얼거리듯이)
언젠가는 그녀도 내 마음을 알아줄 ??것 같다/??듯하다/??가 보다
/??모양이다.
(이 때, 그녀로부터 애정 어린 전화가 온다)
음, 역시 (내마음을) 알아 ??줬을거다/??주었겠지.

2.2. 막연한 추측

(5a) 彼は移民してからもう10年も消息を絶っているが、まあ…元気だ
ろう。

(5b) 彼は移民してからもう10年も消息を絶っているが、まあ…元気の??
ようだ。/??らしい。

(5c) 그 사람 이민 간 후 10년째 소식도 모르지만, 뭐 건강할거다./하겠지.

(5d) 그 사람 이민 간 후 10년째 소식도 모르지만, 뭐 건강할 ??것 같다.
/??듯 하다.
/??가 보다.
/??모양이다.

"10년째 소식도 모른다." 고 아무런 실재적 근거도 없음을 의도적으로 문맥 정보로 명시하였다. 이러한 막연한 추측에는 '근거 비전제형'인 'だろう' '겠지' 'ㄹ 것이다'가 자연스럽다. '근거 전제형'인 'ようだ' 'らしい' '것 같다' '듯 하다' '가 보다' '모양이다'로 바꾸면 부자연스러워진다. 'だろう'와 'ㄹ 것이다' '겠지', 'ようだ' 'らしい'와 '것 같다' '듯 하다' '가 보다' '모양이다'의 대응관계가 인정된다.

2.3. 실재적 근거의 명시

(6a) 天気予報を見たが、明日は雨になるようだ。/らしい。

(6b) 天気予報を見たが、明日は雨になる??だろう。

(6c) 일기예보를 봤는데, 내일은 비가 올 것 같다.
/듯 하다.
/ㄴ가 보다.
/모양이다.

(6d) 일기예보를 봤는데, 내일은 비가 ??올 것이다./??오겠지.

실재적 근거의 존재(일기예보)를 문맥 정보로 명시하면, 'だろう'와 'ㄹ 것이다'

'겠지' 보다 'ようだ' 'らしい'와 '것 같다' '듯 하다' '가 보다' '모양이다' 쪽이 안정적이다. 'だろう'와 'ㄹ 것이다' '겠지'가 부자연스러운 이유는 실재적 근거를 일부러 명시해놓고서, 직후에 그걸 부인하듯이 '근거 비전제형'을 사용하는 것은 일관된 서술태도가 아니기 때문이다. 'だろう'와 'ㄹ 것이다' '겠지', 'ようだ' 'らしい'와 '것 같다' '듯 하다' '가 보다' '모양이다'의 대응관계가 인정된다.

2.4. 진술 부사 '實際に' '실제로'와의 호응

(7a) 医者は従弟がすぐ治ると言った。
　　　実際に、従弟は一週間前に退院してもう仕事をしているようだ。
　　　　　　　　　　　　　　　　　　　　　　　　　　　　　　/らしい。

(7b) 医者は従弟がすぐ治ると言った。
　　　実際に、従弟は一週間前に退院してもう仕事をしている??だろう。

(7c) 의사는 조카가 곧 나을거라고 말했었다.
　　　실제로, 조카는 일주일전에 퇴원해서 벌써 일을 하고 있는 것 같다.
　　　　　　　　　　　　　　　　　　　　　　　　　　　　　　/듯 하다.
　　　　　　　　　　　　　　　　　　　　　　　　　　　　　　/가 보다.
　　　　　　　　　　　　　　　　　　　　　　　　　　　　　　/모양이다.

(7d) 의사는 조카가 곧 나을거라고 말했었다.
　　　실제로, 조카는 일주일전에 퇴원해서 벌써 일을 하고 있었??을 것이다./??겠지.

　'實際に' '실제로'라는 진술부사는 어원적으로 '實際の事実/실제 사실'을 반영하는 어휘이다. 위 예문들을 보면 '實際に' '실제로'와 'ようだ' 'らしい' '것 같다' '듯 하다' '가 보다' '모양이다'는 자연스럽게 호응하는데 반하여, 'だろう' 'ㄹ 것이다' '겠지'와는 그렇지 못 한 것을 확인할 수 있다. 진술부사와의 호응관계에서도 'だろう'와 'ㄹ 것이다' '겠지'의 대응관계, 'ようだ' 'らしい'와 '것 같다' '듯 하다' '가

보다' '모양이다'의 대응관계가 인정된다.

2.5. 한국어 대응문의 지시 형용사의 변화

'ようだ' 'らしい'를 'だろう'로 바꾸면, 대응하는 한국어 번역문의 지시형용사에 변화가 생기는 사례가 있어서 간단히 소개하고자 한다. (8a)와 (8b)를 비교하면, (8a)의 'あの人'는 대화 현장에 있는데 반하여, (8b)의 'あの人'는 그렇지 않다고 해석된다.

> (8a) あの人は今泣いているようだ。/らしい。
>
> →저 사람은 지금 울고 있는 것 같다.
> /듯 하다.
> /가 보다.
> /모양이다.
>
> (8b) あの人は今泣いているだろう。
>
> →그 사람은 지금 울고 있을 것이다.
> /겠지.

그런데, 'ようだ' 'らしい'를 'だろう'로 바꾸면, 대응하는 한국어 번역문의 지시형용사에 변화가 생긴다. 오른 쪽 한국어 번역문은 본 연구자가 작성한 것이지만, 'ようだ' 'らしい' → 'だろう'로 바꾸면 한국어 지시형용사가 '저' → '그'로 바뀌는 것은 다른 연구자가 번역문을 작성하더라도 피할 수 없는 사항이다. 위 한국어 예문에서 '저 사람'은 대화 현장에 실재하는 사람이고, '그 사람'은 대화 현장에 실재하지 않는 사람이라는 명확한 차이가 드러난다. 궁극적으로 'ようだ' 'らしい'는 현실 상황에 실재하는 내용을 반영하는 반면에, 'だろう'는 그렇지 못하기 때문에 드러나는 차이로 보아야 할 것이다.

2.6. 동일한 추측문의 의미 반영의 차이

동일한 추측문의 의미를 'ようだ' 'らしい' '것 같다' '듯 하다' '가 보다' '모양이다'는 '실재적 근거'를 반영하는 내용으로, 'だろう' 'ㄹ 것이다' '겠지'는 반영하지 않는 내용으로 만드는 대비적 경향이 나타난다.

    (9a) 遅くても2020年には、アトピーの治療薬が開発されるだろう。

    (9b) 遅くても2020年には、アトピーの治療薬が開発されるようだ。
                                                /らしい。

    (9c) 늦어도 2020년에는 아토피 치료약이 개발되겠지.
                                        /될 거다.

    (9d) 늦어도 2020년에는 아토피 치료약이 개발될 것 같다.
                                        /듯 하다.
                                        /건가 보다.
                                        /모양이다.

'だろう' 'ㄹ 것이다' '겠지' 문장은 아무런 실재적 근거를 전제로 하지 않고 "뭐 늦어도 2020년까지는 아토피 치료약이 개발되지 않을까…'라는 일종의 막연한 희망 사항을 말하는 듯 한 어감이다. 이에 반하여, 'ようだ' 'らしい' '것 같다' '듯 하다' '가 보다' '모양이다' 문장은 현실 세계에서 구체적인 개발 과정이 진행 중이고, 그 실제 진행 상황으로 보아서 늦어도 2020년에는 개발이 완료될 것으로 보인다는 의미로 해석된다.

    (10a) ここなら煙草を吸ってもいいだろう。
    (10b) ここなら煙草を吸ってもいいようだ。
                                        /らしい。

    (10c) 여기서는 담배를 피워도 괜찮을 거다.
                                      /겠지.

(10d) 여기서는 담배를 피워도 괜찮은 것 같다.
　　　　　　　　　　　/듯 하다.
　　　　　　　　　　　/가 보다.
　　　　　　　　　　　/모양이다.

위의 '*ようだ*' '*らしい*' '것 같다' '듯 하다' '가 보다' '모양이다' 문장은 재떨이가 놓여 있거나, 담배 피는 사람이 있다거나, 다른 곳에는 없는 금연 표시가 있다거나 하는 등, 흡연 허용이 적극적으로 뒷받침되는 상황, 즉 실재적 근거가 뒷받침되는 의미로 해석된다. 한편 '*だろう*' 'ㄹ것이다' '겠지' 문장은 반드시 그러한 실재적 근거가 뒷받침되지 않더라도, 말하는 사람 스스로 담배를 피워도 특별히 거리낄 것이 없다는 정도의 판단만으로도 쓰일 수 있다.

2.7. '*だろう*'와 'ㄹ것이다' '겠지'

지금까지 '*だろう*'와 'ㄹ것이다' '겠지'가 '근거 비전제형' 추측으로 서로 대응한다는 것을 다루었는데, 이는 일본어 형식 하나에 한국어 형식 두 개가 대응하는 셈이다. 각기 어떠한 경우에 '*だろう*'와 'ㄹ것이다'가, '*だろう*'와 '겠지'가 대응하는지 따져 보기로 하겠다.

'ㄹ것이다'는 일반 서술형 종결어미인 '다'를 취한다. 일반 서술문은 말하는 사람이 듣는 사람에게 명제내용을 일방적으로 전달하는 문장이다. 일반서술문의 'ㄹ것이다'도 듣는 사람의 판단을 배려하지 않고, 명제내용 진위 여부에 대한 판단을 듣는 사람에게 일방적으로 전달하는 형식이다. 예를 들어 예문(11a)(11b)와 같은 '예언'이란 전지전능한 하나님이 무지한 사람에게, 일방적으로 앞으로 생길 일을 통보하는 문장이다. 예문 (12)도 차의 소유권이나 운영권을 가진 사람이 일방적으로 통보하는 내용이다. 이러한 예문들에서 '*だろう*'와 대응하는 'ㄹ것이다'를 '겠지'로 바꾸면 기묘한 문장이 되어 버린다.

(11a) 僕がこれからのことを予言する。君たちはこれから三年間苦難を強いられるだろう。

(11b) 내가 앞으로의 일을 예언하겠다. 너희는 앞으로 3년간 고난을 겪
을 것이다. /??겠지.

(12a) 僕が車を送ってやるよ。車はおそらく午後一時頃には着くだろ
う。

(12b) 내가 차를 보내주마. 차는 대략 오후 1시쯤에는 도착할거다.
/??하겠지.

한편, '겠지'는 '겠'이 '추측'의 의미를, '지'가 '확인'의 의미를 나타내는 '추측 확
인문'이다. 확인의 의미를 나타내는 종결어미 '지'는 말하는 사람의 판단을 일방
적으로 제시하는 것이 아니라, 듣는 사람의 판단도 배려하면서 함께 최종 판단
을 형성해가려는 서술태도를 나타낸다. 즉, '겠지'는 듣는 사람의 판단을 의식하
는 형식이다. 다음 실례에서 'だろう'와 대응하는 '겠지'를 'ㄹ 것이다'로 바꾸면
부자연스러워지는데, 그 이유는 듣는 사람을 의식하지 않을 수 없는 장면에서
그 존재를 무시하는 모순을 만들기 때문이다.

(13a) 君はこの金貨をもとの石炭にしようという。僕たちはまたしたく
ないという。それじゃいつまでたったところで、議論が干ないの
は当り前だろう。そこで、僕が思うには、この金貨を元手にし
て、君が僕たちとかるたをするのだ。

(13b) 자네는 이 금화를 원래의 석탄으로 되돌려 놓겠다고 하지. 우리
는 또 하지 말았으면 좋겠다고 하지. 이래가지고서는 언제까지
가 봐도 끝나지 않는 게 당연하겠지. 그래서 내 생각에는 이 금
화를 밑천으로 해서 자네가 우리하고 카드놀이를 하는 거야.
〈日韓 2 巻〉

정리하자면, 듣는 사람의 판단을 고려하지 않고, 말하는 사람이 정보 우위 입
장에서 일방적으로 판단하는 'だろう'에는 'ㄹ 것이다'가 대응한다. 한편, 듣는 사

람의 판단을 배려하면서 함께 최종 판단을 형성해 가려는 'だろう'에는 '겠지'가 대응한다.

3. '확인' 용법의 'だろう'와 '지'

'だろう'에는 위와 같은 추측 용법의'だろう'가 있는 한편, (14b)(14c)와 같은 이른 바 확인 용법으로 불리는 것들이 있다. (14a)와 같은 추측의 'だろう'는 '明日は雨が降 ると思われる'와 같이 '~と思われる'로 대치시킬 수 있는데 반하여, (14b)(14c)와 같 은 확인의 'だろう'는 '??こういう記憶はあると思われる' '??ほら、やっぱり彼も來たと 思われる'와 같이'~と思われる'로 대치시킬 수 없다.

> (14a) たぶん明日は雨が降るだろう。　　　　-'추측'
>
> (14b) こういう記憶はあるだろう?　　　　-'확인'
> (14c) ほら、やっぱり彼も来ただろう。　　　-'확인'

추측의 'だろう'가 명제내용의 진위 여부에 대한 말하는 사람 고유의 판단을 나타내는 '대명제(對命題) 서술태도'라고 한다면, 확인의 'だろう'는 듣는 사람에 대한 서술태도를 나타내는 '대청자(對聽者) 서술태도'이다. 확인의 'だろう'는 듣 는 사람이 없는 곳에서 말하는 것 자체를 생각할 수 없듯이, 반드시 화자와 청 자의 관계 안에서 생각하지 않으면 안 된다.

여기서 밝히고자 하는 점은 확인의 'だろう'와 한국어의 대응관계이다. 종래 일한 대조연구에서는 추측의'だろう'와의 대응관계에 관심이 집중되어, 확인의 'だろう'와의 대응관계는 다소 소홀이 다루어진 경향이 있었다고 해도 과언이 아니다. 본 연구자의 조사 범위 내에서는 확인의 'だろう'와 한국어의 대응관계 에 관한 선행연구는 발견되지 않았다. 심지어 사전류에서조차 적절한 설명이 없는 경우가 많았다.[1]

지금까지 'だろう'와 대응관계가 인정된 한국어는 'ㄹ것이다' '겠지'인데, 실제로 언어 자료들을 조사해 보면 그다지 충분하게 대응하고 있지 않아 보인다. 실제 'だろう'의 사용에 있어서 상당 부분을 차지하는 확인 용법의 'だろう'와의 대응관계에서 'ㄹ것이다' '겠지'만으로는 불충분하기 때문일 것이다. 특히, 요즈음 중요시되는 회화체의 사용 빈도에서는 오히려 추측 용법의 'だろう'보다 확인 용법의 'だろう'가 더 비중이 크지 않을까 싶다. 여기서는 지금까지 별로 관심의 대상이 되지 못했던 확인 용법의 'だろう'와 한국어의 확인형 종결어미 '지'와의 대응관계를 분석하고자 한다.

그러나, 명제에 대한 서술태도인 추측의 'だろう'와 듣는 사람에 대한 서술태도인 확인의 'だろう'는 연속선상에 있는 것이지, 어디서 딱 끊어 구별할 성질의 문제는 아니다. 중간적 성격의 'だろう'도 보여진다.

'だろう'의 전체 윤곽을 일한 대조분석이란 수단을 통하여 재조명하다는 의미에서도 확인의 'だろう'를 포함한 대조분석을 할 필요가 있다고 생각된다. 또, 한국인 일본어학습자에게 실질적인 도움을 줄 수 있는 대응 모델을 제시하기 위해서도 확인의 'だろう'도 시야에 넣은 분석이 필요하겠다.

3.1. 확인 종결어미 '지'

다음 절부터 예문을 참조하면서 'だろう'와 '지'가 대응한다는 사실을 확인하

---

1) 조사했던 사전들은 다음과 같다.
   1.エッセンス日韓辭典/1989,1,20初版發行/民衆書林/安田吉實・孫洛範
   2.エッセンス韓日辭典/1989,1,20初版發行/民衆書林/安田吉實・孫洛範
   3.東亞新クラウン日韓辭典/1985,1,5初版發行/東亞出版社/東亞出版社編輯部
   4.東亞新クラウン韓日辭典/1985,1,5初版發行/東亞出版社/東亞出版社編輯部
   5.NewAce日韓中辭典/1988,1,15/2版發行/金星出版社(韓國)・小學館(日本)共同
   6.NewAce韓日中辭典/1988,3,27/2版發行/金星出版社(韓國)・小學館(日本)共同
   7.詳解日韓辭典/1983,3,10/11刷發行/高麗書林/金素雲
   8.精解韓日辭典/1983,10,20/10刷發行/高麗書林/朴成媛
   9.日韓 韓日大辭典/1976,5,10/大榮出版社/大榮出版社辭書部/鄭 寅燮
   10.朝鮮語大辭典/1986,9,25再販發行/角川書店/大阪外國語大學朝鮮語研究室

겠는데, 그 전에 한국어의 종결어미 '지'에 관하여 개략적으로 살펴본다. '지'는 확인서술문 및 확인의문문을 만드는 확인형 종결어미이다. 확인서술문이란 말하는 사람이 명제내용에 대해 사전에 어느 정도 인지하고 있음을 내비치면서 듣는 사람에게 그 내용을 확인하는 형식의 서술문이다. 확인의문문이란 말하는 사람이 명제내용에 관해 사전에 어느 정도 인지하고 있음을 내비치면서 듣는 사람에게 의문을 던지며 동의를 구하는 형식의 의문문이다.

(15) 그러면 안되·지(.↓)(?↑)

확인서술문과 확인의문문은 확연히 구별되는 것은 아니고, 음성적인 수단으로 밖에 구분되지 않는 경우도 있는 등, 상당 부분 연속적인 성질의 것이다. 예를 들면, 위 예문에서는 문장 끝 부분 '지'의 인토네이션이 하강조가 되면 확인서술문으로, 상승조가 되면 확인의문문으로 해석된다.

(16) a.저 여자 참 아름답지?
    b.저 여자는 참 아름답다. (전제)
    c.그렇지?   (질문)

의미적으로는 확인의문문을 두 요소로 분해할 수 있다. 하나는 '전제'이고, 다른 하나는 '질문'이다. 확인의문문에서는 '지'가 가장 중요한 형태소로 기능하는데, '지'는 '전제'와 '질문'의 양쪽 의미 특성을 모두 공유한다.[2]

3.2. '확인'의 'だろう'의 2분류

그런데, (14b)와 (14c)의 확인의 'だろう' 사이에도 미묘하지만 의미 차이가 인정된다.

---

2) 서정수(1996/p402).

(14b) こういう記憶はあるだろう？
(14c) ほら、やっぱり彼も来ただろう。

최근 연구는 둘의 의미 차이를 말하는 사람과 듣는 사람 중에 어느 쪽이 정보 우위에 있다고 간주되는지에 따라 2종류로 분류하고 있다. (14b)는 듣는 사람이 우위에 있다고 간주되는 경우로 ,'念押し的なたずねる文'(奥田(1984))、'推量確認要求'(田野村(1990))、'伺い型の確認'(森山(1992))、'確認要求'(정(1992))등으로 부른다. (14c)는 말하는 사람이 우위에 있다고 간주되는 경우로'單なる念押しの文'(奥田(1984))、'事實確認要求'(田野村(1990))、'押し付け型の確認'(森山(1992))、'認識要求'(鄭(1992))등으로 부른다. 본 연구는 森山卓郎(1992)를 선행연구의 모델로 소개하고, 한국어의 확인형 종결어미 '지'가 2종류의 확인의 'だろう' 모두와 대응하는 것을 밝히고자 한다. 森山卓郎(1992)는 앞서 말했듯이 'だろう'의 확인용법을 '伺い型の確認'와 '押し付け型の確認'로 2분한다. 다음은 森山卓郎(1992)를 인용한 것이다3).

(14b) こういう記憶はあるだろう？

'伺い型の確認'とは、上のように、聞き手の情報に全面的に依存し、その聞き手の情報によって、正しい情報に導かれることを期待するという意味である。聞き手のいる前で、聞き手が知っていると見なされる情報を'推量'して見せて、当該情報を保持している聞き手から同意を得ようとするという意味である。状況的には、話し手に予想されるべき情報があるものの、聞き手ほど確実でない場合であり、<u>話し手においては推量の意味とも連続する。</u> ただ、単に推量するだけでなく、聞き手に伺うようにして、共通理解へ達しようとする意味である。'だろうね'という形式が可能である。

(14c) ほら、やっぱり彼も来ただろう。

一方、'押し付け型の確認'とは、上のように、話し手が確実な情報を有し

---

3) 단 밑줄은 추가하였음.

ているにもかかわらず、聞き手との情報の有し方に何らかのギャップを感じ
ていて、あえて決着をつけない言い方にして、確認のために聞き手の判断を
待つという意味である。つまり、話し手において当該の情報が正しいと認識
されている一方、相手がまだその認識に至っていないという情報保持関係に
おいて発話され、あえて判断を形成させるようにしむける - つまり確認を押
し付ける - のである。

그럼, 한국어의 확인형 종결어미 '지'가 森山(1992)가 정의한 '伺い型の確認' 押
し付け型の確認'과 각각 어떻게 대응하는지 살펴보기로 한다.

3.2.1. '伺い型確認'의 'だろう'와의 대응관계

각(a)의 일본어 예문은 다른 연구자의 예문을 재인용한 것으로[4] '伺い型の確
認'에 해당하는 것들이다. (a)와 (b)를 대조해 보면, (a)의'伺い型の確認'의 'だろ
う'가 모두 (b)의 '지'와 잘 대응하는 것을 확인할 수 있다.

> (15a) 僕のズボン、かっこいい*だろう*。(宮崎(1993))
>
> (16a) そのビール、なかなかうまい*だろう*。(宮崎(1993))
>
> (17a) 疲れているん*だろう*。(もう寝なさい)　(田野村(1990))
>
> (18a) 昨日の夕方、センター街を彼女と歩いていた*だろう*。(蓮沼昭子(1995))
>
> (19a) 'お酒を飲んで自分の顔が見えない状態で' 私の顔、赤い*だろう*。
>
> 　　(蓮沼昭子(1995))

> (15b) 내 바지, 멋있<u>지</u>.
>
> (16b) 그 맥주, 꽤 맛있<u>지</u>.
>
> (17b) 피곤하<u>지</u>.(그만 자라)
>
> (18b) 어젯밤, 시내를 그녀랑 걷고 있었<u>지</u>.
>
> (19b) '술을 마셔 자신의 얼굴이 안보이는 상태에서' 내 얼굴, 빨갛<u>지</u>.

---

4) 단 밑줄은 추가하였음.

위 여러 (b)예문들의 한국어 대응문은 본 연구자가 작성하였지만, '*だろう*'를 '지'에 대응시킨 것은 자의적인 번역이 아니라, 다른 연구자가 번역문을 만들었다 하더라도, 같은 결과였을 것이다. 각(a)의 '伺い型の確認'의 '*だろう*' 모두에 공통적으로 대응할 수 있는 한국어는 '지' 이외에는 상정하기 힘들기 때문이다.

(15c) 내 바지, 멋있??<u>을 것이다</u>. /??<u>겠지</u>.
(16c) 그 맥주, 꽤 맛있??<u>을 것이다</u>. /??<u>겠지</u>.
(17c) 피곤??할 것이다. /??하겠지.(그만 자라)
(18c) 어젯밤 시내를 그녀랑 걷고 있었??을 것이다. /??겠지.
(19c) (술을 마셔 자신의 얼굴이 안 보이는 상태에서)
　　　 내 얼굴 빨??갈것이다./ ??겠지.

　예를 들어, 위 여러 (b)예문들의 '지'를 'ㄹ것이다' '겠지'로 바꾸면, 위 문맥에서는 (c)와 같이 상당히 부자연스러워진다. 이러한 대응관계는 실제 언어자료에서도 확인할 수 있다. 다음은 소설번역의 실례인데, 伺い型確認의 '*だろう*'와 '지'가 잘 대응하는 것을 보여준다.

(20a) '*ここは景色がいいだろう*'
(20b) "여긴 경치가 좋<u>지</u>?" (幸上)

(21a) '*…受かってたよ*'と永沢さんが言った。
　　　 '*外務省の試験?*'
　　　 '*そう、正式には外務公務員採用一種試験っていうんだけどね、*
　　　 アホみたいだろ?'
　　　 '*おめでとう*'と僕は言って左手をさしだして握手した。(ノ下)

(21b) "붙었더라구"라구 나가사와는 말했다.
　　　 "외무부 시험요?"
　　　 "그래, 정식 명칭은 외무 공무원 채용 1종 시험이라고 하는데,
　　　 멍청한 이름이<u>지</u>?"
　　　 "축하합니다"라고 말하고 나는 왼손을 내밀어 악수를 했다.(노訳김)

(21c) "합격했어"하고 나가사와는 말했다.

"외무성 시험 말입니까?"

"그래, 정식 명칭은 외무공무원 임용 1종시험이라고 하는데, 바
보스럽_지_?"

"축하합니다"라고 말하고 나는 왼손을 내밀어 악수를 청했다.

(노訳이)

(21b)와 (21c)는 각기 번역자가 다름에도 불구하고, 공통으로'だろう'를 '지'로 번역
하였다. 적어도 한 개인의 문체적 취향이 아니라고 말할 수 있겠다.

단 'ㄹ것이다'와 달리 '겠지'는 구성 성분의 일부에 '지'를 내포하기 때문에, 드
물지만 간혹 '伺い型の確認'의 'だろう'에 대응하는 경우가 있다. 다음은 소설 번
역의 실례인데, (22a)의 ,'伺い型の確認'의 'だろう'를 (22b)에서는 '지'로 번역하고,
(22c)에서는 '겠지'로 번역한 것을 알 수 있다.

(22a) 'ラジオ体操はやってもかまわない。そのかわり跳躍のところだけ
はやめてくれよ。あれすごくうるさいから。それでいい_だろ_?'（ノ
上)

(22b) "라디오 체조는 해도 좋아. 그 대신 그 껑충껑충 뛰는 것만은 좀
참아줘.
무척 시끄럽거든. 그러면 됐_지_?"(노訳김)

(22c) "라디오 체조는 해도 좋지만, 대신에 그 도약하는 부분만은 생략
하고.
그건 너무 요란스러우니까. 그렇게 하면 되_겠지_?" (노訳이)

이러한 문맥에서는 '지'와 '겠지' 양쪽 모두 허용되긴 하지만, 둘 사이에는 미묘한
의미차이가 있다고 보인다. 듣는 사람의 정보에 전적으로 의존하여 듣는 사람에게
판단의 결정권을 맡기는 伺い型の確認 'だろう'의 의미 특성은 역시 '지'가 가장 충실히

반영한다고 말할 수 있다. '겠지' 쪽은 추측의 의미가 강하게 남아, 일단 화자 스스로 추측을 하고, 그 추측에 대하여 듣는 사람이 자의적으로 동의할 생각이 있으면 '담화협조의 원리'에 따라 담화에 참가해도 좋다는 정도의 기분을 나타낸다고 볼 수 있겠다. '지'와는 달리 '겠지'의 '겠'이 추측의 형태소로써 작용하고 있기 때문이다. 즉, (22b)의 '지'의 의미는 (22b')에 가깝지만, (22c)의 '겠지'의 의미는 (22c')에 가깝다고 보아야 하겠다.

> (22b') '그렇게 하면 된다'고 너도 생각하지?
> (22c') '그렇게 하면 되겠다'고 나는 생각한다. 넌 어떻지?

'話し手においては推量の意味とも連續する'라는 森山(1992)의 정의대로 '伺い型の確認'에는 '추측'이란 측면도 있다. 이 때문에 주변적이긴 하나 '伺い型の確認'의 'だろう'와 '겠지'가 대응하는 경우도 있는 것 같다. 단, 분명 '伺い型の確認'의 'だろう'가 '추측'의 의미와 연결되는 측면이 있긴 하지만, 'ただ、單に推量するだけでなく、聞き手に伺うようにして、共通理解へ達しようとする'라는 森山(1992)의 정의대로 '확인'의 의미 특성이 가장 강하게 작용한다고 보아야 할 것이다. 최종 판단의 결정권을 청자에게 맡긴다고 하는 '伺い型確認'의 본래 의미는 '지'와 대응할 때 가장 선명하게 반영된다고 볼 수 있다.

3.2.2. '押し付け型確認'의 'だろう'와의 대응관계

아래의 여러 일본어 예문(a)들은 다른 연구자의 것을 재인용한 것인데5), '押し付け型確認'으로 해석되는 것들이다. (a)와 (b)를 대조하면, (a)의 'だろう'가 (b)의 '지'에 잘 대응하는 것을 확인할 수 있다.

> (23a) ほら、彼は来ただろう。 (安達(1991))

---

5) 'でしょう'를 'だろう'로 고치는 등, 일부 수정을 한 것도 있음.

(24a) あそこに郵便ポストが見える*だろう*。 (連沼(1995))

(25a) (地図を前に) ここに消防署がある*だろう*。 (田野村(1990))

(26a) だから言った*だろう*。あいつには気をつけなさいって。(連沼(1995))

(27a) どうだ、珍しい*だろう*。日本にも何枚しかない切手なんだぜ。
　　　(安達(1991))

(23b) 거봐, 그 사람은 왔지.

(24b) 저기 우편함이 보이지.

(25b) (지도를 앞에 두고) 여기 소방서가 있지.

(26b) 그래서 말했었지. 저 녀석은 조심하라고 말이야.

(27b) 어때,신기하지. 일본에도 몇장밖에 없는 우표라구.

　위의 여러 한국어 예문(b)들은 본 연구자가 작성한 것이지만, '*だろう*'를 '지'에 대응시킨 것은 자의적인 번역이 아니며, 다른 연구자가 번역문을 만들었다 하더라도 같은 결과가 됐을 것이다. (a)의 '押し付け型の確認'의 '*だろう*'에 모두 공통적으로 대응할 수 있는 한국어는 '지' 이외에는 상정할 수 없기 때문이다.
　'押し付け型の確認'의 '*だろう*'와 '지'의 대응관계는 실제 언어자료에서도 확인할 수가 있다. 다음은 소설 번역의 실례인데, '*だろう*'와 '지'가 잘 대응하는 것을 확인할 수 있다.

(28a) 兎の船は、ずんずん先に行きながら、
　　　'やあい、どうだ。木の船は、軽くて、早い*だろう*。'
　　　兎が、おくれているどろ船に、手をふってからかいました。(*日韓6巻*)

(28b) 토끼의 배는 죽죽 앞으로 나가면서,
　　　"여봐 어때, 나무배는 가벼워서 빠르지."
　　　토끼가 처지고 있는 진흙배에 손을 흔들면서 놀려댔습니다.
　　　(*日韓6巻*)

(29a) 'ほら、口が固い*だろう*'と三杯目のウィスキ-を飲みながら永沢さ

ん言った。

'この男は一度言わないって決めたら絶対に言わないんだもの'*(노 訳김)*

(29b) "저것 봐, 입이 무겁<u>지</u>"라고 세 잔째 위스키를 마시면서 나가사와
가 말했다.
"이 사내는 한번 말 안 한다고 정하면 절대로 입을 열지 않는
다구"*(노訳이)*

(29c) "저거 보라구, 입이 무겁<u>지</u>?"하고 위스키를 석잔째 들이키며 나가
사와가 말했다.
"이 사나이는 한번 입을 다물면 절대로 말하지 않아." *(ノ下)*

(29a)의 번역문인 (29b)와 (29c)는 각각 번역자가 다름에도 불구하고, 공통으
로 'だろう'를 '지'로 번역하였다. 이 역시 한 개인의 문체적 취향이 아니라고 해
석할 수 있다.

그런데, '押し付け型の確認'의 'だろう'와 한국어 '잖아'가 대응하는 사례도 가
끔 보인다. 다음 역시 소설 번역의 실례이다.

(30a) 'ほら、これだよ、ちゃんとある*だろう*?
'そ、そうだな。たしかにあるな。気がつ、つかなかった' *(ノ上)*

(30b) "이봐, 이거라구. 분명히 있<u>지</u>?"
"그,그래. 정말 있군. 미,미처 깨닫지 못했는데." *(노訳김)*

(30c) "보라구, 이거야 분명히 있<u>잖아</u>?"
"그, 그렇네. 분명히 있어. 미, 미처 몰랐어." (노訳이)

일본어 원문 (30a)와 두 한국어 번역문을 대조해 보면, 'だろう'를 (30b)에서는
'지'로, (30c)에서는 '잖아'로 번역한 것을 확인할 수 있다.

한국어의 '잖아'는 일본어의 'じゃないか'에 대응하는 형식이다. '잖아'와 'じゃないか'는 逐語譯이 가능할 정도로 형태소 하나 하나가 밀접히 대응하고 있다.[6] 둘의 대응관계는 실례에서도 빈번히 발견된다. 예문 (31)은 소설번역의 실례이다.[7] 번역자가 서로 다름에도 불구하고 둘 다 공통으로 'じゃないか'를 '잖아'로 번역하였다.

> (31a) 帰ってきて'ワ、ワタナベ君、どうしたの?すごくきれい<u>じゃないか</u>'
> と言って賞めてくれるのを待った。(ノ上)

> (31b) 돌아와 "와, 와타나베 어떻게 된 거야? 무지하게 깨끗하<u>잖아</u>"하고
> 말하며 칭찬해 주기를 기다렸다.(ノ訳김)

> (31c) 돌아와서 "와아, 와타나베. 어떻게 된거지? 이거 굉장히 깨끗하<u>잖
> 아</u>"라며 칭찬해 주기를 기대하고 있었다.(ノ訳이)

확인표현의 'だろう'와 'じゃないか'의 유사점과 상이점에 관한 몇몇 선행연구들이 있다. 田野村(1990/p71)은 다음 예문을 들어 '押し付け型の確認[8]'의 'だろう'를 'じゃないか'로 대치시킬 수 있는 경우가 상당수 있다고 밝혔다. 이 밖에, 森山(1989a), 安達(1991), 宮崎(1993), 蓮沼(1993), 鄭(1994)등도 'だろう'와 'じゃかいか'의 유사점

---

6) 엄밀히 따지면 '지+않+아'와 'では+ない+か'의 대응관계임.
7) 그 밖에도 다음과 같은 대응 사례가 있었다. '잖아'와 'じゃないか'의 대응은 상당히 빈번하게 발견된다.
　「どこかに深い井戸がある。でもそれが何處にあるかは誰も知らないなんてね。落っこっちゃったらどうしようもない<u>じゃないか</u>」(ノ上)
　"어딘가에 깊은 우물이 있다,그런데 그게 어디 있는지는 아무도 모른다니 말이야. 빠져버리면 어떻게 손 쓸 도리가 없<u>잖아</u>."(ノ譯김)
　"어디엔가 깊은 우물이 있다. 그런데 그것이 어디에 있는지는 아무도 모른다,그렇다면 어쩌다가 그곳에 빠지기라도 하는 날에는 어떻게 할 수도 없고 큰일이 <u>잖아</u>?"(ノ譯이)
　「ワタナベには好きな女の子がいるんだけれど、ある事情があってやれない。だからセックスはセックスと割り切って他で處理するわけだよ。それでかまわない<u>じゃないか</u>。(ノ下)
　"와타나베한테는 좋아하는 여자가 있기는 하지만 무슨 사정이 있어 섹스는 불가능하다. 그래서 섹스는 섹스라고 딱 잘라서 생각하고 다른 데서 처리를 한다. 그것으로 상관 없<u>잖아</u>. (ノ譯이)
8) 田野村는'事實確認要求'이란 용어를 사용한다.

및 상이점을 다루었다.

> (32a) 駅や地下鉄によくいる<u>だろう</u>、ああいう男が。
> (32b) 駅や地下鉄によくいる<u>じゃないか</u>、ああいう男が。

森山卓郎(1989a)는 'だろう'와 'じゃないか'의 의미 차이를 다음과 같이 설명하였다.

> '*だろう*' - *話し手と聞き手が初めから同一意見と見込まれない場合。*
> '*じゃないか*' - *話し手が聞き手と違った意見であるという意味のうえに、さ*
> *らに、話し手のほうが正しいという意味を表す。*

이를 역으로 생각하면, 'だろう'와 'じゃないか'는 적어도 '*初めからは同一意見と見込まれない*'라는 의미를 공유하고 있다고 볼 수 있겠다. '*聞き手との情報の有し方に何らかのギャップを感じていて*'라고 논한 森山(1992)의 '*押し付け型の確認*'의 정의대로, 특히 '押し付け型'의 'だろう'와 'じゃないか'는 의미적으로 겹치는 부분이 상당히 많다. 이렇게 보았을 때, 일본어에서 'だろう'와 'じゃないか'의 의미가 공유되는 부분에, 일본어와 한국어 사이에서는 'だろう'와 '잖아'의 대응하는 것으로 생각할 수 있겠다.

또한, 지적해야 할 사항이 있다. 일본어에서의 'だろう'와 'じゃないか'의 관계와는 달리, 한국어의 '지'는 '잖아', 즉 '지 않아'의 생략형이란 사실이다. '잖아'는 회화체등에서 흔히 쓰이는 음운축약형이고, 본래 형태는 '지 않아'이다. '잖아'는 '지+않+아'라는 3개의 구성 성분로 이루어져 있었는데, 이 중 '지'만을 사용하게 된 것이 '종결 어미화'한 것이다. 그러므로 'だろう'와 '잖아'의 대응관계는 'だろう'와'지'의 대응관계로부터 벗어난 것이 아니다. 오히려, 'だろう'와 '지'의 대응관계의 일부로 보는 것이 타당하며 일관성이 있다.

지금까지 '지'가 2종류의 확인의 'だろう'에 잘 대응하는 것을 확인하였다. 실제 번역 사례를 포함하여 이 정도의 대응 사례가 있음에도 불구하고, 'だろう'와

'지'의 대응관계가 충분히 언급되지 않았던 것은, 추측 서술문의 'だろう'와의 대응관계에만 관심이 집중되어, 확인 용법의 'だろう'와의 대응관계는 관심이 적었기 때문일 것이다. 어떤 의미에서 이번 분석은 일본어의 확인 용법의 'だろう'가 한국어의 확인형 종결어미 '지'와 대응한다는 종래 연구가 관심을 덜 가졌을 뿐이었던 당연한 사실에 대해서 관심을 가진 것에 불과할지도 모른다. 그러나 본래 명제내용의 진위 여부에 대한 말하는 사람 고유의 판단 작용을 나타내는 '명제에 대한 서술태도'이어야 할'だろう'가, 한국어의 '듣는 사람에 대한 서술태도'인 '지'에도 대응하는 것을 밝힌 것은 ,'だろう'가 역시 '대청자 서술태도'와 '대명제 서술태도'의 양쪽에 걸치는 겸용형식이라는 것을 일한 대조분석이란 수단을 통하여 보다 명확히 재조명한 것이 된다. 이런 의미에서는 본 연구의 분석이 나름대로 의의를 갖는다고 말하고 싶다. 'ようだ' 'らしい' 'みたいだ' 등의 '대명제 서술태도'를 나타내는 다른 일본어 추측 형식들이 한국어의 '대청자 서술태도' 형식에 대응하는 경우는 상정하는 것 자체가 힘들 것이다.

그렇다고, 추측의 'だろう'와 확인의 'だろう'가 본질적으로 전혀 다른 별개의 형식이라는 것은 아니다. 이 두 용법은 연속적인 것이며, 본질적으로는 동일한 것이다. 자문자답하듯이 말하는 스스로 답을 찾으려 하는지(추측의 'だろう'), 다른 듣는 사람에게서 그 답을 얻고자 하는지(확인의 'だろう')의 차이에서 비롯된 용법상의 분류에 지나지 않는다. 또한 이렇듯 광범위한 영역을 차지하는 'だろう'의 여러 의미 및 용법에 충분히 대응할 수 있는 형식이 한국어에는 단일 형식으로 존재하지 않을 뿐이다.

단, 한국어에 단일 대응형식이 존재하지 않는 한, 일본어 교육현장에서는(특히, 초급 레벨) 추측의 'だろう'로부터 따로 구별하여, 확인의 'だろう'이 '지'에 대응하는 형식인 것을 학습자들에게 충분히 학습시킬 필요가 있겠다. 종래 한국의 일본어교육에서는 확인의 'だろう'에 관한 교육이 다소 충분치 못했던 점도 있지 않나 싶다.

4. 부정의문문(不定疑問文)의 'だろう'와 'ㄹ까'

1장 3.3.3.에서 'だろう'는 'これは何だろう'와 같은 부정 의문문(不定疑問文)을 만든다고 말했다. 'だろう'는 '誰' 'いつ' 'どこ' 'どう' 'いくら' 등, 거의 모든 否定語(疑問詞)와 자연스럽게 어울려서 부정의문문을 만들 수 있다.

그런데, 언어자료를 조사해 보면, 부정의문문의 'だろう'는 'ㄹ 것이다' '겠지'에는 전혀 대응하지 않는 것을 알 수 있다. 다음은 소설 번역 및 일한 대역문고의 실례이다[9]. 조사 결과, 'だろう'와 'ㄹ까'가 대응하는 것을 확인하였다.

> (33a) 何をして来た男だろう。
>
> (33b) 뭘 하다가 온 남자일까? (日韓 8 卷)

> (34a) ああ!私という女はどこまで不幸せだろう。
>
> (34b) 아! 나란 여자는 얼마나 더 불행해야 하는 걸까! (日韓 1 0 卷)

> (35a) もし俺がここで何かの事故で死んだら、あの女、どう思うだろう。
>
> (35b) 만일 내가 여기서 뭔가 사고로 죽으면 그 여자, 어떻게 생각할까. (日韓 8 卷)

> (36a) 僕は起きあがって窓際に立ち、中庭の国旗掲揚台をしばらくぼおっと眺めていた。

---

9) 그 밖에도 다음과 같은 번역 사례가 있었다.
「桃の中から生まれたから、この子の名前は、桃太郎とつけたらどう だろう。」
「それはいい名前ですね。」
"복숭아 속에서 태어났으니, 이 아이의 이름은 모모타로라고 지으면 어떨까?"
"그거 좋은 이름이군요." (日韓6卷)
「赤ん坊もいるのに、子供を置きっ放して、どういう氣だろう」(幸上)
"간난 아기도 있는데, 아이들을 방치해 두고서 어쩌려는 걸까?"(행)
父の死後、いつからだろう、黎子にとって世界に罅が入ったように感じられたのは。(幸上)
아버지의 죽음 이후 언제부터였을까? 레이꼬에게 있어서 세계에 금이 간 것처럼 생각하게 된 것은. (행)
この暗い大きい家の中に、君がいなかったら、どうして毎日を過ごせただろう。
이 음침하고 커다란 집안에 네가 없었더라면 어떻게 매일을 보낼 수 있었을까?(日韓10卷)

···中略··· 直子は今頃どうしているだろう。(／下)

(36b) 나는 일어나 창가에 서서, 안뜰에 있는 국기게양대를 한동안 멍
청하니 바라보고 있었다. ···中略··· 나오코는 지금쯤 무얼 하고
있을까. *(노訳 김)*

(36c) 나는 일어나 창가로 가서 운동장의 국기게양대를 잠시 멍하니 바
라보았다.
···中略··· 지금쯤 나오코는 무얼하고 있을까. *(노訳 이)*

(29a)의 번역문인 (29b)와 (29c)는 각각 번역자가 다름에도 불구하고, 공통으로 '*だろう*'를 '지'로 번역하였다. 이 역시 적어도 한 개인의 문체적 취향이 아닌 것을 보여준다. 대응 사례가 있음에도 불구하고 '*だろう*'와 'ㄹ까'의 대응관계가 주목받지 못한 것은 이 역시 추측서술문의 '*だろう*'에만 관심이 집중되었기 때문일 것이다.

4.1. 의문종결어미 'ㄹ까'

부정의문문의 '*だろう*'와의 대응관계가 확인된 'ㄹ까'는 한국어의 의문형 종결어미이다. 한국어의 의문형 종결어미에도 명제내용에 대해 의문을 제기하는 것만으로 끝나는 '대명제 서술태도'로써의 성격이 강한 것부터, 적극적으로 듣는 사람에게 대답(정보)를 요구하는 '대청자 서술태도'의 성격이 강한 것까지 다양한 형식이 있는데, 'ㄹ까'는 전자에 속한다고 볼 수 있다.

(37a) 저 사람이 범인이니?

(37b) 저 사람이 범인일까?

예를 들면, '니'로 종결된 (37a)는 듣는 사람에게 적극적으로 대답을 요구하는 '질문문'으로 해석된다. '니'가 '대청자 서술태도' 성향이 강한 의문형 종결어미이

기 때문이다. '니'로 끝나는 질문문은 듣는 상대가 없는 곳에서는 사용하는 것 자체가 허용되지 않는다. 이에 반해, 'ㄹ까'로 끝나는 (37b)는 듣는 사람을 반드시 의식하는 형식이 아니라서, 들어주는 상대가 없는 곳에서도 충분히 사용 가능한 자문자답형인 의문형 종결어미이다. 만약, 다른 듣는 사람이 현장에 있었다 하더라도, 그 듣는 사람에게 적극적으로 대답을 요구하는 의미로는 해석되지 않는다. 단, 현장에 있던 상대가 '담화협조의 원리'에 따라 대답을 자의적으로 제공하는 경우는 충분히 있을 수 있다[10].

4.2. 'だろう'와 'ㄹ까'

여기서의 최종 목적은 'だろう'와 'ㄹ까'의 대응관계를 단순히 보고하는 것이 아니다. 일본어에서는 '추측'형식으로 분류되는 'だろう'가 한국어의 의문형식과 대응하고 있다는 사실을 짚고 넘어가려는 것이다. 일본어의 다른 추측형식들인 'ようだ' 'らしい' 'みたいだ' 등이 한국어의 의문형식과 대응하는 일은 가정할 수 조차 없다. 1장에서 'ようだ' 'らしい' 'みたいだ'는 불확실하나마 결론을 내리는 형식임에 반하여, 'だろう'는 말하는 시점에 아직 결론을 내리지 않고 명제내용의 일부를 의문시하는 형식이라고 정의하였다. 그렇기 때문에 문장내부에 의문사(부정어)를 내포한 부정의문문을 만들 수 있는 것이다. 명제내용에 대해 결론을 내지 않고, 일부를 아직 의문시한다고 하는 'だろう'의 의미 특성이 한국어에 충실히 반영된 것이 'だろう'와 'ㄹ까'의 대응관계이다. 원래 의문형식이 한국어의 의문형 종결어미인 'ㄹ까'와 대응하는 것이라면, 일부러 드러내어 지적할 필요도 없겠지만, 본래 의문형식이 아닌 'だろう'가 한국어의 의문형식에 대응하는

---

10) 단, 높임말인 'ㄹ까요'는 'ㄹ까'와 달리, 적극적으로 듣는 사람에게 대답을 요구하는 질문문으로 해석되는 경우가 많다. 높임말이란 형식이 특정한 상대를 대상으로 말하는 것을 전제로 하여 그 특정 상대에게 예의를 갖추는 형식이기 때문이다. 이는 '~だろうか'에 비해서 '~でしょうか'가 듣는 사람에게 대답을 요구하는 '듣는 사람에 대한 서술태도'의 성향이 더 강한 것과 같은 이치라고 할 수 있다.

사실에는 주의할 필요가 있는 것이 아닐까? 이는 가장 근본적으로는 다른 일본어 추측형식들은 'ようだ' 'みたいだ' 'らしい'와 같이 단순 종지형으로 끝나는데 반하여, 'だろう'만이 'う/よう'의 형태를 취하기 때문으로 보아야 할 것이다.

5. 마무리

'だろう'와 한국어의 대응관계를 표로 정리하면 다음과 같다. 본 연구는 실재적 근거를 반드시 전제로 하지 않는 근거 비전제형추측인 'だろう'와 'ㄹ것이다' '겠지'의 기본적인 대응관계를 재확인한 후에, 다음과 같은 사실을 분석했다.

だろう	명제에 대한 서술태도	推量敍述	ㄹ것이다 겠지
		不定疑問	ㄹ까
	듣는 사람에 대한 서술태도	伺い型の確認	지, (겠지)
		押し付け型の確認	지, (지 않아)

'だろう'는 '명제에 대한 서술태도(추측)'와 '듣는 사람에 대한 서술태도(확인)'의 양쪽에 걸쳐 있는 겸용형식이다. 부정의문문의 'だろう'는 명제내용에 대한 의문을 제기하는 성격이 강했으므로, 본고에서는 '명제에 대한 서술태도'로 분류하였다.

다양한 의미·용법을 갖는 겸용형식인 'だろう'와 한국어의 대응관계는 복잡다양한 양상을 보인다. 종래 대조연구에서는 추측의 'だろう'에 주된 관심이 집중되어, 확인의 'だろう'나 부정의문문의 'だろう'와의 대응관계에 관해서는 큰 관심을 갖지 못했던 것 같다. 본 연구는 확인의 'だろう'와 한국어의 확인형 종결어미 '지'와의 대응관계를 밝혔다. 또한, 부정의문문의 'だろう'와 한국어의 의

문형 종결어미 'ㄹ까'와의 대응관계를 밝혔다. 일본어의 다른 추측형식들인 'よ
うだ' 'らしい' 'みたいだ' 등이 한국어의 확인형 종결어미 '지' 또는 의문형 종결
어미 'ㄹ까'에 대응하는 일은 없을 것이다. 그만큼 'だろう'가 다의성(多義性)이
강한 형식이란 해석이 가능하다. 이 같이 복잡 다양한 양상을 보인 일한 대응
관계는, 말하는 시점에 아직 결론을 내리지 않고 명제내용에 대해 일부 의문을
품고(의문형 종결어미 'ㄹ까'와의 대응관계), 남겨진 결론에 이를 때까지의 프로
세스를 듣는 사람과 함께 하려는(확인형 종결어미 '지'와의 대응관계) 'だろう'의
다의성(多義性)을 충실히 반영했다고 말할 수 있다. 추측 형식인 'ㄹ것이다' '겠
지', 확인형 종결어미 '지', 의문형 종결어미인 'ㄹ까'에 대응하는 'だろう'는 각각
별개의 형식이 아니고, 그만큼 광범위한 다의성을 갖는 단일형식으로 보아야
할 것이다.

10장 | 근거 전제형의 대응관계[*]
-'ようだ' 'らしい'와의 대응관계를 중심으로-

1. 머리말

　일본어 'ようだ' 'らしい'와 한국어 '것 같다' '듯 하다' '가 보다' '모양이다'는 모두 실재적 근거를 전제로 하는 추측의 의미를 나타내는 '근거 전제형' 추측에 속한다. 본 연구는 'ようだ' 'らしい'와 '것 같다' '듯 하다' '모양이다' '가 보다'를 의미적인 측면, 그 중에서도 서술 내용에 대한 말하는 사람의 서술 태도(modality)라는 관점에서 대조 분석하여 그 대응관계를 밝히는 것이 목적이다. 물론, 'ようだ' 'らしい'와 '것 같다' '듯 하다' '모양이다' '가 보다'가 서로 유사한 추측의 의미를 나타내는 것은 부정 할 수 없으나, 여기서는 의미적 유사점보다 상이점에 초점을 맞춘다.

　여기서 특히 중점적으로 다루려는 내용은 'らしい'와 '모양이다' '가 보다'와의 대응관계이다. 종래 한일 대조분석 및 일본어교육에서는 'らしい'와 '듯 하다' 및 '것 같다'의 대응관계가 당연시 되었다. 본 연구는 그 점에 대해 의문을 던지고, 지금까지 경시되었던 'らしい' 와 '모양이다' '가 보다'의 대응관계를 밝히고자 한다.

---

[*] 이 내용은 김동욱(1993) 「'文末表現에서의 'ようだ' 'らしい' 와 '것 같다' '듯 하다' '가 보다' '모양이다' 의 對照研究」『日語日文學研究23』韓國日語日文學會을 수정 보완한 것이다.

다른 주변적인 요인들로부터 불필요한 영향을 최소로 줄인 조건 하에서, 서술 태도의 대응관계를 밝히기 위하여, 두 언어 사이에 어느 정도 동일한 의미가 유지되는 축어역(逐語譯) 문장을 만들어, 거기서 동일한 언어 현상이 생기는지 아닌지를 따지는 방식을 취하기로 한다.

2. 선행연구

'ようだ' 'らしい'와 한국어의 양상술어에 관한 종래 대조연구는 형태론에 치중되어, 의미적인 대응관계를 설명한 선행연구는 찾아보기 힘들었다. 이들 선행연구는 'らしい'와 '듯 하다'의 대응관계를 인정하고 있다.

안병곤(1982)은 다음 예문에 근거하여 "연용형, 종지형, 연체형의 용례와 한국어와의 대응관계를 보면, 推量の助動詞 'らしい' = 推測補助形容詞 '듯 하다'와 같이 완전한 대응관계를 이루고 있는 것을 알 수 있다."고 논하고 있다.

1) お父さんが帰ってくるらしい。(終止形) 아버지가 돌아오시는듯 하다.
2) 雨が降るらしくなかったのに。(聯用形) 비가 내릴 듯하지 않았는데.
3) 彼が旅行するらしい話を聞いた。(聯体形) 그가 여행하는 듯한 말을 들었다.

그 밖에, 김수웅(1985)도 "'らしい' 와 '듯 하다'는 완전한 대응관계를 이루고 있다."고 논하고 있다.

물론 'らしい'와 '듯 하다'는 양쪽 모두 연용형, 연체형, 종지형을 갖는다. 따라서, 형태론적인 측면에서는 '완전한 대응관계'가 인정된다는 주장이 틀린 것은 아니다. 반면에, '모양이다' '가 보다'는 연용형, 연체형이 없어서 문장 끝(文末)에 밖에 쓰이지 못하는 등, 형태론적인 측면에서 'らしい'에 충분히 대응하지 못하는 부분이 있다.

그런데, 과연 'らしい'와 '듯 하다'가 의미적인 면에서도 '완전한 대응관계'를 이루고 있을까? 이에 대하여 다음과 같은 기본 입장에 준하여 이들 형식이 갖는 서술태도, 즉 서술내용에 대한 말하는 사람의 심리적인 태도가 서로 상이함을 논함으로써, 'らしい'가 나타내는 추측의 의미와 '듯 하다' 및 '것 같다'가 나타내는 추측의 의미가 서로 상이함을 밝히고자 한다. 동시에 'らしい'와 '모양이다' '가 보다'가 의미적으로 대응하는 것을 밝힌다.

3. 기본 입장

'ようだ' 'らしい'와 '것 같다' '듯 하다' '가 보다' '모양이다'는 명제내용에 대하여 말하는 사람의 서술태도를 나타내는 형식이므로, 그 의미 차이도 말하는 사람의 서술태도의 표출 방식의 차이에 초점을 맞추어 설명하기로 하겠다. 우선 말하는 사람이 판단에 대하여 주인된 입장을 취하는지 아닌지에 초점을 맞추어 '주체 추측'과 '객체 추측'으로 나누기로 한다.

- 주체 추측
  말하는 사람이 자신의 판단에 대하여 주체적인 태도, 즉 판단의 주체가 자신임을 드러내는 태도를 취하는 추측 형식.

- 객체 추측
  말하는 사람이 자신의 판단에 대하여 객체적인, 즉 제삼자적인 태도를 취하는 추측 형식. 마치 판단의 주체가 말한 사람 이외의 다른 제삼자인 것 같은 태도를 취한다.

이러한 기본 입장에서 'ようだ'와 '것 같다' '듯 하다'는 주체 추측으로서, 'らしい'와 '모양이다' '가 보다'는 객체 추측으로서 서로 대응됨을 밝히고자 한다.

4. '私が思うには/내가 생각하기에는' 테스트[1]

위에서 말한 기본 입장을 간단히 확인하기 위하여, 말한 사람 자신이 판단 주체인 것을 강조하는 '私が思うには / 내가 생각하기에는'과의 어느 정도 자연스럽게 어울리는지를 테스트하겠다.

> (4a) 私が思うには、あの人が犯人のようだ。
> (4b) 내가 생각하기에는, 저 사람이 범인인 것 같다.
> (4c) 내가 생각하기에는, 저 사람이 범인인 듯 하다.
>
> (5a) 私が思うには、彼は去年の学会には参加していなかったようだ。
> (5b) 내가 생각하기에는, 그는 작년 학회에는 참석하지 않았던 것 같다.
> (5c) 내가 생각하기에는, 그는 작년 학회에는 참석하지 않았던 듯 하다.
>
> (4d) ??私が思うには、あの人が犯人らしい。
> (4e) ??내가 생각하기에는, 저 사람이 범인인모양이다.
> (4f) ??내가 생각하기에는, 저 사람이 범인인가 보다.
>
> (5d) ??私が思うには、彼は去年の学会には参加していなかったらしい。
> (5e) ??내가 생각하기에는, 그는 작년 학회에는 참석하지 않았던 모양이다.
> (5f) ??내가 생각하기에는, 그는 작년 학회에는 참석하지 않았던가 보다.

위 예문들을 보면, '私が思うには/내가 생각하기에는'과 'ようだ' '것 같다' '듯 하다'는 한 문장 안에서 자연스럽게 어울리는데 반하여, 'らしい' '모양이다' '가 보다'는 부자연스러운 것을 알 수 있다. 이는 말하는 사람 자신이 판단 주체인 것을 강조하는 '私が思うには / 내가 생각하기에는' 과 자신의 추측 판단에 대해

---

1) このテストは森山(1989)の'思うに' テストから着想を得た。ただし、森山(1989)は'思うに' テストを狀況把握(從來の추측)と情報把握(從來の傳聞)を見分ける手段として提案している。だが、本稿では主體추측と客體추측を見分ける手段として位置づけることにする。また、'思うに'の主語は、日本語では通常１人稱の單數として解釋されるが、非母語話者の理解を助けるため、主語が１人稱であることを文の中に明示しておいた。

제삼자적인 태도를 취하는 'らしい' '모양이다' '가 보다'의 객체추측의 특성이 서로 모순되기 때문에 생기는 것이다. 그 밖에도 말하는 사람 자신이 판단 주체인 것을 강조하는 '私の判断では / 내 판단으로는' '私の考えでは / 내 생각으로는' 등과도 한 문장 안에 놓아보면 'ようだ' '것 같다' '듯 하다'는 자연스럽게 어울리는데 반하여, 'らしい' '모양이다' '가 보다'는 부자연스러운 것을 알 수 있다.

이런 점은 실제 번역 사례에서도 확인할 수 있다. (6a)의 'ようだ'를 (6b)에서는 '것 같다'로, (6c)에서는 '듯 하다'로 번역하였다.

> (6a) 私の個人的な感情を言えば、緑さんというのはなかなか素敵な女の子の<u>ようです</u>ね。（ノ下）
>
> (6b) 나의 개인적인 감정을 말하면, 미도리는 매우 멋진 여자인 <u>것 같아요</u>. （노訳이）
>
> (6c) 나의 개인적인 감정을 말하자면, 미도리씨라는 여학생 상당히 매력 있는 여자인 <u>듯 하군요</u>. （노訳김）

단순히 번역 사례가 있었기 때문에, 'ようだ'와 '것 같다' '듯 하다'의 대응관계가 인정된다고 주장하려는 것이 아니다. 논점은 위 예문들의 '것 같다' '듯 하다'를 '가 보다' '모양이다'로 바꿀 수 없다는 점에 있다. "私の個人的な感情を言えば" "나의 개인적인 감정을 말하면" "나의 개인적인 감정을 말하자면"이라고, 문장 앞부분에서는 적극적으로 주체적 태도를 보여 놓고서, 문장 뒷부분에서는 소극적으로 객체적 태도를 취하는 추측 형식인 'らしい'를 사용하는 것이 짧은 한 문장 안에서 서로 모순된다는 것이다.

5. 주체 추측과 객체 추측

이들 '근거 전제형' 추측 형식들의 판단 근거를 편의상 3종류로 나누어, 어느 경우라도 'ようだ' '것 같다' '듯 하다'는 '주체 추측'의 의미를, 'らしい' '가 보다'

'모양이다'는 '객체 추측'의 의미를 나타낸다는 점을 밝힌다. 판단 근거를 3종류로 나누는 목적은 '주체 추측' '객체 추측'의 의미가 구체적 상황 설정 하에서 어떻게 반영되는가를 살펴보려는 것이다.

• 간접 정보

신문, 방송, 활자나 타인의 이야기 등의 물리적 매개체를 통하여 외부 세계로부터 간접적으로 얻은 정보.

• 직접 정보

시각, 청각, 촉각 등 말하는 사람 자신의 인지기능을 통하여 외부 세계로부터 직접 얻은 정보.

• 내재 정보

기억, 감정, 직감 등 본래부터 말하는 사람 자신에게 내재된 정보. 말하는 사람이 어떠한 형태로든 다른 사람에게 드러내지 않는 한, 말하는 사람 자신 밖에는 파악이 안 된다는 특성이 있다. 이 점이 누구든지 접촉할 수 있는 외부 세계의 '직접 정보' '간접 정보'와는 다르다.

5.1. 간접 정보

(7a) 外信報道を*総合・分析する*と、ソ聯のク-デタ-は失敗の可能性が高いようだ。

(8a) 警察が提供した資料を*考慮に入れて推測する*と、犯人は現在逃走中のようだ。

(9a) 両方の陳述を*比較・検討する*と、そのどちらかが一方的に惡かったとも言えないようだ。

(7b) 外信報道を*総合・分析する*と、ソ聯のク-デタ-は失敗の可能性が高いらしい。

(8b) 警察が提供した資料を*考慮に入れて推測する*と、犯人は現在逃走

中らしい

(9b) 両方の陳述を*比較・検討する*と、そのどちらかが一方的に惡かっ
    たとも言えないらしい。

　(7a)와 (7b)를 비교하면, (7a)의 'ようだ'는 '외신 보도'라는 간접 정보를 판단
근거로 삼아서 '종합분석'이란 최종 판단을 내린 판단 주체가 말한 사람 자신임
을 명확히 나타내는데 반하여, (7b)의 'らしい'는 '종합분석'이란 최종 판단의 주
체는 말한 사람 이외의 다른 사람이고, 말한 사람은 거기에 제삼자인 것 같은
태도로 동의하는 정도의 의미를 나타내고 있다. (8a)(9a)와 (8b)(9b)를 비교해도,
'ようだ'는 밑줄 친 부분의 최종 판단들(考慮にいれて推測/比較検討)에 대하여 판
단 주체로서의 태도를 나타내는데 반하여, 'らしい'는 이들 최종 판단에 대하여
제삼자적인 태도를 취하는 것을 확인 수 있다. 이러한 의미 특성을 보이는 한
국어는 각각 어떤 형식인지 살펴보자.

(7c) 외신보도를 *종합 분석하건데*, 소련의 쿠데타는 실패 가능성이 높
    은 것 같다. /듯 하다.

(7d) 외신보도를 *종합 분석하건데*, 소련의 쿠데타는 실패 가능성이 높
    은 모양이다. /가 보다.

　위 예문을 비교하면, '것 같다' '듯 하다'는 '외신보도'라는 간접 정보를 판단
근거로 삼아서 '종합분석'이란 최종 판단을 내린 판단 주체가 말한 사람 자신인
것을 나타내는데 반하여, '모양이다' '가 보다'는 최종 판단의 주체는 말한 사람
이외의 타인이고, 말한 사람은 제삼자 같은 태도를 취하는 것을 알 수 있다.
　아래 예문에서도 밑줄 친 최종 판단에 대하여 '것 같다' '듯 하다'는 판단 주
체로서의 태도를, '모양이다' '가 보다'는 제삼자적인 태도를 취하는 것을 알 수
있다. 'ようだ'와 '것 같다' '듯 하다'의 대응관계, 'らしい'와 '모양이다' '가 보다'의
대응관계가 인정된다.

(8c) 경찰이 제공한 정보를 바탕으로 *추측하건데*, 범인은 현재 도망중
인 것 같다. /듯 하다.

(8d) 경찰이 제공한 정보를 바탕으로 *추측하건데*, 범인은 현재 도망중
인 모양이다. /가 보다.

(9c) 양쪽 진술을 *비교하건데*, 그 어느 쪽이 일방적으로 나빴다고도 말
할 수 없는 것 같다. /듯 하다.

(9d) 양쪽 진술을 *비교하건데*, 그 어느 쪽이 일방적으로 나빴다고도 말
할 수 없는 모양이다. /가 보다.

5.1.1. 전문(傳聞)과 유사한 'らしい'와의 대응관계

간접적으로 얻어진 정보를 정보 그대로의 형태로 듣는 사람에게 전하는 형식
을 '전문(伝聞)', 말하는 사람의 판단을 거친 후에 전하는 형식을 '추측'이라고 정
의하면, 'らしい'는 장면에 따라서는 '전문'에 매우 가까운 의미를 나타내는 경우
가 있다.

(10a) 新聞で読んだけど、殺人事件の犯人がとうとう捕まったらしい。

(11a) ラジオの道路情報で聞いたが, 高速道路がすごく混んでいるらしい。

위의 예문들은 정보를 정보 그 자체로 전달하고 있는지, 아니면 말하는 사람
의 판단을 거친 후 전달하고 있는지 극히 애매한데, 이는 말하는 사람이 판단
을 하긴 하지만 자신의 판단에 대하여 마치 제삼자인 것 같은 태도를 취하는
'らしい' 의 객체 추측의 특성에서 비롯된 것이다. 그럼, 이러한 'らしい'의 특성
에 잘 대응하는 한국어는 무엇인자 살펴보자.

(10b) 신문에서 읽었는데, 살인사건의 범인이 드디어 잡혔는가 봐요.
                                        /잡힌 모양이에요.

(11b) 라디오 교통정보에서 들었는데, 고속도로가 심하게 붐비고 있는
가 봐요. /모양이에요.

위 예문의 '가 보다' '모양이다'는 'らしい'와 마찬가지로 정보를 그냥 정보 그 자체
로 전달하는지, 말하는 사람의 판단을 거쳐서 전달하는지가 극히 애매하다. 위 예문
들과 비교하면, 상대적으로 아래의 '것 같다' '듯하다' 문장들은 정보를 정보 그 자체
로 전달하는 것 같은 어감이 비교적 줄어든다고 느껴진다.

(10c) 신문에서 읽었는데, 살인사건의 범인이 드디어 잡힌 것 같아요.
/듯 해요.

(11c) 라디오 교통정보에서 들었는데, 고속도로가 심하게 붐비고 있는
것 같아요. /듯 해요.

5.1.2. 소설 번역의 실례

장면에 따라서 '전문(伝聞)'에 극히 유사한 의미를 나타내는 객체 추측의 특성
때문에, 소설 등의 실제 번역 사례에서도 'らしい'를 한국어 전문 형식으로 번
역하고, '모양이다' '가 보다'를 일본어의 전문 형식으로 번역하는 경우가 적지
않다. 그 실례를 참고자료로 제시한다.

(12a) さいわい間借りしていたところのおかみさんが親切で、赤ん坊に
湯もつかわしてくれたりした*らしいんですがね*(A)、あの日はお祭
で、続けて行っていた道路工事が休みだった*そうですよ*(B)。暑い
日でね、赤ん坊に泣かれて、いいかげんくだびれていた。ええ
い、赤ん坊なんかおいて泳ぎにいけとばかり、家を飛び出した*ら
しいんです*(C)。*(氷)*

(12b) 다행히 세든 집 주인 아주머니가 친절하게 아기에게 목욕도 시
켜 주*고 했대요*(A).

그 날은 축제일이라 계속 다니던 도로공사도 쉬게 되었*나 봐요*
(B). 무더운 날인데다가 아기는 울며 보채지요, 지칠 대로 지쳐
있었어요. 그는 에라 모르겠다하고 아기는 팽개쳐 둔 채 수영이
나 하러 갈 셈으로 집을 뛰쳐 나왔*나 봐요*(C). *(빙訳최)*

위 예문들의 밑줄 부분에 주목하자. 일본어 객체 추측인 '*らしいんですがね*(A)'를 한국어 전문 형식인 '*고 했대요*(A)'라고 번역하고, 일본어 전문 형식인 '*そうですよ*(B)'를 한국어 객체 추측인 '*나 봐요*(B)'로 번역하고, 일본어 객체 추측인 '*らしいんです*(C)'를 한국어 객체 추측인 '*나 봐요*(C)'로 번역하였다. 그렇다고 이러한 번역이 잘못되었다는 것이 아니다. 전문 형식으로 오해되더라도 이상하지 않을 만큼, 자신의 판단이면서도 마치 제삼자 같은 태도를 취하는 '객체 추측'의 의미 특성이 이렇게 번역된 원인이라는 것이다. 그러한 의미에서 오히려 이러한 번역 사례는 '*らしい*'와 '가 보다' '모양이다'가 객체 추측으로 서로 밀접하게 대응하는 것을 증명하는 적절한 증거 자료로 볼 수 있겠다.

(13a) 'お父さまのお茶会の日ですって。お師匠さんからうかがいました
わ。'
'そうなんだ*そうです*。僕はそんなこと、すっかり忘れています
し、考えてもいないんですが' *(千)*

(13b) '아버님 다회일이라면서요? 선생님한테 들었어요.'
'그런*가 보지요*. 저는 그런 일은 완전히 잊어 버렸고, 생각도 하
지 않고 있는데요.' *(천訳유)*

(13c) '아버님의 다회날이라면서요? 선생님으로부터 들었어요. '
'그런가 보지요. 저는 그런 일 전혀 잊어버리고 생각도 않고 있
는데요.' (천訳이)

위 예문들에서도 밑줄 친 일본어 전문 형식인 '*そうです*'를 두 번역가 모두 공통적으로 한국어 객체 추측 형식인 '*가 보지요*'로 번역하였다. 이것은 우연이

아니라, 자신의 판단에 대하여 마치 남 이야기하듯 심리적 거리를 두는 '객체 추측'의 의미 특성이 때로는 전문(傳聞) 형식으로 혼동될 수도 있다는 것이다. '가 보다'를 자신의 판단을 더하지 않고 정보를 정보 그 자체로 전달하는 전문 형식으로 번역하면서도, 두 번역가 공통으로 심리적인 부담을 느끼지 않을 만큼, 객체 추측'이 자신의 판단을 전면에 내세우지 않는 형식이라는 것이다. 적어도 어느 한 개인의 문체적 취향 때문은 아니라는 이야기이다.

그렇다고 'らしい' '가 보다' '모양이다'가 '객체 추측'과 '전문(傳聞)' 형식을 겸하는 겸용 형식이라는 이야기도 아니다. 전문으로 혼동되더라도 이상하지 않을 의미 특성을 'らしい' '가 보다' '모양이다'가 공유하고, 그러한 점이 다름 아닌 '객체 추측'의 의미 특성이라는 것이다. 보다 상세한 내용은 3장 6.1 및 6장 5.1.2을 참조 바란다.

5.2. 직접 정보

(14a) こっちのケ-キのほうがおいしいようだ。
                    /らしい。

(15a) 韓国車が日本車より加速が速いようだ。
                    /らしい。

판단 근거가 직접 정보인 경우, 위 예문들과 같이 그 사실을 명시하지 않을 경우는 'ようだ' 'らしい' 양쪽 모두 자연스럽지만, 아래 예문의 밑줄 친 부분들과 같이 그 사실을 명시한 경우는 'ようだ'는 그대로 자연스럽지만 'らしい'는 부자연스러워진다.

(14b) *僕は二つのケ-キを食べてみたけど*、こっちのケ。キのほうがおい
      しいようだ。 /?らしい。

(15b) *僕は両方とも乗ってみたが*、韓国車が日本車より加速が速いよう

だ。/?らしい。

　판단 근거를 어떠한 매개체도 안 거치고, 말하는 사람 자신이 직접 얻었다는 것을 명시하여 주체적인 태도를 표명해 놓고서, 그를 근거로 삼은 판단에 대해서는 'らしい'을 사용하여 제삼자적인 태도를 취하는 것이 서로 모순되기 때문이다. 짧은 한 문장 안에서 주체적 태도와 객체적 태도가 충돌을 일으키는 것이다. 그럼, 한국어에서는 어떤 추측 형식이 이러한 현상을 보이는지를 확인하자.

> (14c) 이 쪽 케익이 더 맛있는 것 같다.
> 　　　/듯 하다.
> 　　　/모양이다.
> 　　　/가 보다.

> (15c) 한국차가 일본차보다 가속이 빠른 것 같다.
> 　　　/듯 하다.
> 　　　/모양이다.
> 　　　/가 보다.

　판단 근거가 직접 정보인 경우, 위 예들처럼 그 사실을 명시하지 않으면, '것 같다' '듯 하다' '모양이다' '가 보다' 모두 자연스럽다. 그런데, 아래 예문들과 같이 그 사실을 명시하면, '것 같다' '듯 하다'는 그대로 자연스러운데 반하여, '모양이다' '가 보다'는 부자연스러워진다.

> (14d) 난 양쪽 케익을 먹어 봤는데, 이 쪽 케익이 더 맛있는 것 같다.
> 　　　　　　　　　　　　　　　　　　　　　/듯 하다.

> (15d) 난 양쪽 다 타 봤는데, 한국차가 일본차보다 가속이 빠른 것 같다.
> 　　　　　　　　　　　　　　　　　　　　　/듯 하다.

> (14e) 난 양쪽 케익을 먹어 봤는데, 이 쪽 케익이 더 맛있는 ??모양이다.

/??가 보다.

(15e) 난 양쪽 다 타 봤는데, 한국차가 일본차보다 가속이 빠른 ??모양
이다. /??가 보다.

판단 근거를 말하는 사람 자신이 직접 얻었음을 명시한 주체적인 태도와 '것
같다' '듯 하다'는 잘 호응한다. 반면에 최종 판단에 대하여 제삼자적인 태도를
취하는 '모양이다' '가 보다'의 객체 추측의 소극성은 충돌을 일으키는 것이다.
'ようだ'와 '것 같다' '듯 하다', 'らしい'와 '모양이다' '가 보다'의 대응관계가 인정
된다.

그렇다고 판단 근거가 직접 근거인 경우는 객체추측 형식들을 사용할 수 없
다는 것은 아니다. 그런 경우라도 (14a) (15a), (14c) (15c)와 같이 굳이 그걸 명
시하지만 않으면 얼마든지 사용 가능하다.

5.3. 내재 정보

(16a) なんとなく彼女のことがだんだん好きになっていくようだ。
(17a) 今の話は以前にも聞いたことがあるようだ。

'ようだ'가 쓰인 위 예문들의 생략된 주어, 즉 '그녀가 점점 좋아지고 있는 사
람' '지금 이야기를 이전에도 들은 적이 있는 사람'은 대개 말하는 사람 자신으
로 해석된다. 그런데, 'ようだ'만 'らしい'로 바꾸면, 주어(주체)가 뒤바뀌는 반전
현상이 일어난다. 즉, 'らしい'가 쓰인 아래 예문에서 '그녀가 점점 좋아지고 있
는 사람' '지금 이야기를 이전에도 들은 적이 있는 사람'은 대개의 경우 말하는
사람 이외의 제삼자라고 해석하는 것이 보통이다.

(16b) なんとなく彼女のことがだんだん好きになっていくらしい。
(17b) 今の話は以前にも聞いたことがあるらしい。

감정, 기억, 직감 등 '내재 정보'는 어떠한 형태로든 말하는 사람이 다른 사람에게 알리지 않는 한, 말하는 사람 자신 밖에 모른다는 특성이 있다. 그렇게 말하는 사람에게 밀착된 정보를 근거로 한 판단에 대하여 심리적 거리를 두고 남이야기 하듯이 말 하면, 정말 남 이야기처럼 들리는 것이다. 즉, '내재 정보'의 의미 특성과 '객체 추측'의 의미 특성이 서로 충돌을 일으키면서, 일종의 착각이라고나 할 만한 주체와 객체의 반전 현상이 생기는 것이다. 그럼, 한국어에서는 어떠한 경우에 이러한 반전 현상이 일어나는지 살펴보자.

(16c) 왠지 그녀가 점점 좋아지는 것 같다.
/듯 하다.

(17c) 지금 이야기는 이전에도 들은 적이 있는 것 같다.
/듯 하다.

'것 같다' '듯 하다'가 사용된 위 예문들에서 주어(주체)는 대개 말하는 사람 자신으로 해석된다. 그런데 '것 같다' '듯 하다'만 다음 예문들과 같이 '가 보다' '모양이다'로 바꾸면, 주체와 객체가 뒤바뀌는 반전 현상이 일어난다. 즉 '그녀가 점점 좋아지고 있는 사람' '지금 이야기를 이전에도 들은 적이 있는 사람'이 말한 사람 자신으로 해석되었는데, 말한 사람 이외의 제삼자로 해석되게 뒤바뀐 것이다.

(16d) 왠지 그녀가 점점 좋아지는 모양 이다.
/가 보다.

(17d) 지금 이야기는 이전에도 들은 적이 있는 모양이다.
/가 보다.

'ようだ' → 'らしい'에서 일어났던 반전 현상이 '것 같다' '듯 하다' → '가 보다' '모양이다'에서 동일하게 발생하였으므로, 결과적으로 'ようだ'와 '것 같다' '듯 하

다'의 대응관계, '6しい'와 '가 보다' '모양이다'의 대응관계가 인정되었다고 볼
수 있겠다.

그러나 '내재 정보'를 판단 근거로 삼은 경우는 '객체 추측'이 부적절하다는
것은 아니다. 예를 들어 "난 딸이 결혼하는 게 기쁜가 보다./모양이다." 등과 같
이 말하는 사람이 자신의 기분을 제삼자적으로 표현해도 무방하다. 다만 그 경
우라도 자기 판단을 말한다기보다, 판단 주체인 자신을 판단 대상이기도 한 자
신으로부터 분리하여 심리적 거리를 두고, 거의 남 이야기하듯 말하는 인상을
주게 될 것이다.

6. 판단 책임성의 대응관계

주체 추측은 말하는 사람 고유의 판단이란 의식이 있고, 판단의 최종 책임이
말하는 사람에게 있는 것을 암묵적 인정하는 태도를 취한다. 반면에, 객체 추측
은 말하는 사람 고유의 판단이란 의식이 없고, 판단의 최종 책임이 말하는 사
람에게 없다는 것을 은근히 내비치는 태도를 취한다. '주체 추측'과 '객체 추측'
사이에는 판단의 책임감 표명에서 차이가 드러나는 것인데, 이런 기준에서 일
한 양국어의 추측 형식이 어떻게 대응하는지 확인하기로 하겠다.

> (18a) 操作を間違って機械が壊してしまったようです。
> (18b) 操作を間違って機械が壊れてしまったらしいです。

조작을 잘못해서 기계를 고장낸 장본인이라면, 죄송한 마음을 담아서 말해야
할 터인데, (18b)와 같이 '6しい'를 사용한다면, 기계를 고장낸 장본인 치고는
무책임하게 느껴질 것이다. 기계를 고장낸 사람이 마치 말하는 사람이 아닌 다
른 사람인 것 같은 인상을 줄 우려조차 있을 수 있을 것이다. 그럼 한국어에서
는 어떤 형식이 이러한 객체 추측의 의미 특성을 동일하게 나타내는지 대응관

계를 확인하기로 하자.

    (18c) 조작을 잘못해서 기계를 고장 낸 것 같습니다.
                           /듯 합니다.

    (18d) 조작을 잘못해서 기계를 고장 냈는가 봅니다.
                           /모양입니다.

  (18c)에 비하여, '가 보다' '모양이다'를 사용한 (18d)에서 (18b)와 같은 무책임한 어감이 느껴지는 것을 확인할 수 있다.

    (19a) (大蔵大臣が)
        今回の証券不祥事は、大株主からの働きかけもその一因であっ
        たようです。

    (20a) (工事責任者が)
        この工事を今月末頃まで終えるのはどうも無理のようだ。

  직업적인 입장으로 보아서 위 문장들을 말하는 사람은 책임 있는 발언이 요구된다. 주체 추측의 'ようだ'는 이러한 문맥과 그런대로 잘 호응한다. 그러나 위 예문과 같이 'ようだ'를 객체 추측의 'らしい'로 바꾸면, 말하는 사람 자신이 책임을 지지 않으면 안 될 판단에 대해서 무책임한 발언을 하는 인상을 남기게 될 것이다.

    (19b) (大蔵大臣が)
        今回の証券不祥事は、大株主からの働きかけもその一因であっ
        たらしいです。

    (20b) (工事責任者が)
        この工事を今月末頃まで終えるのはどうも無理らしい。

그럼 한국어에서는 어떤 형식이 책임감 표명에서 이와 대응하는지 살펴보기
로 하자.

    (19c) (재무부장관이)
        이번 증권비리는 대주주들로부터의 압력도 그 한 원인이었던 것
        같습니다. /듯 합니다.
    (20c) (공사 책임자가)
        이 공사를 요번달 말까지 끝내는 건 아무래도 무리인 것 같습니다
                              /듯 합니다.

'것 같다' '듯 하다'를 사용한 위 예문에 비하여, '가 보다' '모양이다'를 사용한
아래 예문들에서 판단의 최종 책임이 말하는 사람에게 없다는 것을 은근히 내
비치는 태도가 상대적으로 강하게 느껴진다. 'らしい'와 '가 보다' '모양이다'의
객체 추측으로서의 대응관계가 인정된다고 볼 수 있겠다.

    (19d) (재무부장관이)
        이번 증권비리는 대주주들로부터의 압력도 그 한 원인이었던가
        봅니다. /모양입니다.

    (20d) (공사 책임자가)
        이 공사를 요번달말까지 끝내는 건 아무래도 무리인가 봅니다
                              /모양입니다.

7. 'ようだ'와 '것 같다' '듯 하다', 'らしい'와 '가 보다' '모양이다'

지금까지 'ようだ'와 '것 같다' '듯 하다'가 주체 추측으로서, 'らしい'와 '가 보
다' '모양이다'가 객체 추측으로서 대응관계가 인정되는 것을 설명하였다. 그런

데 이 대응관계는 일본어 한 형식에 한국어 두 형식이 대응하는 1대2 대응관계
이다. 끝으로 이 점에 관하여 조금 더 구체적으로 살펴보기로 하겠다.

7.1. 'ようだ'와 '것 같다' '듯 하다'의 1대2 대응관계

'것 같다'는 '가정적 동일성', '듯 하다'는 '가정적 유사성'을 구성 성분의 어원
으로 하기 때문에, '것 같다'가 '듯 하다'에 비하여 보다 확신의 정도가 강하다.
이 점에 관하여는 6장의 7.1에서 상세히 다루었으므로 상세한 내용은 해당 부
분을 참고하기로 하고, 여기서는 일한 대응관계만 살펴보기로 하겠다.

> (21a) '昨日の会議にお出かけになりましたか'
> 'ええ'
> '山田君は出席していましたか'
> 'ええ、来ていた<u>よう</u>ですよ。 受付で見かけました'

> (21b) '어제 회의에 나가셨습니까?'
> '예'
>
> '야마다씨는 출석했습니까?'
> '예, 왔던 <u>것 같습니다</u>. 창구에서 봤습니다.'
> '예, 왔던 ?<u>듯 합니다</u>. 창구에서 봤습니다.'

위 예문의 'ようだ' '것 같다' 문장은 이른바 '완곡한 단정'인데, '추측'과는 성격
이 좀 다르다. '추측'은 판단 자체가 불확실하기 때문에, 불확실한 판단을 불확
실하게 표현하는 것이다. 한편, '완곡한 단정'은 말하는 사람에게 확실한 판단이
있는데도 불구하고, 그것을 마치 불확실한 것처럼 표현하는 것이다. '것 같다'의
'가정적 동일성'은 'ようだ'의 '완곡한 단정'에도 대응할 수 있지만, '듯 하다'의
'가정적 유사성'은 이에 못 미치는 경우가 많다.

이러한 경향은 소설 번역의 실례에서도 확인할 수 있다. 아래 예문들의 'よう
だ'에 대응하는 '것 같다'를 '듯 하다'로 바꾸면 다소 부자연스러워진다. 이들 예
문들이 일정 이상의 확신도가 요구될 정도로 이미 문맥정보들을 상당히 구체적
으로 제시해 놓았기 때문이다. 또한 추측 형식과 단정 형식을 교대로 사용하고
있는 것도 '완곡한 단정'에 해당하는 특성이라고 볼 수 있겠다.

(22a) 時計台のまわりには、もう長く待っている人はいませんな。グ
リーンのスーツの奥さんにも待ち人がやってきた<u>ようだ</u>し。私の
待っている人だけが依然として現われない……

(22b) 시계탑 주위에는 이제 오래 기다리고 있는 사람은 없군요. 녹색
슈트를 입은 부인에게도 기다리는 사람이 온 <u>것 같고</u>. 내가 기다
리는 사람만 여전히 안 나타난다…
　　　〈日韓 8 巻p80〉

(23a) 最後だなんておしゃってはいけませんわ。
元気づけてくれる気持ちはありがたいが、もうそう長くないこと
は、わたしもよく知っているよ。
でも……
といいかけたが、看護婦はあとどう答えていいかわからず、言葉
をにごした。
困らせてしまった<u>ようだな</u>.　そんなつもりではなかったのだが。
しかし、<u>正直なところ、私は十分に人生を楽しみ、けっこう長生
きをした。もはや、思い残すこともないのだよ。……'

(23b) 마지막이라든지 하는 말씀을 하시면 안되요.
기력을 북돋워주는 마음은 고맙지만, 이제 그렇게 길지 않다는
것은 나도 잘 알고 있어.
하지만……
하고 말을 꺼냈으나 간호사는 다음을 어떻게 대답해야 좋을지

몰라서 말을 얼버무렸다.

곤란하게 만들어 버린 <u>것 같군</u>. 그럴 생각은 없었는데. 그러나 솔직히 말하면, 나는 충분히 인생을 즐기고 꽤 오래 살았어. 이제 미련이 남을 일도 없어요…

〈日韓 9 巻 p 8〉

(24a) もう庭は寒い<u>ようだわね</u>。ごらん、台風のおかげで下枯れになっ た木の下枝から、まだ落葉の時期でもないのにあんなに葉が落ち てくる。

(24b) 벌써 정원은 추운 <u>것 같구나</u>. 봐라, 태풍 탓에 시들어 버린 나무 의 밑가지에서 아직 낙엽질 시기도 아닌데도 이렇게 낙엽이 떨 어진다. 〈日韓 9 巻 p 8〉

또한, 다음 예문과 같이, 말하는 사람 자신을 서술 대상으로 하는 1인칭 주어 문장의 'ようだ'에도 '듯 하다'는 충분히 대응하지 못 하는 경우가 있다.

(25a) 私は風邪をひいたようだ。

(25b) 난 감기에 걸린 것 같다.
　　　　　　　　　/?듯 하다.

본 연구는 이것이 '듯 하다'에 인칭 제한이 있기 때문은 아니라는 입장이다. 자기 이야기를 할 때는 '단정'까지는 아니더라도, 어느 정도 확실한 어조로 말 하는 게 일상적으로 기대된다. '것 같다'의 '가정적 동일성'은 여기까지 표현할 수 있는데, '듯 하다'의 '가정적 유사성'으로는 좀 부족한 것뿐이다. 아래 예문 과 같이 자기 이야기라 하더라도 본인에게 조차 명확히 파악하기 힘든 서술 내용으로 바뀌면, '듯 하다'의 '가정적 유사성'으로도 얼마든지 표현 가능하기 때문이다.

(26a) 私は朝から少々風邪気味のようだ。

(26b) 난 아침부터 감기 기운이 좀 있는 것 같다.
/듯 하다.

7.2. '6し⋁'와 '가 보다' '모양이다'의 1대2 대응관계

(27a) 警察の話をちらっと耳にしたが、飲酒運転が事故の原因らしい。

(27b) 경찰 이야기를 얼핏 들었는데, 음주운전이 사고 원인인모양이다.
/가 보다.

　판단 근거가 간접 정보인 경우, 위 예문의 'ちらっと耳にしたが/얼핏 들었는데'와 같이, 판단을 전적으로 근거에 의존하지 않는 의미의 조건절로 나타내는 경우, '가 보다' '모양이다' 둘 다 '6し⋁'에 대응할 수 있다. 그런데, 아래 예문의 '〜の話を聞くと/〜의 이야기를 들어보니' 와 같이, 판단을 전적으로 근거에 의존하는 의미의 조건절로 나타내는 경우, '모양이다'는 '6し⋁'에 대응할 수 있는데 반하여, '가 보다'는 대응하기 힘들어진다.

(28a) 警察の話を聞くと、飲酒運転が事故の原因らしい。

(28b) 경찰 이야기를 들어보니, 음주운전이 사고 원인인모양이다.
/?가 보다.

　'모양이다'의 '모양'은 어원적으로 '모양새'를 의미한다. 따라서 근거가 되는 모양새를 구체적으로 제시하여, 판단을 근거에 전적으로 의존하는 조건절과 자연스럽게 호응한다. 한편 '가 보다'의 '가'는 '의문형 어미'라서 서술 내용에 대하여 아직 해답을 얻지 못 한 회의적인 태도를 나타낸다. 판단을 전적으로 의존하는 조건절로 제시하면, 결과적으로 답을 재촉하는 것이기 때문에 잘 호응하지 못하는 경향이 있다. '모양이다' '가 보다'의 어원 및 어구성에 대하여는 6장의 7.2에 상세하게 기술하였으므로, 자세한 내용은 해당 부분을 참조 바란다.
　이러한 대응 관계는 소설 번역의 실례에서도 확인할 수 있었다. 다음 예문

들은 판단을 전적으로 근거에 의존하는 의미의 조건절을 내포하는데, 아래 예문들의 'ようだ'에 대응하는 '모양이다'를 '가 보다'로 바꾸면 다소 부자연스러워진다.

> (29a) 工場の被害調査班のメンバーに<u>きくと</u>、瞬間最大電流は局所的に400^キロアンペアもあった<u>らしい</u>。
>
> (29b) 공장의 피해조사반 멤버에게 <u>물어보니</u>, 순간 최대 전류는 국소적으로 400킬로 암페어나 되었던 <u>모양이다</u>. 〈日韓 5 巻p80〉
>
> (30a) 昼休みに清掃会社のほうへ<u>電話を入れてみると</u>、遊佐は何か事情があって休みをとった<u>らしい</u>。
>
> (30b) 점심시간에 청소회사 쪽에 전화를 걸어보니, 유사는 뭔가 사정이 있어서 휴가를 낸 <u>모양이다</u>. 〈日韓 8 巻p22〉

만약, 위 예문의 조건절을 각각 "被害調査班のメンバーにきいてみたが" "電話を入れてみたが"와 같이, 판단을 근거에 전적으로는 의존하지 않는 의미로 변화를 주면, '가 보다'도 'らしい'에 대응할 수 있게 된다.

8. 맺음말

이상의 설명으로 주체 추측인 'ようだ'와 '것 같다' '듯 하다'의 대응관계, 객체 추측인 'らしい'와 '모양이다' '가 보다'의 대응관계가 어느 정도 밝혀졌다고 본다. '모양이다' '가 보다'는 문장 끝에만 쓰이고, 그 자체가 부정형이 될 수 없으며, 연체형 연용형을 갖지 않는다. 한편, 'らしい'는 연용형 연체형으로서 文中에도 쓰이며, 불완전하기는 하나 그 자체가 부정형이 될 수도 있다. 확실히 '모양이다' '가 보다'는 이와 같은 'らしい'의 여러 용법에 형태적으로 완전히 대응할 수 없는 한계가 있다. 그에 대해, '것 같다' '듯 하다'는 이러한 'らしい'의 용법에 형식적으로나마 대응할 수 있는 편리함이 있다. 그렇다고 해서, 객체추측의 'らしい'와 주체추측의 '것 같다' '듯 하다'가 의미적인 측면, 특히 서술태도라는 측면에서도 대응관계가 인정되는 것은 아니다. 이 점 앞으로의 대조연구에 다소나마 반영되기를 바란다.

11장 | 일한 대응관계의 정리

1. 머리말

여기서는 1장~10장 내용을 총정리하여 일한 양국어의 추측 형식들의 전체 대응관계를 개괄하기로 하겠다. (1a)의 일본어 문장과 (1b)의 한국어 문장은 말하는 사람이 말하고자 하는 내용을 중심으로 하는 내용적인 부분과, 그 내용에 대하여 말하는 사람이 나타내는 태도를 중심을 하는 태도적인 부분으로 2분할 수가 있다. 내용적인 부분을 '명제내용(Proposition)', 태도적인 부분을 '서술태도 (Modality)'라고 부르기로 하겠다.[1]

(1a) 明日は雨が降る/かもしれない。　　(1b) 내일은 비가 올/지도 모른다.
　　　　　　　/だろう。　　　　　　　　　　　/것이다
　　　　　　　/ようだ。　　　　　　　　　　　/(오)겠지
　　　　　　　/らしい。　　　　　　　　　　　/것 같다.
　　　　　　　/みたいだ。　　　　　　　　　　/듯 하다.
　　　　　　　/(り)そうだ。　　　　　　　　　/건가 보다.
　　　　　　　/にちがいない。　　　　　　　　/모양이다
　　　　　　　　　　　　　　　　　　　　　　　/게 틀림없다.

위 두 예문에서는 각각 '明日は雨が降る' '내일은 비가 오(ㄹ)'이 '명제내용'을

---

[1] 서술태도에는 명제내용에 대한 것 이외에, 듣는 사람에 대한 것도 있는데, 본 연구는 명제내용에 대한 서술태도에 한정하였다.

구성하고, 그 뒤로 접속하는 추측 형식들이 '서술태도'를 나타낸다. '서술태도'에는 여러 가지가 있는데, 이들 추측 형식들은 명제내용의 진위 여부에 대하여 불확실하나마 '참'으로 인정하는 공통점이 있다.

2. 가연성(可然性) 추측의 대응관계

일한 양국어의 여러 추측 형식들이 명제내용의 진위 여부에 대하여 나타내는 서술태도는 각각 미묘하게 다르다. 본 연구는 이들 추측 형식이 나타내는 서술태도가 어떻게 다른지를 분석하여, 일한 양국어의 추측 형식의 의미적 대응관계를 밝히려고 한다.

우선 말하는 사람이 나타내는 확신의 정도가 약한 것부터 높은 순서로 '가연성(可然性) 추측' '개연성(蓋然性) 추측' '확연성(確然性) 추측'의 3종류로 나눈다.

먼저 확신도가 가장 낮은 '가연성(可然性) 추측'의 'か・も・しれない' '지・도・모른다'는 구성 성분 하나 하나가 1대1로 잘 대응한다. '가연성 추측'은 다음 예문과 같이 양국어 공통으로 확신도가 낮은 진술 부사들과 잘 호응하는데 반하여, 확신도가 높은 진술 부사들과는 잘 호응하지 못 한다.

(2a) あるいは　彼は一年生かもしれない。　　(2b) 또는 그는 1학년일지도 모른다.
　　　もしかすると　　　　　　　　　　　　　　혹시
　　　ひょっとすると　　　　　　　　　　　　　어쩌면

(3a) ??きっと彼は一年生かもしれない。　　　(3b) ??꼭 그는 1학년일지도 모른다.
　　　??必ず　　　　　　　　　　　　　　　　　??반드시

일한 양국어 공통으로 "상정할 수 있는 여러 가능한 선택지 중의 하나에 불과하다."는 정도의 낮은 확신도로 명제내용을 '참'으로 인정한다. 다음 예문과 같이 '가연성(可然性) 추측'만이 유일하게 '여러 선택지 중의 하나'로 명제내용을 '참'으로 인정하는 문장을 만들 수 있다.

(8a) 僕を殺しに潜り込んで来た殺し屋は、一人かもしれないし、二人かもしれないし、三人かもしれない、いや四人かもしれない。何人でもいいんだ。全部まとめて相手してやるぞ。

(8b) 날 죽이러 숨어들어온 암살자들은 한명일<u>지도 모르고</u>, 두명일<u>지도 모르고</u>, 세명일<u>지도 모른다</u>. 아니, 네명일<u>지도 모른다</u>. 몇명이라도 좋다. 전부 싸잡아 상대해 주마.

위 예문의 'か·も·しれない' '지·도·모른다'는 'だろう' 'ようだ' 'らしい' 'みたいだ' '것 같다' '듯 하다' '가 보다' '모양이다'로 바꿀 수 없다. 'かもしれない'와 '지도 모른다'의 대응관계는 다음과 같이 실례에서도 확인할 수 있다.

(4a) むしろ愛は人間を決して簡単に動き易いようにはしないもの<u>かもしれない</u>。 *(幸上)*

(4b) 오히려 사랑은 인간을 결코 간단히 움직일 수 없게 하는 것인<u>지도 모른다</u>.*(행)*

(5a) いや、自分はどう見ても、余語の妻には見えなくて、お手伝いさんに見えるだけ<u>かもしれない</u>。 *(幸上)*

(5b) 아니, 자기는 누가 보아도 요고의 아내로는 보이지 않고 가정부로 보일<u>지도 모른다</u>. *(행)*

(6a) これからあとも、ある点では、子供と若さをそってゆかねばならぬ者は、いずれ天の刑罰を受ける<u>かもしれない</u>。*(日韓 1 巻)*

(6b) 앞으로도 어떤 점에서는 아이들과 젊음을 견주어 가야 할 자는, 언젠가는 하늘의 벌을 받게 될<u>지도 모른다</u>. *(日韓 1 巻)*

3. 확연성(確然性) 추측의 대응관계

3.1. 'にちがいない'와의 대응관계

'に·ちがい·ない'와 '에·틀림·없다'는 구성 성분 하나 하나가 1대1로 잘 대응하며, 둘 다 각각의 언어에서 확신도가 가장 강한 형식이다. 다음 예문과 같이 확신도가 높은 진술 부사들과는 잘 호응하면서, 확신도가 낮은 진술 부사들과는 잘 호응하지 못 한다.

(7a) きっと彼は一年生にちがいない。　　(7b) 필시 그는 1학년임에 틀림없다.
　　　必ず　　　　　　　　　　　　　　　　반드시
　　　絶対に　　　　　　　　　　　　　　　절대로

(8a) ??あるいは 彼は一年生にちがいない。　(8b) ??또는 그는 1학년임에 틀림없다.
　　　??もしかすると　　　　　　　　　　??혹시
　　　??ひょっとすると　　　　　　　　　??어쩌면

두 형식의 공통 의미는 '명제내용 이외의 다른 가능성에 대하여 배타적'이라는 '확연성(確然性)'이다. 'に·ちがい·ない'와 '에·틀림·없다'는 구성 성분의 의미 그대로 "명제내용의 부정을 부정하는 방식으로 다른 가능성은 생각할 수 없다는 배타적 의미를 통해서, 명제내용만이 유일한 결론이라는 강한 긍정"의 의미를 나타낸다. 다음 예문과 같은 실제 번역 사례에서도 'にちがいない'와 '에 틀림없다'의 1대1 대응관계는 충분히 확인할 수 있다.

(9a) もちろん、中童子や下法師が笑う原因は、そこにあるの<u>にちがいない</u>。

(9b) 물론 중동자나 하법사가 웃는 원인은 거기에 있<u>음에 틀림없다</u>.
　　　(日韓 2巻)

(10a) '蓮池の下に、おそろしい地獄がある<u>にちがいない</u>。'

(10b) '연못 밑에 무서운 지옥이 있음<u>에 틀림없다</u>.' *(日韓 4巻)*

(11a) そして今どき、犯行のときに使った服装はどこかに捨て、もとの服
装に着替えて、知らぬ顔に町に紛れ込んでいる<u>にちがいない</u>。

(11b) 그리고 지금쯤 범행에 사용했던 복장은 어디엔가 버리고, 원래의
옷으로 갈아입고

시치미를 뚝 떼고 마을에 잠입해 들어왔음<u>에 틀림없다</u>. *(日韓 5巻)*

3.2. '*はずだ*'와의 대응관계

'*はずだ*'와 대응하는 한국어를 특정하기는 힘들지만, '*はずだ*'의 '*はず*'와 대응
하는 한국어는 '리'라고 특정할 수 있다. 다음은 소설 번역의 실례인데, '*はず·
が·ない*' '*はず·は·ない*' '*はず·も·ない*'가 '리·가·없다' '리·는·없다' '리·
도·없다'에 대응하는 것을 확인할 수 있다.

(12a) だから……彼女の"趣味"がいったいいつごろから始まったものか、
誰も知る<u>はずがない</u>。

(12b) 따라서……그녀의 "취미"가 도대체 언제쯤부터 시작된 것인지 아
무도 알 <u>리가 없다</u>.

(日韓14巻)

(13a) こんな憂欝な考えは、どこかで彼女の気に入っているにちがいな
かった。そうでなければ、敏子がそうまで微細に、'彼' の未来を
思い描くことのできた<u>筈がない</u>。

(13b) 이러한 우울한 생각은, 어딘가 그녀의 마음에 드는 것임에 틀림
없었다. 그렇지 않으면 도시코가 그렇게까지 미세하게, '그'의
미래를 상상할 수 있었을 <u>리가 없다</u>.

(日韓 9巻)

(14a) ゴンドラの中の話し声が女に聞こえる<u>はずもない</u>。

(14b) 곤도라 속의 이야기 소리가 여자에게 들릴 <u>리도 없다</u>. *(日韓 8巻)*

(15a) それとも待ち合わせ場所を間違えたかな。そんな<u>はずはない</u>。

(15b) 아니면 약속 장소를 잘못 알았나. 그럴 <u>리는 없다</u>. *(日韓 8巻)*

(16a) あの服装なら葬式に行く<u>はずはない</u>。

(16b) 저 복장이라면 장례식에 갈 <u>리는 없다</u>. *(日韓 7巻)*

그런데 'はず'에 '리'가 대응하니까, 이치로만 따지자면 'はず+だ'에 '리+(이)다'
가 대응해야 하겠지만, '리+(이)다'는 문법적으로 존재하지 않는 형식이다. (17b)
'없을 겁니다.'는 (17a)'はずです.'의 실제 번역 사례인데, 억지로 (17c)와 같이 (*
없을 리다)로 만들면 문법적으로 틀린다.

(17a) 仙人でなければ、一夜のうちに私を天下第一の大金持ちにするこ
とはできない<u>はずです</u>。
(日韓 2巻)

(17b) 신선이 아니라면 하룻밤 사이에 저를 천하제일의 큰 부자로 만
들 수는 없을 <u>겁니다</u>.
(日韓 2巻)

(17c) 신선이 아니라면 하룻밤 사이에 저를 천하제일의 큰 부자로 만들
수는 없을 *<u>리다</u>.

결과적으로 'はずだ'의 부정형에 대응하는 한국어는 있는데, 긍정형인 'はずだ'
그 자체에 대응하는 형식이 없는 특이한 대응관계이다.

본 연구는 4장에서 'はずだ'를 명제내용을 '참'으로 인정하는 '진위판단 서술태
도'라기 보다, 다른 명제내용과의 인과관계를 중시하는 '설명 서술태도'의 성격
이 강한 형식으로 자리매김하였다. 일본어의 '설명 서술태도' 형식들은 'ものだ'
'わけだ' 'のだ' 'ことだ' 'はずだ' 등, 여러 형식으로 세분화되어 있지만, 한국어의

경우 '설명 서술태도' 형식으로 인정할 수 있는 것은 '것 이다' 뿐이다. 다음 번역 사례에서도 'はずだ'에 '것 이다'가 대응하고 있다. 굳이 'はずだ'와 한국어의 대응관계를 설정하여야 한다면 'はずだ'와 '것 이다'일 것이다. 그러나, 이 대응관계는 다른 '설명 서술태도'인 'ものだ' 'わけだ' 'のだ' 'ことだ' 등도 포함하는 일본어의 '설명 서술태도' 전체와의 포괄적인 대응관계일 뿐이지, 'はずだ'와의 1대1 대응관계라고 보기는 힘들다. 다음 번역 사례는 'わけだ'와 '것 이다', 'のだ'와 '것 이다'도 잘 대응하는 것을 보여준다.

> (18a) 'それで、自分の身の安全をはかり、復習の機会をねらっていたと
> いう_わけだね_'
> (18b) "그걸로 자신의 몸의 안전을 꾀하고 복수의 기회를 노리고 있었
> 다는 _거로군_"
> 〈日韓14巻〉
>
> (19a) 'ええ……' とだけ言って、私はその上に腰をおろした。坂道を走っ
> た息切れと驚きとで、'ありがとう。' という言葉がのどにひっか
> かってでてこなかった_のだ_。
> (19b) "네……"라고만 말하고서는 나는 그위에 앉았다. 언덕길을 뛰어
> 올라온 숨가쁨과 놀라움으로 "고마워"라는 말이 목에 걸려 나오
> 지 않았던 _것이다_.
> 〈日韓12巻〉

앞서 말했듯이 형식명사 'はず'와 '리'의 대응관계를 가볍게 생각해서도 안 되겠지만, 'はずだ'와 대응하는 한국어를 특정하기 힘든 것도 현실인 것 같다.

4. 개연성(蓋然性) 추측의 대응관계

'가연성 추측'의 'かもしれない' '지도 모른다', '확연성 추측'의 'にちがいない'

'에 틀림없다'는 구성성분의 내부에 자체적으로 확신도의 강약을 직접적으로 나타내는 형태소를 내포한다. 반면에, 'だろう' 'ようだ' 'らしい' 'みたいだ', 'ㄹ 것이다' '겠지' '것 같다' '듯 하다' '가 보다' '모양이다'는 그렇지 못 하고 확신도에 대하여 중립적이라고 볼 수 있다. 이들 추측 형식들을 '개연성 추측'로 자리매김하기로 한다.

4.1. 근거 비전제형 'だろう'와의 대응관계

'개연성 추측'을 현실 세계에 실재하는 근거를 전제로 하는 '근거 전제형'과 반드시 그렇지는 않은 '근거 비전제'로 2분할 수 있다. 이런 범주 분류에 따라 '근거 비전제형'으로 'だろう'와 'ㄹ 것이' '겠지'가 대응하는 반면에, '근거 전제형'으로 'ようだ' 'らしい'와 '것 같다' '듯 하다' '가 보다' '모양이다'가 대응한다는 구체적인 분석 내용을 이 책의 9장에 상세히 기술한 바 있다. 자세한 내용은 9장을 참조 바란다.

4.2. 근거 전제형 'ようだ' 'らしい'와의 대응관계

나아가 '근거 전제형'을 최종 판단에 대하여 말하는 사람이 주인된 태도를 취하는지, 제삼자적인 태도를 취하는지에 따라 '주체 추측' '객체 추측'을 2분할 수 있다. 이런 범주 분류에 따라, '주체 추측'으로 'ようだ'와 '것 같다' '듯 하다'가 대응하는 반면에, '객체 추측'으로 'らしい'와 '가 보다' '모양이다'가 대응한다는 분석 내용을 이 책의 10장에 상세히 기술한 바 있다. 자세한 내용은 10장을 참조 바란다.

4.3. 'みたいだ'와의 대응관계

역사적인 어원을 거슬러 올라가면, 'みたいだ'는 'ようだ'와 일부 어근(語根)을 공유하고, 원래 '見たようだ'로부터 나왔다고 한다. 이 점에 대해서는 吉田金彦 (1971)을 인용하여 4장 5.2.2.에 상세히 기술한 바 있으므로, 자세한 내용은 해당 부분을 참조 바란다. 'ようだ' 보다 속도감이 있어서 회화체에 좀 더 자주 쓰인다는 문체적 차이 이외에는 'ようだ'와 극히 유사한 의미를 나타낸다. 'みたいだ'와 'ようだ'가 유사한 의미를 나타내는 근본 이유는 둘 다 "당면한 사태A를 다른 사태B에 가까운 것으로 인식한다."는 '가정적 유사성'을 그 어원으로 하기 때문이다. '가정적 유사성'이 명제내용을 '참'으로 인정하는 경우는 '추측' 용법으로, '참'으로 인정하지 않을 경우는 아래 (20a)와 같이 이른바 '比況' 용법으로 쓰이는 것이다. 'らしい'는 '가정적 유사성'을 어원으로 하지 않기 때문에 (20b)와 같이 '比況' 용법이 아예 없다.

> (20a) 司法試験に合格した今の気持ちは、まるで空を飛んでいるみたい
>   だ。/ようだ。

> (20b) 司法試験に合格した今の気持ちは、まるで空を飛んでいる *らしい。

6장에서 상세히 기술하였듯이 '것 같다' '듯 하다'도 '가정적 동일성' '가정적 유사성'을 어원으로 하기 때문에, 아래 (20c)와 같이 '比況' 용법의 'ようだ' 'みたいだ'에도 잘 대응한다.

> (20c) 사법고시에 합격한 지금 내 기분은, 마치 하늘을 날고 있는 것 같다.
>   /듯 하다.

> (20d) 사법고시에 합격한 지금 내 기분은, 마치 하늘을 날고 있는 *가 보다.
>   /*모양이다.

위 예문 (20c)의 '것 같다' '듯 하다'를 '가 보다' '모양이다'로 바꾸면, (20d)와 같이

문법적으로 틀려진다. '가 보다' '모양이다'는 '가정적 유사성'을 어원으로 하지 않기 때문에, '가정적 유사성'을 어원으로 하는 'みたいだ'에 제대로 대응하지 못 하는 것이다. 명제내용을 '참'으로 인정할 경우의 '比況' 용법의 'みたいだ'와 '것 같다' '듯 하다'의 대응관계는 명제내용을 '참'으로 인정하는 '추측' 용법에도 그대로 적용된다.

주체 추측인가 객체 추측인가 하는 관점에서도 'みたいだ'와 '것 같다' '듯 하다'가 주체 추측으로서 대응하는 것을 확인할 수 있다. 말하는 사람이 판단 근거를 직접 얻은 것을 명시하면, 그에 근거한 판단에 대해서도 주체적 태도를 나타내는 것이기 때문에, 판단에 대하여 제삼자적인 태도를 취하는 객체 추측의 'らしい'와는 의미적으로 충돌한다고 설명한 바 있다. 다음 예문에서 'みたいだ'는 판단 근거가 직접적 정보이었음을 명시한 문맥과 자연스럽게 호응하는 것을 확인할 수 있다.

(21a) 見ただけでは分からないが、触ってみると、こちらの布地のほう
がいいみたいだ。
(21b) 見ただけでは分からないが、触ってみると、こちらの布地のほう
がいい?らしい。

(21c) 보기만 해선 모르겠는데, 만져 보니, 이 쪽 옷감이 나은 것 같다.
/듯 하다.

(21d) 보기만 해선 모르겠는데, 만져 보니, 이 쪽 옷감이 나은 ?가 보다.
/?모양이다.

위 예문에서 '것 같다' '듯 하다'는 판단 근거를 말하는 사람이 직접 얻을 것을 명시한 문맥과 자연스럽게 호응하는데 반하여, '가 보다' '모양이다'는 부자연스럽다. 기본적으로 'みたいだ'와 '것 같다' '듯 하다'가 주체 추측으로서 대응한다고 보아야 할 것이다. 'みたいだ'와 '것 같다' '듯 하다'의 대응관계는 다음과 같은 소설 번역의 실례를 통해서도 확인할 수 있다.

(22a) 彼女は … 中略 … 水仙をいけたグラスを手にとってしばらく眺め
た。
　　　'このままの方がいい*みたいね*'と緑は言った。
　　　'花瓶に移さなくてもいい*みたい*。こういう風にしていると、今
　　　ちょっとそこの水辺で水仙をつんできてとりあえずグラスにさし
　　　てあるっていう感じがするもの' *(ノ上)*

(22b) 그녀는 … 中略 … 수선화가 꽂혀 있는 글라스를 손에 들고 잠시
　　　바라보았다.
　　　"이대로가 좋을 것 같아요"하고 미도리는 말했다.
　　　"화병에 옮기지 않는게 좋을 것 같애. 이렇게 해놓고 있으면,지
　　　금 막 가까운 물가에서 수선화를 꺽어다 우선 되는 대로 글라스
　　　에 꽂아놓았다는 그런 느낌이 들거든요."*(노 訳이)*

(23a) 'でももし彼が僕に自分の良い面だけを見せようと努力していたん
　　　だとしたら、その努力は成功していた*みたいだ*ね。だって僕は彼
　　　の良い面しか見えなかったもの' *(ノ上)*

(23b) "그러나 만약 그가 내게 자신의 훌륭한 면만을 보이려 노력했다
　　　면, 그 노력은 성공한 것 같은데. 내게는 그의 좋은 면밖에 보이
　　　지 않았으니까."*(노訳김)*

　위 실례에서 'みたいだ'를 '것 같다'로 번역해 놓았는데, '것 같다'를 주체 추
측인 '듯 하다'로 바꾸는 것은 허용되지만, 객체 추측인 '가 보다' '모양이다'로
바꾸는 것은 허용되지 않는다. 결과적으로 주체 추측으로서 'みたいだ'와 '것
같다' '듯 하다'의 대응관계가 인정된다고 볼 수 있겠다. 단 'みたいだ'는 회화체
성격이 강한데 반하여, '듯 하다'는 문장체 성격이 강하다 라는 문체적인 차이
가 있어서, 실제 언어운용에서 대응하는 사례가 그리 많아 보이지 않는 것도
사실이다.

4.4. 현재 상황 묘사의 '(し)そうだ'와의 대응관계

이 책의 4장에서 '(し)そうだ'는 "명제 내용을 불확실하나마 '참'으로 인정하는" '추측'의 의미보다 말하는 시점의 현재 상황을 '묘사'하는 성격이 강하다는 점을 상세히 설명한 바 있다. 자세한 내용은 4장을 참조하고, 여기서는 한국어와의 대응관계를 위주로 다루겠다.

> (24a) おい、コップが落ちそうだよ。
> (24b) 忙しくて、死にそうだ。
> (24c) これから、雨が降りそうだ。

(24a)의 '落ちそうだ'는 "'コップが今にも落ちようとしている。"와 거의 일치한다. 눈앞에 맞닥뜨린 상황을 평가하거나 판단할 틈도 없이 그대로 '묘사'한 것이다. (24b)의 '死にそうだ'도 미래 어느 시점에 실제로 '死ぬ'라는 사망 사건이 발생할 것이라고 '판단'한 것이 아니다. 그에 비유해도 될 정도로 극한상태에 처해 있다는 비유적 '묘사'이다. (24a)(24b)의 '(し)そうだ'를 'ようだ' 'らしい'로 바꾸면 상당히 부자연스러워진다. '(し)そうだ'의 '묘사'와 'ようだ' 'らしい'의 '판단'의 의미 사이에 상당한 어긋남이 있기 때문이다.

(24c)의 '降りそうだ'는 'ようだ' 'らしい'로 바꾸어도 부자연스럽지는 않지만, 미묘한 의미 차이가 생긴다. '降りそうだ'는 비가 내리게 생긴 하늘 모양의 '묘사'가 강한 반면에, 'ようだ' 'らしい'는 어느 시점에 비가 올 것이라는 '판단'이 강하다.

이 같은 '(し)そうだ'의 의미 특성을 가장 충실하게 반영하는 한국어에는 '겠다'가 있다. '겠다'는 안명철(1980) 장경희(1985) 등, 한국어 선행연구에서 모'양과 상'태'를 의미하는 '양태(樣態)'로 정의되었으며, '판단' 보다 '묘사'의 특성이 강한 형식으로 자리매김되어 왔다. 다음 예문 (24a')(24b')(24c')는 각각 (24a)(24b)(24c)에 대응하는 번역문이다.'

(24a') 야, 컵 떨어지겠다.

(24b') 바빠 죽겠다.

(24c') 좀 있으면 비가 오겠다.

(24a')의 '떨어지겠다'는 (24a)의 '(し)そうだ'와 마찬가지로 직면한 상황을 순간적으로 말로 표현하는 의미 특성이 강한 반면에, 명제내용을 '참'으로 인정하는 '판단' 작용은 두드러지지 않는다. '겠다'와 '(し)そうだ'가 의미적으로 대응한다는 점은 일본인 한국어학자의 선행연구에서도 가끔 지적된 사례가 있다. 다음은 野間秀樹(1983/P56)에서 인용한 것이다.

(例) 아, 떨어지겠다. - あ、落ちそうだ。

これは推し量りではない。これは今よりのちに、何かの物体が'落ちる'ことを推測したり予想するための発話ではない。どこまでも、物体が'落ちる'という臨界点に直面しているという状況、そういう状況を現在が呈している、という発話なのである。そういう今・ここの状況についての判断に主眼があるのである。この点から言えば、'겠다' は日本語の'何々しそうだ'に非常によく似ている。

(24b')의 '죽겠다'도 미래 어느 시점에 사망 사건이 발생할 것이라고 '판단'한 것이 아니다. 그렇게 비유해도 좋을 만큼 극한상태에 처한 심리를 비유적으로 '묘사'한 것이다. 요컨대 진위 여부의 '판단'이 아니라 심리적인 '묘사'이다. (24a')(24b')의 '겠다'를 'ㄹ 것이다' '겠지' '것 같다' '듯 하다' '가 보다' '모양이다' 등과 같은 추측 형식으로 바꾸면, 극히 부자연스러운 문장이 된다. '묘사'와 '판단'의 근본적인 의미 차이 때문이다.

'겠다'도 '추측'에 가까운 의미를 나타내는 경우가 있다. (24c')의 '겠다'는 '추측' 형식인 'ㄹ것이다' '겠지' '것 같다' '듯 하다' '가 보다' '모양이다' 등과 유사한 의미를 나타내는 것처럼 보인다. 실제로 (24c')의 '겠다'는 'ㄹ것이다' '겠지' '것 같다' '듯 하다' '가 보다' '모양이다'로 바꾸어도 그다지 부자연스러워지지 않는다.

(25a) 좀 있으면 비가 오<u>겠다</u>.

　　　　　　→ (25a') 좀 있으면 비가 <u>오게 생겼다</u>.

(25b) 좀 있으면 비가 올 것이다.
　　　　　　/(오)겠지.
　　　　　　/것 같다.
　　　　　　/듯 하다.
　　　　　　/건가 보다.
　　　　　　/모양이다.

　　　　　　→ (25b') 좀 있으면 비가 올 것으로 <u>판단된다</u>.

그러나 역시 중점적으로 표현하고자 하는 초점은 미묘하게나마 다르다. 미래 시점의 강우(降雨) 현상의 발생과, 현재 시점의 하늘 모양이 강우(降雨)의 가능성을 내포하는 것, 어느 쪽에 초점이 맞추어져 있는가 하면, '겠다'는 후자에 나머지 추측 형식등은 전자이다. '겠다'는 '묘사'의 특성, 'ㄹ 것이다' '겠지' '것 같다' '듯 하다' '가 보다' '모양이다'는 '진위판단'의 특성이 우선한다. 다시 말해 (25a)는 (25a')의 의미 특성이 우선하는 반면에, (25b)는 (25b')의 의미 특성이 우선한다는 것이다. '(し)そうだ'와 '겠다'의 대응관계는 다음과 같이 실제 번역 사례로도 확인할 수 있다.

(26a) '…アクロバットみたいな格好をしたり、そういうところをポラロ
　　　　イド・カメラで撮ったりもするもの'
　　　　'楽し<u>そうだな</u>' (ノ下)

(26b) "…곡예사같은 포즈를 취하기도 하면서, 그런 장면을 폴라로이드
　　　　카메라로 찍기도 해요."
　　　　"흥미롭<u>겠</u>는데"(ノ訳 김)
　　　　"　　"

(26c) "…곡예사처럼 행동하게 하거나, 그러한 장면을 폴라로이드카메
　　　　라로 찍곤할테죠."
　　　　"정신없<u>겠</u>는데"(ノ訳 이)

위 번역 사례를 보면, 한국어 번역자가 다른데도 불구하고, '(し)そうだ'를 공통으로 '겠다'로 번역한 것을 확인 할 수 있다. 적어도 개인적인 취향이 아닌 것이다.

5. 마무리

본 연구의 일한 대조분석을 최종적으로 정리하면 아래 표와 같다. 아래 표를 보면, 일한 양국어 공통적으로 추측 형식이 상당히 세분화된 것을 확인할 수 있다. 확신의 정도, 실재적 근거를 전제하는지 안 하는지, 최종 판단에 대하여 주체적 태도를 취하는지 객체적 태도를 취하는지, 레벨을 달리 하는 3단계에 걸친 하위 범주에 의하여 체계적으로 세분화해야 할 정도이다.

가연성(可然性) 추측인 'か・も・しれ・ない'와 '지・도・모른다', 확연성(確然性) 추측인 'に・ちがい・ない' 와 '에・틀림・없다'는 구성 성분 하나 하나가 단순명쾌한 대응관계를 보인다.

한편 개연성(蓋然性) 추측의 대응관계는 'ようだ'와 '것 같다' '듯 하다'가 '가정적 유사성'을 어원으로 하는 점을 빼면, 구성 성분 사이의 어휘적 대응관계는 인정되지 않고, 대부분 하위범주 소속을 따지는 방식의 대응관계이다. 한국어 쪽이 숫자가 많아서 거의 1대2의 대응관계를 보인다. 전체적으로 일본어 추측 형식들은 조동사(助動詞)로서 한 단어처럼 굳어져 독립적인 문법 형식으로서 안정된 반면에, 한국어 추측 형식들은 구성 성분 사이에 삽입이나 이탈을 허용하는 경우도 많아서 문법형식으로서의 안점감이 떨어진다.

		일한 공통 의미	일본어	한국어	대응관계
可然性		확신도가 가장 낮다. 명제내용이 '참'인 것을 여러 가능한 선택지 중의 하나로 인정.	かもしれない	지도 모른다	형태소 하나하나가 완전히 대응.
確然性		확신도가 가장 높다. 부저의 부정의 형태로, 명제내용을 유일한 선택지로 '참'이라고 인정.	にちがいない	에 틀림없다	'はずだ'의 본래 의미는 진위 여부의 '판단'이 아니라, 인과관계의 '설명'인데, 'はずだ'에 대응하는 한국어는 특정할 수 없음.
			はずだ		
蓋然性	根據 非前提 型	실재적 근거가 반드시 있는 것을 전제로 하여 추측.	だろう	겠지	말하는 사람의 판단을 일방적으로 전달하는 경우는 'ㄹ것이다'에 대응, 듣는 사람의 판단을 의식하면서 공감대를 형성해 가려는 경우는 '겠지'에 대응.
				ㄹ것이다	
	根據 前提 型 / 現狀描寫	본래 의미는 명제내용의 진위 여부 판단이 아니라, 현재 상황 묘사.	(ㄴ)そうだ	겠다	「(ㄴ)そうだ」가 추측에 가까운 의미를 나타내는 경우느 주로 'ㄹ것 같다' 'ㄹ듯 하다'에 대응.
	主體的	근거를 바탕으로 하는 판단에 대하여 말하는 사람이 주체적인 태도를 취함.	ようだ ('みたいだ)	것 같다	'완곡한 단정'이나 말하는 사람 자신을 서술 대상으로 하는 경우 등, 일정 이상의 확신도를 필요로 하는 경우는 '것 같다'에 우선적으로 대응.
				듯 하다	
	客體的	근거를 바탕으로 하는 판단에 대하여 말하는 사람이 객체적인 태도를 취함.	らしい	가 보다	판단을 근거에 전적으로 의존하는 의미의 조건절이 있으면, 'らしい'와 '모양이다'가 우선적으로 대응.
				모양이다	

추측형식들의 극히 미묘한 의미 차이를 여러 가지 수단으로 검증하여, 하위 범주의 소속을 나누는 방식으로 세분화한 일한 대응관계가 실제 언어운용에서도 항시 적용되고 있으리라 보기는 힘들다. 특히 확신의 정도 → 실재적 근거를

전제로 하는지 안 하는지 → 주체적 태도를 취하는지 객체적 태도를 취하는지, 하는 식으로 하위범주의 레벨이 세분화되면 될수록 실제 대응하는 사례의 빈도는 떨어질 것이다. 그럼에도 불구하고, 이러한 대응관계의 제시는 한국인의 일본어학습 기본 모델이나, 일한 대조언어학의 기본 틀로서 나름대로 가치가 있으리라 믿어 의심치 않는다.

부록12장 | 가치판단 서술태도의 일한 대조[*]
-'べきだ' 와의 대응관계를 중심으로-

1. 머리말

    필자는 일본어 초급 작문을 배우던 시절, '내일은 아침 일찍 일어나야 한다' 와 같은 문장을 작문할 때, '야 한다' 부분을 왜 '明日は朝早く起きなければならない' 와 같이 'なければならない' 로 작문해야 하는가 하는 점에 대해 의문을 갖고 있었다. '야 한다' 는 일반적인 긍정표현인데 반해, 'なければならない' 는 부정의 부정을 거친 강한 긍정표현이라는 점이 서로 이질적으로 느껴졌기 때문이다. '야 한다' 를 그냥 손쉽게 'べきだ' 로 작문하면 안될까 하는 의문을 갖고 있었던 것이다. '야 한다' 와 'べきだ' 는 둘다 모두 일반적인 긍정표현이므로 더 잘 대응된다고 생각했기 때문이다.

    본고는 가치판단 서술태도에 있어서의 한일대조분석을 하고자 한다. 특히 중점을 두어 분석하고자 하는 부분은 'べきだ' 와 한국어와의 대응관계이다. 森山卓郎(1992)는 'べきだ' 를 한 가지 이상의 선택지가 있는 상황에서의 타당성을 판단하는 타당성 판단으로 규정하고 있다. 그런데, 지금까지 'べきだ' 와 대응되는 형식으로 다루어져 왔던 한국어의 '야 한다' 는 다른 선택지가 없는 상황에

---

[*] 이 내용은 김동욱(1994)「価値判斷 모달리티의 日韓對照」『日本學報33』韓國日本學會에 게재된 바 있다.

서의 필연성을 판단하는 필연성 판단의 특성을 지니고 있다고 생각된다. 이런 관점에서, 본고는 'べきだ' 와 '야 한다' 의 대응관계에 대하여 의문을 제기하고 자 한다. 'べきだ' 와 한국어와의 대응관계에 관한 선행연구는 찾을 수 없었으 나, 각종 교재 및 사전류의 해설로 보아서는 'べきだ' 를 '야 한다' 와 대응되는 형식으로 설명하고 있음을 알 수 있었다[1].

    (1a) 郡いと思ったらすぐあやまる<u>べきだ</u>。
    (1b) 잘못 했다고 생각되면 곧 사과해<u>야 한다</u>.

위의 (1a)와 (1b)를 대조해 봤을 때, '<u>あやまるべきだ</u>' 와 '사과해<u>야 한다</u>' 와의 사이에는 그다지 크게 눈에 띄는 의미적 상이점이 없는 듯 느껴진다. 이런 점 은 다음의 소설 번역의 실례에서도 마찬가지이다.

    (2a) 恵子の訪問は、陽子にとっても一大事ではないか、会うか会わぬか
        は陽子に任す<u>べきだ</u>。『続・氷点(下)/三浦綾子/朝日新聞社/p167』

    (2b) 게이꼬의 방문은 요오꼬에게도 중대한 일이 아닌가. 만나고 만나지
        않는 건 요오꼬에게 맡겨<u>야 한다</u>. 『속・빙점/최현/범우사/p350』

(2a)의 '任す<u>べきだ</u>' 와 (2b)의 '맡겨<u>야 한다</u>' 의 사이에서도 크게 눈에 띄는 의 미적 상이점이 없는 듯 하다. 이런 점때문에 'べきだ' 와 '야 한다' 와의 대응관 계는 아무런 문제가 없는 것으로 여겨져 왔고, 또 실제 일본어교육현장에서도 대개 'べきだ' 는 한국어의 '야 한다' 와 대응되는 형식으로 설명되어져 온 것이 아닌가 싶다. 그러나, 다음 실례를 보면, 'べきだ' 와 '야 한다' 와의 대응관계에 문제가 있음을 어렵지 않게 알 수 있다.

---

1) 예문(1a)(1b)는 『동아프라임日韓辭典』에서 인용했다. 학술논문에서 일반학습용 사전의 예를 든 점에 대해 양해를 구한다. 그 부적절함을 알면서도, 서술태도의 한일대조연구가 최근에 시작된 분야이기 때문에 선행연구가 많지 않음을 감안했을 때, 불가피한 선택이었다는 점 에 관해 이해를 구하고 싶다.

(3a) 자연성을 강조하기 위해, 자연을 더욱 자연답게 보이기 위해, 그
형태를 꾸며 주는 철사가 있어야 한다.『축소지향의 일본인p138/
이어령/기린원』

(3b) 自然を強調するために、自然をもっと自然らしく見せるために針
金がなければなりません。
『縮み志向の日本人p143/이어령/고려원』

(3a)의 '철사가 있어야 한다'가 (3b)의 文末에서는 '針金がなければならない' 로 되
어 있는데, 그러니까 '야 한다' 가 'なければならない' 와 대응하는 형식이라고 주장하
고자 함이 아니다. 다만, 원작자와 번역자가 서로 다른 앞서의 소설번역의 예와는
달리,『축소지향의 일본인』의 경우, 동일한 작자에 의해 일본어판은 처음부터 일본
어로, 한국어판은 처음부터 한국어로 쓰여졌다는 점에 비추어볼 때, 문말(文末)의
작자의 심적 태도가 비교적 굴절됨이 없이 동일하게 반영되지 않았을까 하는 정도
의 해석은 할 수 있겠다. 그러나 그 역시 어디까지나 글쓴이의 주관에 지나지 않을
수도 있다. 그렇지만, 만약 '야 한다' 와 'べきだ' 가 서로 대응하는 형식이라면, (3b)의
문말 형식을 'べきだ' 로 바꿔도 (3a)의 '야 한다' 와 그 의미 특성이 같지 않으면
안된다. (3a)의 文末와 (3b')의 文末을 대조해 보기로 하자.

(3a) 자연성을 강조하기 위해, 자연을 더욱 자연답게 보이기 위해, 그
형태를 꾸며 주는 철사가 있어야 한다.

(3b') 自然を強調するために、自然をもっと自然らしく見せるために針
金があるべきだ。

(3a)의 '야 한다' 와 (3b')의 'べきだ' 는 그 의미 특성이 명확히 다름을 쉽게 알
수 있다. 따라서, 적어도 'べきだ' 와 '야 한다' 와의 대응관계에는 약간의 문제점
이 있다고 말할 수 있겠다. 또한, 앞서의 (1a)와 (1b), (2a)와 (2b)에서도 크게 눈
에 띄지 않았을 뿐이지 'べきだ' 와 '야 한다' 의 사이에는 미묘하긴하나 의미 특

성에 차이가 있었던 것이 아닌가 하는 의구심을 갖게 한다. 따라서, 본고는 'ベきだ' 와 '야 한다' 와의 대응관계에 대해 의문을 제기하고, 이 두 형식이 서로 의미 특성한다는 관점에서 재조명함으로써, 실질적으로 'ベきだ' 와 대응하는 한국어에 대한 답을 구하고자 한다.

2. 선행연구

益岡隆志(1991)는 판단의 서술태도(Modality) 즉, 명제내용(proposition)에 대한 話者의 판단을 나타내는 서술태도로써, '진위판단 서술태도' 와 '가치판단 서술태도' 를 설정했다. '진위판단 서술태도' 란 'に違いない' 'かもしれない' 'だろう' 등과 같이 서술내용의 진위 여부 및 그 정도에 관한 판단을 나타내는 형식을 말하며, '가치판단 서술태도' 란 '方がいい' 'ベきだ' 'なければならない' 등과 같이 서술내용에 대해 그렇게 되는 것이 바람직하다고 하는 가치 정도에 관한 판단을 나타내는 형식을 말한다. 森山卓郎(1992)는 이 중에서 가치판단 서술태도를 다시금 '妥当性判斷' 과 '必然性判斷'의 두 종류로 설정했다. 타당성 판단이란, '方がいい' 'ベきだ' 등과 같이, 한가지 이상의 선택지가 있는 상황에서 어느 명제가 더 가치있는가를 따지는 타당성을 판단하는 형식을 말한다. 필연성 판단이란, 'なければならない' 등과 같이, 다른 선택지가 없는 상황에서 반드시 그렇지 않으면 안된다고 하는 필연성을 판단하는 형식을 말한다. 森山(1992)는 여기서 'なければならない' 등의 '必然性判斷' 은 주어에 대한 인칭제한이 없는데 반하여, '方がいい' 'ベきだ' 등의 타당성 판단은 말하는 사람 자신인 1인칭 주어가 될 경우 어색해진다는 사실을 밝히고 있다. 다음의 예문(4b)(4c)와 그것들이 어색한 이유는 森山(1992)를 참고한 것이다.

(4a) 私は明朝早く起きなければならない。

(4b) ?私は明朝早く起きる方がいい。

(4c) ?私は明朝早く起きるべきだ。

　(4b)(4c)와 같이, 경우에 따라서는 내일 아침 일찍 안 일어날 수도 있는 한 가지 이상의 선택지가 있는 상황에서, 말하는 사람 자신(私)이 일찍 일어나고 안 일어나고는 화자자신의 고유한 선택 권한인데, 자신의 고유한 선택에 대하여 자기 스스로가 타당성을 부여함은 이런 경우 어색하다고 할 수 있겠다. 그러나, (4a)와 같이 내일 아침 일찍 일어나지 않으면 안된다고 하는, 다른 선택지가 없는 상황 즉, 화자자신의 선택권한이 배제된 상황에서의 필연성 판단의 경우에는 1인칭인 화자자신이 주어가 되어도 무방하다고 하겠다. 일부 세세한 부분에 대해서 이견이 없는 것은 아니나, 타당성 판단의 경우, 1인칭 주어가 문장을 어색하게 한다는 사실을 밝힌 森山(1992)의 지적은 仁田義雄(1979)가 단순히 판단문에는 인칭 제한이 없다고 한 것에 비해 발전된 분석으로 받아들이고자 한다. 이런 관점은 한일대조분석에도 시사하는 바가 크다고 생각되므로 뒤에서 다시 참고하기로 한다.

3. '야 한다' 의 의미

　'야 한다' 의 구성요소를 분석하면 '야+한다' 로써, 각각 특수조사 '야', 보조동사 '한다' 로 볼 수 있다. 이중에서, '한다' 는 사실상 거의 모든 동사를 대신 하는 대동사(代動詞)역할을 하는 것으로 보아서 문법적 기능을 담당할 뿐으로 실질적인 의미를 지니고 있다고는 볼 수 없겠다. 그렇다면, '야 한다' 의 실질적 의미를 좌우하는 구성요소는 '야' 로 보는 것이 타당하겠는데, 한국어학에서는 '야' 의 의미를 필연성으로 규정하고 있다. 다음 설명과 두개의 예문은 徐泰龍(1988/p226)을 인용한 것이다. 두 예문을 보면 '야' 가 필연성을 나타냄을 쉽게 알 수 있는데, 특히 두 번째 예문에 주목하자.

{X야} : X를 [선택]하고 X를 [전제]하는데, X가 [필연]적인 선택이
라는 의미를 갖는다.

(예)봄이 와<u>야</u> 꽃이 핀다.
→ 봄이 안 오면, 꽃이 안 핀다.

방이 조용해<u>야</u> 공부를 한다.
→ 방이 조용하지 않으면, 공부를 안 한다.

(5a) 방이 조용해야 (공부를/사색을/집필을) 한다.
(5b) 방이 조용해야 한다.

앞에서 '야 한다'의 '한다'가 사실상 거의 모든 동사를 대신하는 대동사(代動
詞)라고 했는데, (5b)의 '야 한다'의 '한다'는 '공부를 한다' '사색을 한다' '집필
을 한다' 등을 대신하는 대동사 역할을 하고 있다고 볼 수 있다. 이렇게 보았
을 때, '야 한다' 전체의 의미 역시 필연성으로 정의할 수 있는데, '야 한다'의
'야'와 '한다' 사이에는 더 많은 구성요소도 생략될 수 있다. 다음 예문은 그 가
능성을 보여주고 있다.

(6a) 복수하기 위해서는 우선 생존부터 해야 한다.
(6b) 복수하기 위해서는 우선 생존부터 해야 (뭘 어떻게 해 보든가)한다.

'야 한다'와 유사한 필연성 판단의 의미를 나타내는 '야 된다'의 경우도 필
연성의 의미를 나타내는 특수조사 '야'가 '야 된다' 전체의 의미를 좌우한다. 또
한 다음 예문들을 보면, '된다' 역시 '한다'와 마찬가지로 대동사인 것을 알 수
있다.

(7a) 방이 조용해야 (공부가/사색이/집필이) 된다.
(7b) 방이 조용해야 된다.

(8a) 복수하기 위해서는 우선 생존부터 해야 된다.
(8b) 복수하기 위해서는 우선 생존부터 해야 (뭐가 되도) 된다.

다음 실례에서도 '야 한다' 는 필연성 판단의 형식임을 알 수 있다.

(9) 마람 초대소는 항상 만원이었다. 7개동이 있었으며 약 50명정도 수
    용돼 있었다. 수감되면 앉은 자세로 하루종일 앉아 있어<u>야 한다</u>.
    (조선일보1994.8.6)

(10) 북한에서는 정치범 및 그 가족들에 대한 처벌은 일반 형사사범에
    비해 가혹해 수용소안에서 매일 12시간이상씩 강제노동을 해<u>야한</u>
    <u>다</u>. (조선일보1994.8.10)

(11) 선천성 부신성기증후군에 걸렸을 경우 2살이 되기 전에 남자성기
    제거수술을 받아야 하고 염분조절약과 부신피질호르몬을 평생 복
    용해<u>야 한다</u>. (조선일보1994.8.28)

4. 기본 입장

구체적인 한일대조분석에 들어가기에 앞서 본고의 기본적인 입장을 밝혀 둔
다. 본고는, 가치판단 서술태도를 '方がいい' 'べきだ' 와 같이 한가지 이상의 선
택지가 있는 상황에서의 타당성을 판단하는 타당성 판단과 'なければならない'
와 같이 다른 선택지가 없는 상황에서의 필연성을 판단하는 필연성 판단의 두
가지로 설정한 森山(1992)의 입장을 기본적으로 따르기로 한다. 단, 이런 점에
비추어 타당성 판단은 상대적 가치판단, '필연성 판단'은 절대적 가치판단이라는
정의를 새로이 해둔다. 상세한 내용은 뒤에서 본고가 새로이 밝히겠지만, 이러
한 의미 특성 때문에 '절대 명제(絶對 命題)'와의 어울림이 달라진다. 또, 타당성
판단을 좀더 세분하여, '方がいい' 와 같이 그렇게 되지 않는것 보다는 그렇게
되는것이 바람직하다는 정도의 소극적 타당성 판단과, 'べきだ' 와 같이 다른 선
택지에 비해 명제내용이 나타내는 선택지가 월등한 가치를 지닌다는 뜻의 적극

적 타당성 판단의 두 가지로 설정한다. 적극적 타당성 판단인 '$べきだ$' 는 선택의 폭이 좁기는 하나 다른 선택지가 있을 수 있음을 전제로 하는 상대적 가치판단이라는 점에서, 절대적 가치판단의 특성을 갖는 필연성 판단인 '$なければならない$' 와는 근본적으로 다르다. 이중, 소극적 타당성 판단인 '$方がいい$' 에 대해서는 지금까지와 마찬가지로 한국어의 '편이 좋다' 등과 대응된다고 보고 이의를 제기하지 않는다. 그러나, 지금까지 일반적으로 인정되어 왔던 '$べきだ$' 와 '야 한다' 의 대응관계에 대해서는 의문을 제기한다.

적극적 타당성 판단인 '$べきだ$' 는 선택의 폭이 좁기는 하나 다른 선택지가 있을 수 있음을 전제로 하는 상대적 가치판단이라는 점에서, 다른 선택지가 없음을 전제로 하는 절대적 가치판단의 특성을 갖는 필연성 판단인 '야 한다' 와는 그 의미적 특성이 서로 다르다고 보기 때문이다. 의미 특성을 기준으로 생각했을 때는, 적극적 타당성 판단으로서 '$べきだ$' 와 '것이 마땅하다' 가, 필연성 판단으로서 '$なければならない$' 와 '야 한다' 가 서로 대응하는 것을 밝히려 한다.

5. 일한 대조분석

5.1. 절대 명제와의 호응

(12a) 美人は美しくなければならない。

(12b) ?美人は美しい方がいい。
(12c) ?美人は美しいべきだ。

'A이니까 B이다' 'B이니까 A이다' 라는 식으로 필요조건과 충분조건을 동시에 만족시키는 명제를 '절대 명제'라고 했을 때, 예를 들어, 위 예문의 '미인은 아름답다.'라는 명제는 '미인이니까 아름답다.' '아름다우니까 미인이다.' 라는 필요조

건과 충분조건을 동시에 만족시키는 '절대 명제'이다. 한마디로 절대 명제는 절대적 진실이라고 할 수 있다. 본고는 앞에서 필연성 판단은 절대적 가치판단이고, 타당성 판단은 상대적 가치판단이라는 의미 특성을 부여했다. 이러한 의미 특성 때문에 절대적 가치판단인 필연성 판단만이 절대 명제와 어울릴 수 있음을 새로이 밝히고자 한다. 앞의 예문을 보면, 절대적 가치판단의 특성을 갖는 'なければならない' 는 '美人は美しい' 라는 절대 명제와 한 문장 안에서 자연스럽게 공기하는데 반하여, 상대적 가치판단의 특성을 갖는 '方がいい' 'べきだ' 는 그렇지 못함을 쉽게 알 수 있다. (12a)가 자연스러울 수 있는 것은 '美しくなければ美人ではない' 라는 논리적 뒷받침 때문이다.

> (13a) 미인은 아릅답지 않으면 안된다.
> (13b) 미인은 아름다워야 한다.
>
> (13c) ?미인은 아름다운 편이 좋다.
> (13d) ?미인은 아름다운게 마땅하다.

앞 예문을 보면, 한국어에서도 마찬가지로 필연성 판단(절대적 가치판단)인 '지 않으면 안된다' '야 한다' 는 절대 명제와 한 문장 안에서 자연스럽게 어울리는데 반해, 타당성 판단(상대적 가치판단)인 '편이 좋다' '것이 마땅하다' 는 부자연스러움을 알 수 있다. 여기서도 마찬가지로, (13a)(13b)의 예문이 자연스러울 수 있는 것은 '아름다워야 미인이다' '아릅답지 않으면 미인이 아니다.' 라는 논리적 뒷받침 때문이다. 절대적 진실인 절대 명제와 절대적 가치판단(필연성 판단)은 어울릴 수 있지만, 상대적 가치판단(타당성 판단)은 그렇지 못하다는 것이다. 다음 예문들에서도, '음료수는 마실 수 있다' '마실 수 있으니까 음료수이다.'라는 절대 명제와 필연성 판단(절대적 가치판단)은 어울릴 수 있는데 반해, 타당성 판단(상대적 가치판단)은 공기할 수 없음을 알 수 있다.

> (14a) 飲料水は飲むことができなければならない。

(14b) ?飲料水は飲むことができる方がいい。
(14c) ?飲料水は飲むことができるべきだ。

(15a) 음료수는 마실 수 있지 않으면 안된다.
(15b) 음료수는 마실 수 있어야 한다.

(15c) ?음료수는 마실 수 있는 편이 좋다.
(15d) ?음료수는 마실 수 있는게 마땅하다.

여기서도 필연성 판단만이 절대 명제와 공기할 수 있는 이유는 '마실 수 있어야 음료수이다' '마실 수 있지 않으면 음료수가 아니다' 라는 논리적 뒷받침 때문이다.

5.2. 필연성 부사와의 호응

(16a) 彼は必ず今日学校に行かなければならない。

(16b) ?彼は必ず今日学校に行った方がいい。
(16c) ?彼は必ず今日学校に行くべきだ。

위 예문을 보면, 필연성 판단의 'なければならない' 는 의미 특성이 동일한 필연성 부사 '必ず' 와 자연스럽게 호응하는데 반해, 타당성 판단의 '方がいい' 'べきだ' 는 필연성 부사 '必ず' 와 잘 호응하지 못함을 알 수 있다. 그럼, '必ず' 와 의미 특성이 유사한 한국어의 필연성 부사인 '반드시' 와의 호응관계를 테스트해 보자.

(17a) 그는 반드시 오늘 학교에 가지 않으면 안된다.
(17b) 그는 반드시 오늘 학교에 가야 한다.

(17c) ?그는 반드시 오늘 학교에 가는 편이 좋다.
(17d) ?그는 반드시 오늘 학교에 가는 게 마땅하다.

필연성 판단의 '지 않으면 안된다' '야 한다' 는 필연성 부사 '반드시' 와 자연스럽게 호응하는데 반해, 타당성 판단의 '편이 좋다' '것이 마땅하다' 는 부자연스러움을 알 수 있다. 이는 타당성 판단인 '편이 좋다' '것이 마땅하다' 와 필연성 부사인 '반드시' 의 의미적 상이함에서 비롯된 것이다.

5.3. 담화 취소에 의한 강조 테스트

 (18) おじいさんが入院しているから、見舞いに行く<u>べきだ</u>、いや、行か<u>なければならない</u>。

위와 같이, 한번 언급한 담화 내용을 일단 취소해 놓은 뒤에, 화자의 서술태도를 나타내는 문장 끝 부분만을 다른 형식으로 바꾸었을 때에 느껴지는 의미 특성의 변화를 따지는 테스트를 해보기로 하자. 위의 예문에서는, '<u>べきだ</u>' 에서 '<u>なければならない</u>' 로 바뀌는 과정에서, 병문안을 가는 게 마땅하지만 부득이한 경우는 안 갈 수도 있다는 정도의 적극적 타당성 판단으로부터 부득이한 경우에라도 반드시 가지 않으면 안된다라고 하는 필연성 판단으로 그 의미가 변화된 걸 느낄 수 있다. 즉, 상대적 가치판단에서 절대적 가치판단으로 넘어 오는 것이 느껴진다. 만약에, '<u>べきだ</u>' 와 '야 한다' 가 의미특성면에서 서로 대응한다면, 위 예문의 '<u>べきだ</u>' 를 '야 한다' 로 했을 때도 같은 의미변화가 느껴져야 하겠다.

 (19a) 삼촌이 병원에 입원해 있으니까, 병문안을 <u>가야 한다</u>. 아니, 가<u>지 않으면 안된다</u>.

위 예문에서는 그전 예문에서 느껴진 것과 같은, 타당성 판단에서 필연성 판단으로의 의미변화, 즉 상대적 가치판단에서 절대적 가치판단으로의 의미변화는 느끼기 힘들다. 단지, 평범한 긍정의 필연성 판단에서, 부정의 부정의 과정을 거친 강한 긍정의 필연성 판단으로, 같은 필연성의 의미가 강조되었을 뿐이다. 즉, 無標(unmarked)의 필연성 판단이 有標(marked)의 필연성 판단으로 바뀌었을 뿐이다.

> (19b) 삼촌이 병원에 입원해 있으니까, 병문안을 가는게 마땅하다. 아니, 가지 않으면 안 된다.

오히려, '‌べきだ' 를 '것이 마땅하다' 로 대신한 위의 예문에서 맨 처음 예문에서와 같은, 타당성 판단에서 필연성 판단으로의 의미 변화를 느낄 수 있다. 즉, 병문안을 가는게 마땅하지만 부득이한 경우는 안 갈 수도 있다는 정도의 상대적 가치판단에서 부득이한 경우에라도 "반드시 가지 않으면 안된다."라는 절대적 가치판단으로의 의미변화를 느낄 수 있다. 이런 사실로 보아서도 적극적 타당성 판단이라는 의미 특성을 기준으로 따졌을 때, 'べきだ' 와 '야 한다' 보다는, 'べきだ' 와 '것이 마땅하다' 가 서로 대응된다고 보여진다.

5.4. 1인칭 제한

> (4a) 私は明朝早く起きなければならない。

> (4b) ?私は明朝早く起きる方がいい。
> (4c) ?私は明朝早く起きるべきだ。

앞에서 위와 같은 예문과 함께, 타당성 판단인 '方がいい' 'べきだ' 에서는 1인칭주어가 부적절하지만 필연성 판단인 'なければならない' 에서는 1인칭주어도 무방하다고 했다. 이 같은 의미 차이로 인한 주어의 인칭제한이 한국어에서는 어떻게 나타는가 살펴보기로 하자.

> (20a) 나는 내일 아침 일찍 일어나지 않으면 안된다.

(20b) 나는 내일 아침 일찍 일어나야 한다.

(20c) ?나는 내일 아침 일찍 일어나는 편이 좋다.
(20d) ?나는 내일 아침 일찍 일어나는 게 마땅하다.

앞 예문에서 알 수 있듯이, 한국어에서도 마찬가지로, 필연성 판단인 '지 않으면 안 된다' '야 한다' 는 1인칭주어라도 자연스러운데 반해, 타당성 판단의 '편이 좋다' '것이 마땅하다' 는 1인칭주어가 부자연스러움을 알 수 있다. 하나 이상의 선택지가 있는 상황에서의 타당성 판단에서는 1인칭주어가 화자 스스로가 자신의 판단에 대해 타당성을 부여하는 것이 되기 때문에 부적절한 반면에, 다른 선택지가 없는 어쩔 수 없는 상황에서의 필연성 판단에서는 1인칭주어도 무방하기 때문이다. 즉, 필연성 판단에서는 주어가 1인칭인 화자자신이더라도 다른 선택지가 없는 어쩔 수 없는 상황이므로, 화자 스스로의 주체적인 판단이라고는 보기 힘들기 때문이다. 그런데, 만약 한일 양국어에서 공통적으로 나타난 이 같은 1인칭주어의 제한이라는 현상이 단지 우연이 아니고, '타당성 판단' 과 '필연성 판단' 의 의미특성의 차이 때문에 생겨난 구조적 현상이라면, 화자 스스로의 주체적인 판단이 아닌 경우에는 타당성 판단에서도 1인칭 주어가 가능한 경우가 있을 수 있어야 하겠다.

(21a) 確かに、先生のおっしゃる通りに、私は明朝早く起きるべきですね。
(21b) 확실히, 선생님 말씀대로, 저는 내일 아침 일찍 일어나는 게 마땅하겠네요.

예를 들어, 위 예문은 'べきだ' '마땅하다' 라는 타당성 판단에서의 주어가 1인칭임에도 불구하고 문장이 그리 부자연스럽지 않다. 그 이유는, 타당성 판단의 형식을 빌렸다 하더라도 실질적인 판단주체는 '先生・선생님' 이고, 화자는 단지 선생님의 판단에 수긍하고 있을 뿐이기 때문이다. 따라서 화자자신의 판단에 대해 스스로가 적극적으로 타당성을 부여한다고 하는 모순이 생겨나지 않는다. 이 같은 설명으로 1인칭주어의 제한이라는 현상은 우연이 아니고, 타당성 판단과 필연성 판단의 의미특성의 상이함에서 비롯된 구조적 현상임을 알 수 있다. 따라서 이런 점에서도 'べきだ' 와 '야 한다' 보다는, 'べきだ' 와 '것이 마땅하다' 가 서로 대응한다고 볼 수 있겠다.

6. 중심 의미와 주변 의미

지금까지 일본어의 'なければならない' 와 한국어의 '야 한다' '지 않으면 안된다' 는 필연성 판단의 의미특성을 갖는 형식으로써 서로 대응되는 형식임을 밝혔다. 그러나 그렇다고 해서 본고가 이들 필연성 판단으로 정의한 형식들이 어떠한 경우에도 반드시 필연성 판단의 의미만을 나타낸다고 주장하는 것은 아니다. 앞서의 의미 분석을 통해서 보았을 때, 이들의 중심의미가 필연성 판단으로써 정의된다는 것뿐이다. 실제로 이들 필연성 판단의 형식들은 타당성 판단, 특히 다른 선택지가 있긴 있으나 그 선택의 폭이 좁다는 뜻에서 필연성 판단과 유사한, 적극적 타당성 판단에 가까운 주변의미를 나타내는 경우가 있다.

6.1. 필연성 판단과 적극적 타당성 판단

> (22) 최근 납북자 문제는 정부가 적극 송환을 요구해야겠지만 북한의
>   양심수에 대해서는 상대체제를 건드리지 않는다는 등 종합전략이
>   있어<u>야 한다</u>. (조선일보1994.8.10)

예를 들어, 위 예문의 '야 한다' 는 필연성 판단이라기보다는 적극적 타당성 판단에 가까운 뜻을 나타낸다고 볼 수 있겠다. 이러한 일부 예에서 '야 한다' 가 일본어의 'べきだ' 와 유사한 의미를 나타내기 때문에, '야 한다' 는 적극적 타당성 판단으로써

'べきだ' 와 대응되는 형식이며, '지 않으면 안된다' 만이 필연성 판단으로써 'なければ
ならない' 와 대응되는 형식이라고 설명하는 경우가 있다. 그러나, 이 경우는 전체적
문맥의 의미에 영향을 받은 것이지, '야 한다' 본래의 문법적 의미로 보기는 힘들다.

만약, '야 한다' 자체의 문법적 의미가 타당성 판단이라고 보기 위해서는 그를
뒷받침하는 문법적 분석이 뒤따라야 한다. 그 유일한 대안으로써 '야 한다' 가 '야
마땅하다' 에서 왔다고 가정하는 경우가 있을 수 있다. 이러한 가정은 얼핏 타당성이
있어 보이나, 곧 모순에 부딪힌다. '야 마땅하다' 의 '마땅하다' 는 형용사인데 반해,
앞서 논했듯이 '야 한다' 의 '한다' 는 대동사(代動詞) 즉, 어디까지나 동사인 것이다.
다시말해, '야 마땅하다' 는 있어도 '야 마땅한다' 는 있을 수 없다. 설사, '야 한다'
의 '한다' 를 형용사라고 친다하더라도, 같은 필연성 판단인 '야 된다' 를 설명할
수 없게 된다. 즉 '야 된다' 의 '된다' 도 형용사로 보아야 하는데 '마땅된다' 라는
형용사는 존재하기 때문이다. '야 한다' 와 '야 마땅하다' 는 표면상의 형태는 유사하
지만, 그 심층적인 분석이 다르기 때문에 '야 한다' 는 필연성으로, '야 마땅하다'
는 타당성으로, 각각 다르게 분석해야 하겠다.

실제로, 서술내용 자체가 적극적 타당성을 나타내는 경우는, 같은 有標의 필연성
판단으로써 'なければならい' 와 가장 잘 대응하는 '지 않으면 안된다' 가 문말에
오더라도, 필연성 판단보다는 적극적 타당성 판단에 가까운 의미를 나타내기는 마
찬가지이다. 다음은 앞 예문의 '야 한다' 를 '지 않으면 안된다' 로 대치시킨 예인데,
결국 그 전체의 의미가 적극적 타당성 판단에 가까운 의미를 나타내는 걸 알 수
있다.

> (22') 최근 납북자 문제는 정부가 적극 송환을 요구해야겠지만 북한의
>   양심수에 대해서는 상대체제를 건드리지 않는다는 등 종합전략이
>   있지 않으면 안된다.

물론 다음 예문에서처럼 일본어의 필연성 판단인 'なければならない' 도 문맥
에 따라서는 적극적 타당성 판단에 가까운 의미를 나타내는 경우가 있다.

(23) 暑い時には。なるべく火を通して食べなければならない。

위 예문 역시 필연성 판단보다는 적극적 타당성 판단에 가깝게 느껴지나, 이
역시 서술내용 자체가 나타내는 타당성의 의미 및 'なるべく' 라는 타당성진술
부사의 영향을 받은 것으로, 'なければならない' 가 지닌 본래의 문법적 의미에
의한 것으로는 보기 힘들다.

6.2. 프로토타입論의 필요성

'야 한다' 가 적극적 타당성을 나타내는 경우도 있다면, '야 한다' 의 용법을
필연성과 적극적 타당성의 둘로 분류하여, 그 중 적극적 타당성의 용법이 'べ
きだ' 와 대응하는 것으로 다루어야 한다는 식의 주장이 있을 수 있다. 그와
같은 설명이 반론을 줄일 수 있다는 점때문에 본고도 고려하지 않은 것은 아
니다. 그럼에도 불구하고 '야 한다' 를 필연성 판단으로 정의한 것은 다음과
같은 이유에서이다. 본고의 내용과 직접적인 관련은 없으나, 잠시 집고 넘어가
기로 한다.

(24) どうもあいつが犯人らしい。
(25) なんか聞いた話しでは、あの二人来月の一日に結婚するらしいよ。

타동사와 자동사, 동사의 る型과 た型등, 주로 용법을 나누는데 중점을 두었던
지금까지의 카테고리문법에서는 위와 같은 예에 있어서도, 첫번째 예문의 'らし
い' 는 '추측' 의 용법으로, 두번째 예문의 'らしい' 는 '전문(伝聞)' 의 용법으로 각
각 다른 성질의 것으로 취급해 왔다2). 이에 대해, 김동욱(1992)은 서로 달라 보
이는 두개의 'らしい' 에 대해 통합적인 설명을 시도했다. 원래 'らしい' 는 유사한
추량의 의미를 나타내는 'ようだ' 등에 비해, 화자가 자신의 판단에 대해 제삼자

---

2) 森山卓郎(1989), 西出郁代(1970)등을 예로 들 수 있다.

적인 태도를 취하면서 일정한 심리적인 거리를 두는 특성이 있다. 이런 'らしい'의 특성 때문에 문맥에 따라서는 전문에 가까운 것처럼 느껴지는 것이지, '추측'의 'らしい' 와 '전문'의 'らしい' 가 따로 있는 것이 아니다. 제삼자적인 태도를 취한다는 뜻에서 'らしい' 의 중심 의미를 '객체 추측' 으로 정의하고, 주변 의미로 '전문'에 가까운 뜻을 나타내는 것으로 설명했다. 'あの男はとても男らしい' 에서와 같이 '~답다' 라는 뜻을 나타내는 접미어의 'らしい' 와는 별개의 형식이지만, 위의 두 예문의 'らしい' 는 본질적으로는 같은 형식인 것이다3).

용법을 나누는데(分ける) 중점을 두었던 지금까지의 카테고리문법으로는 거의 모든 형식이 중심의미와 주변의미를 함께 갖는 서술태도 형식을 설명하기는 벅차다. 물론, '分ける' 하다 보면 '分かる' 하는 것이지만, 진정 '分けて分かる' 4) 하기 위해서는 단순한 용법의 분류가 아닌, 어떤 형식의 본질이 뭔지를 밝히는 分析이 필요한 것이 아닐까? 형식의 본질을 밝히는 통합적인 설명인 설명되기 위해서는 중심이나 원형(Prototype)을 가지고 있지 않으면 안될 것 같다. 그러한 관점이 프로토타입論이다.

부연 설명이 조금 길어졌는데, 프로토타입論을 본 연구 내용에 적용시키자면, 설사 문맥에 따라 일부 주변 의미가 겹쳐지는 부분이 있다하더라도, 그 본질을 따지는 중심의미에 있어서는 'べきだ' 와 '야 한다' 를 서로 대응하는 형식으로 볼 수 없다는 것이다. 어디까지나 'べきだ' 의 프로토타입은 적극적 타당성 판단, '야 한다' 의 프로토타입은 필연성 판단으로써 그 본질은 서로 상이한 것이다. 단, '야 한다' '야만 한다' '지 않으면 안된다' 등의 여러가지 필연성 판단 중에서 상대적으로 '야 한다' 가 적극적 타당성 판단으로의 주변의미를 나타내기 쉽다는 점은 부인하지 않는다. 이는 '야만 한다' 는 특수조사'만' 이 하나 더 첨가 됨으로써, '지 않으면 안된다' 는 부정의 부정을 거친 강한 긍정으로써, 그 의미 특성은 동일하나 의미의 정도가 강조된 有標인데 반하여, '야 한다' 는 평범한 無標이기 때문이다.

---

3) 구체적인 내용은 김동욱(1992) 및 김동욱(1993)을 참조 바람.

7. ‘べきだ’ 와 建て前

　　본고가 그냥 무시하고 지나쳐도 될만한 미묘한 차이밖에 없는 ‘べきだ’ 의 적극적 타당성 판단과 ‘야 한다’ 의 필연성 판단의 의미 차이를 이렇듯 상세히 설명한 이유는, 지금까지처럼 ‘べきだ’ 와 ‘야 한다’ 를 서로 대응하는 형식으로 인정해서는 ‘べきだ’ 의 ‘建て前’ 적인 의미특성을 한국인학습자에게 올바르게 설명할 수 없다고 생각했기 때문이다. ‘建て前’ 는 한일간의 커뮤니케이션갭을 일으키는 주요요인중의 하나이기도 하다. ‘べきだ’ 의 建て前적인 의미를 보여주는 다음의 예문과 그에 대한 설명은 阪田雪子(1980/p70)에서 인용한 것이다.

> (26) 立場上、会長を引き受ける<u>べきだ</u>と思っていたが、やむをえない
> 　　　事情で断ら<u>なければならなくなった。</u>

　　‘なければならない・いけない’ が行動に関する制約そのものを表している
のに対し、‘べきだ’ は、いわば建て前を述べているにすぎない点に両者の違
いがある。…中略… ‘会長を引き受ける’ のが筋だと判断してはいるが、現
実の問題としては、当人の意志に反して‘断る’ 結果になるような制約を受け
ていることを表している。この例で、‘断らなければならなくなった’ を‘べき
だ’ に置きかえることはできないが、‘引き受けるべきだ’ は‘なければならな
い’ に置きかえても、ほとんど同じ意味を表す

　　본고는 문제제기 부분의 예문(1)에서 ‘あやまるべきだ’ 와 ‘사과해야 한다’ 와의 사이에는 크게 눈에 띄는 의미적 상이점은 없다고 했다. 그러나, ‘あやまるべきだ’ 는 사과하지 않을 수도 있음을 전제로 하는 建て前적인 표현이라는 점에 반해, ‘사과해야 한다’ 는 반드시 사과하는 것을 전제로 하는 표현이다. 즉, ‘べきだ’ 는 상대적 가치판단인데 반해, ‘야 한다’ 는 절대적 가치판단인 것이다. 이런 의미특성의 차이까지를 고려한다면, 다음과 같이 ‘べきだ’ 를 ‘것이 마땅하다’ 로 대응시키는 것이 보다 적절하다고 하겠다. 다음은 예문(1)(2)의 ‘べきだ’ 를

'것이 마땅하다' 로 대응시켜 본 예이다.

(1a) 郡いと思ったらすぐあやまるべきだ。

(1c) 잘못 했다고 생각되면 곧 사과하는게 마땅하다.

(2a) 恵子の訪問は、陽子にとっても一大事ではないか、会うか会わぬ
　　 かは陽子に任すべきだ。

(2c) 게이꼬의 방문은 요오꼬에게도 중대한 일이 아닌가. 만나고 만나
　　 지 않는 건　요오꼬에게 맡기는게 마땅하다.

8. 맺음말

본고는 지금까지 일반적으로 인정되어 왔던 'べきだ' 와 '야 한다' 의 대응관
계에 의문을 제기했다. 'べきだ' 은 선택의 폭이 좁긴 하나 다른 선택지가 있을
수 있음을 전제로 하는 상대적 가치판단이라는 점에서 다른 선택지가 없음을
전제로 하는 필연성 판단의 '야 한다' 와는 그 의미특성이 서로 다르다. 반대로,
지금까지 그 대응관계가 다소 경시돼왔던 'べきだ' 와 '것이 마땅하다' 가 서로
대응하는 형식임을 밝혔다. '(하는)것이 마땅하다' 는 '(뭐뭐)하는 것이 (뭐뭐)하
다.'라는 식의 일반적인 단어의 연결이여, 하나의 고정된 문법 형식으로 보기
힘들며 딱딱한 문장체인 것을 부인 할 수 없다. 그러나 그 의미특성에 있어서
는 적극적 타당성 판단으로써 'べきだ' 와 가장 잘 대응된다고 본다.

동시에 '야 한다' 는 필연성 판단으로써 'なければならない' 와 대응함을 밝혔
다. 물론 'なければならない' 와 가장 잘 대응하는 한국어는 '지 않으면 안된다'
'야만 한다' 임에 틀림없다. 일본어에는 영어의 'must' 'have to' 와 같이 긍정 그
자체로써 필연성 판단을 나타내는 형식이 없기 때문에 'なければならない' 와 같
이 반드시 부정의 부정이라는 과정을 거치지 않으면 안 된다. 그런 의미에서
'なければならない' 외 '지 않으면 안 된다' 는 부정의 부정으로써 강한 긍정을

나타내는 有標의 필연성 판단이란 점에서 잘 대응한다. 또한 '야만 한다'도 특수 조사 '만'이 하나 더 추가된 有標의 필연성 판단이란 점에서 잘 대응한다고 볼 수 있다.

그러나 '야 한다'는 無標이기 때문에 有標의 'なければならない'에 비해서 의미의 강도가 약하긴 하지만, 그 의미 특성은 'なければならない'와 같은 필연성 판단임을 밝혔다. 지금까지의 설명을 표로써 정리하면 다음과 같다.

일본어		한국어
~方がいい	소극적 타당성	~편이 좋다
~べきだ	적극적 타당성	*~것이 마땅하다*
×	無票 필연성	~야 한다
~なければならない	有標 필연성	~야만 한다 ~지 않으면 안된다

위 표에서 '것이 마땅하다'를 작고 기운 글자체로 처리한 이유는 앞서 밝혔듯이, 이를 하나의 고정된 문법형식으로는 보기 힘들기 때문이다. 즉, 일본어에는 적극적 필연성 판단인 'べきだ'가 하나의 고정된 문법형식으로써 정착한 반면, 한국어의 '것이 마땅하다'는 그렇지 못한 것이다.

반대로, 한국어에는 긍정 그자체로 필연성 판단을 나타내는 無標의 문법형식인 '야 한다'가 있는데 반해, 일본어는 그렇지 못하다. 이런 이유 때문에 얼핏 비슷해 보이나 엄밀히 따지자면 그 의미특성이 서로 다른, 일본어의 적극적 필연성 판단인 'べきだ'와 한국어의 필연성 판단인 '야 한다'가 서로 대응하는 것으로 오해되어져 온 것이 아닌가 싶다. 앞으로 수정 보완되어야 할 부분이 많겠으나, 이런 측면이 앞으로의 한일대조연구 및 한국의 일본어교육에 다소나마 반영되었으면 한다.

끝으로, 남겨진 과제에 관해 간단히 언급하고자 한다. 본고는 한일대조분석

을 위한 앞으로의 과제로 '(가칭)허용성 판단'이라는 개념의 도입을 고려하고 있다. 타당성 판단이 서술내용에 대해 그렇게 되는 것이 바람직하다고 하는 화자의 서술태도를 나타내는 형식이라면, 허용성 판단은 그렇게 되도 좋고 안되도 좋다는 정도의 화자의 심적 태도를 나타내는 형식이라고 할 수 있다. 되고 안되고에 대한 가치부여를 100을 기준으로 50대 50으로 봤을 때, 타당성 판단은 50이상의 가치부여를, 허용성판단는 50까지만의 가치부여를 한다고 볼 수 있다. 일본어의 허용성판단의 형식으로는 '(し)てもいい' '(し)ていい'를 들 수가 있다. 본 연구가 해결할 수 없었던 문제는, 언뜻 보기에는 이 두 형식의 의미가 유사해 보여 명확히 구분하기는 힘드나, 사실상은 '(し)ていい' 쪽이 좀 더 적극적인 가치 부여의 의미를 지니는 측면이 있다는 점이었다.

> (27a) 君はもう帰ってもいいよ。
> (27b) 君はもう帰っていいよ。

앞 예문에서도 '(し)てもいい'에 비해 '(し)ていい' 쪽이 '君はもう歸る' 라는 서술 내용에 대해서 좀 더 적극적인 가치 부여를 하고 있다고 보인다. 즉 '(し)ていい' 쪽은 '君はもう歸りなさい。'에 가깝게 사실상 50이상의 가치 부여를 하고 있는 것이다. 이는 'してもいいが、しなくてもいい'에서 알 수 있듯이, 조사 'も'가 있고 없고가 전체의미에 영향을 미친 것으로 생각되는데, 이러한 측면이 한일 대조분석에서 처리하기 힘들었다. 왜냐하면 한국어에는 '(し)てもいい'에 대응하는 '(해)도 좋다' 라는 형식은 있지만, '(し)ていい'에 해당하는 '＊해 좋다' 라는 형식은 없기 때문이다. 'していい'의 처리 등을 포함한 '(가칭)허용성 판단'에 관한 한일 대조분석은 향후 과제로 남겨두기로 하겠다.

참고문헌

【일본어로 쓰인 것(50音順)】

安達太郎(1991)「いわゆる「確認」の疑問表現について」『日本学報10』大阪大学文学部

石綿敏雄·高田誠(1990)『対照言語学』桜楓社

内田賢徳(1975)「「ようだ」「みたいだ」の転用について」『国語国文46-5』京都大学文学部

大倉美和子(1972)「推量表現についての一考察」『大阪外語大学報26』

大島弥生(1993)「中国語·韓国語話者における日本語のモダリティ習得に関する研究」

『日本語教育81』日本語教育学会

岡村和江(1969)「らしい」『月刊文法1-8』明治書院

奥田靖雄(1984)「おしはかり(一)」『日本語学3-12』明治書院

尾上圭介(1977)「語列の意味と文の意味」『松村明教授還暦記念国語学と国語史』明治書院

風間力三(1964)「「死にそうだ」と「死ぬようだ」」『口語文法講座 3』明治書院

柏岡珠子(1980)「ヨウダとラシイに関する一考察」『日本語教育41』日本語教育学会

神尾昭雄(1985)「談話における視点」『日本語学4-11』明治書院

───（1990)『情報のなわ張り理論』大修館書店

康明姫(1986)『韓国語の「겠」と日本語の「う」に関する対照研究』誠信女大大

学院碩士論文

北原保雄(1981)『日本語助動詞の研究』大修館書店

―――(1984)『日本語文法の焦点』教育出版

木村英樹·森山卓郎(1992)「聞き手情報配慮と文末形式-日中両語を対照して-」

『日本語と中国語の対照研究論文集(下)』くろしお出版

金水敏(1989)「「報告」についての覚書」『日本語のモダリティ』くろしお出版

―――(1992)「談話管理理論から見た「だろう」」『神戸大学文学部紀要19』

金田一春彦(1953)「不変化助動詞の本質」『国語国文22-2』京都大学文学部

金秀雄(1985)「推量の表現を表す韓日助動詞の考察」韓国外大教育大学院碩士論文

金東郁(1992)「モダリティという観点から見た「ようだ」と「らしい」の違い」『日本語と日本文学17』筑波大学国語国文学会

―――(1995a)「単独形式化モダリティ」『日本語と日本文学21』筑波大学国語国文学会

桑田明(1960)「言語における主体の作用において」『国語学40』国語学会

郡司利男(1956)「言語における主観及び客観表現」『明治学院論叢42-1』

国立国語研究所(1960)『話し言葉の文型(1)』国立国語研究所報告(18) 秀英出版

近藤研至(1991)「現代日本語における確認表現」『国語研究5』上越教育大学国語教育学会

近藤泰弘(1989)「ム-ド」『講座日本語と日本語教育4』明治書院

佐伯哲夫(1993)「ウとダロウの職能分化史」『国語学174』国語学会

坂田雪子(1969)「助動詞を中心とする表現上の問題」『国文学14-7』学灯社

坂田雪子·倉持安男(1980)『教師用日本語ハンドブック④/文法Ⅱ』国際交流基金

桜井光昭(1972)『品詞別日本文法講座7·8-助動詞Ⅰ·Ⅱ』明治書院

柴田武(1982)「ようだ·らしい·だろう」『ことばの意味3』平凡社

島本基(1989)『副詞用例辞典』凡人社

城田俊(1977)「《う/よう》の基本的意味」『国語学110』国語学会

鈴木一彦・林巨樹(1985)『研究資料日本文法6,7』明治書院

鈴木英夫(1976)「現代日本語における終助詞のはたらきとその相互承接について」

　　　『国語と国文学632』東京大学国語国文学会

外山映次(1969)『古典語現代語助詞助動詞詳説』学灯社

高田誠(1992)「語用論と言語の研究」『日本語教育79』日本語教育学会

高山善行(1987)「従属節におけるムード形式の実態について」『日本語学6-12』明治書院

田中敏生(1983)「否定述語・不確実述語の作用面と対象面」『日本語学2-10』明治書院

田野村忠温(1990)『現代日本語の文法Ⅰ-「のだ」の意味と用法-』和泉書院

田村すゞ子(1972)「言語分析における職能の取り上げ方-「だろう」と「でしょう」を中心に-」

　　　『講座日本語教育7』早稲田大学語学教育研究所

鄭相哲(1992)「いわゆる確認要求のネとダロウ」『日本学報11』大阪大学文学部

　　───(1994)「いわゆる確認要求のダロウとジャナイカ」『現代日本語研究1』大阪大学文学部

陳婉玲(1989)「現代日本語における認識的なモダリティについて」『日本語学科年報11』

　　　東京外国語大学外国語学部日本語学科研究室

寺村秀夫(1979a)「ムードの形式と意味(1)」『文芸言語研究言語篇4』筑波大学

　　───(1979b)「ムードの形式と否定」『英語と日本語と』くろしお出版

　　───(1984)『日本語のシンタクスと意味Ⅱ』くろしお出版

時枝誠記(1941)『国語学原論』岩波書店

　　　　　(1952)『日本文法口語篇』岩波書店

中右実(1979)「モダリティと命題」『英語と日本語と』くろしお出版

中畠孝幸(1990)「不確かな判断-ラシイとヨウダ-」『日本語学文学1』三重

大学

西出郁代(1970)「研究ノートⅠ「らしい」及び「そうだ」」『日本語・日本文化1』大
　　阪外国語大学

仁田義雄(1978)「日本語文の表現類型」『日本語と英語と』くろしお出版

　　―――(1989)「現代日本語文のモダリティの体系と構造」『日本語のモダリ
　　ティ』くろしお出版

　　―――(1991)『日本語のモダリティと人称』ひつじ書房

野田尚史(1989)「真性モダリティをもたない文」『日本語のモダリティ』くろ
　　しお出版

野間秀樹(1983)「〈하겠다〉の研究」『朝鮮学報129』朝鮮学会

野間秀樹(1990)「〈할것이다〉の研究」『朝鮮学報134』朝鮮学会

蓮沼昭子(1991)「ヨウダ・ラシイとダロウ」『日本語教育論叢』学習研究社

　　―――(1993)「日本語の談話マーカー「だろう」と「じゃないか」の機能」
『第一回小出記念日本語教育研究会論文集』

　　―――(1995)「対話における確認行為「だろう」「じゃないか」「よね」の確認
　　用法」
『複文の研究(下)』くろしお出版

服部匡(1992)「凡性語の終助詞ワについて」『同志社女子大学術研究年報43』

早津恵美子(1988)「「らしい」と「ようだ」」『日本語学7-4』明治書院

平野尊識(1980)「助動詞 ‘そうだ'についての一考察」『山口大会学文学会誌
　　31』

裴俊鎬(1986)「推量の助動詞の分析-韓国語での現れを中心に-」『外大論叢
　　4』釜山外大

益岡隆志(1987a)「プロトタイプ論の必要性」『月刊言語16-12』大修館書店

　　―――(1987b)「モダリティの構造と意味」『日本語学6-7』明治書院

　　―――(1987c)「表現類型のモダリティと疑問文の性格づけ」『神戸外大論叢
　　38-5』

　　―――(1989)「モダリティの構造と疑問と否定のスコープ」『日本語のモダリ
　　ティ』くろしお出版

────(1991)『モダリティの文法』くろしお出版

────(1993)『日本語の条件表現』くろしお出版

松木正恵(1993)「文末表現と視点」『早稲田大学日本語研究教育センター紀要5』

南不二男(1974)『現代日本語の構造』大修館書店

三宅知宏(1992)「認識的モダリティにおける可能性判断について」『待兼山論叢26』大阪大学文学部

────(1996)「日本語の確認要求的表現の諸相」『日本語教育89』日本語教育学会

宮崎和人(1993)「「~ダロウ」の談話機能について」『国語学175』国語学会

宮島達夫・仁田義雄(1995)『日本語類義表現の文法(上)』くろしお出版

森下喜一・池景来(1992)『日・韓語対照-言語学入門』白帝社

森田良行(1980)『基礎日本語II』角川書店

────(1988)「「少し酔ったようだ」か「少し酔ったらしい」か」『日本語の類意表現』創拓社

森本順子(1994)『話し手の主観を表わす副詞について』『日本語研究叢書7』くろしお出版

森山卓郎(1989a)「コミュニケ-ションにおける聞き手情報」『日本語のモダリティ』くろしお出版

────(1989b)「認識的ム-ドの形式をめぐって」『日本語のモダリティ』くろしお出版

────(1989c)「内容判断の一貫性の原則」『日本語のモダリティ』くろしお出版

────(1990)「意志のモダリティについて」『阪大日本語研究2』大阪大学文学部

────(1992a)「価値判断のム-ド形式と人称」『日本語教育77』日本語教育学会

────(1992b)「日本語における「推量」をめぐって」『言語研究101』日本言語学会

───── (1995)「ト思ウ〝ハズダ〝ニチガイナイ〝ダロウ副詞~∅」
『日本語類義表現の文法(上)』くろしお出版

山田進(1982)「チガイナイ・ハズダ」『ことばの意味３』平凡社

柳済權(1984)「韓・日述部要素の順序に関する対照分析」『言語教育7』誠信女
　　子大学

尹相実(1989)「日本語の非確言的表現における話者の役割」『国語・国文研究
　　83』北海道大学

吉田金彦(1971)『現代語助動詞の史的研究』明治書院

羅聖榮(1995)「日・韓モダリティの対照研究」筑波大学文芸・言語研究科博士
　　学位論文

渡辺実(1953)「敍述と陳述」『国語学13』国語学会

【한국어로 쓰인 것(가나다 순)】

고석주(1990)「이른바 부사성 불완전명사에 대한 연구」延世大学大学院碩士
　　論文

高永根(1967)「現代国語의 先語末語尾에 대한 構造的研究」『語学研究3-1』
　　서울대학

고영근·남기심(1985)『표준국어문법론』塔出版社

고창운(1996)「-겠-과 -ㄹ 것이다-의 용법」『우리말 연구3』도서출판 박이정

金京勳(1981)「国語의 樣相 構造에 대하여」『開新語文研究１』忠北大学

김동욱(1993)「文末表現에서의 「ようだ」「らしい」와 「것 같다」「듯 하다」「가
　　보다」「모양이다」의 対照研究」『日語日文学研究23』한국일어일문학회

───── (1994)「価値判断 모달리티의 日韓対照 -[べきだ]와의 대응관계를
　　중심으로-」『日本学報33』한국일본학회

───── (1995)「単独形式化 모달리티의 有無를 통해서 본 韓日文末構造의
　　차이점」『日語日文学研究26』한국일어일문학회

───── (1997)「「だろう」와 「ようだ」「らしい」의 차이」『日語日文学研究31』
　　한국일어일문학회

────── (1999)「일본어 추측형식들의 의미 차이에 관한 분석」『일어일문학연
구 34집』한국일어일문학회

────── (2000)「'だろう'에 대응하는 한국어의 다양한 형식들」『일어일문학연
구 37집』한국일어일문학회

────── (2000)「한국어 추측 표현의 의미차이에 관한 연구」『(한국)국어학35집』
(한국)국어학회

金美善(1990)「形態素 '-겠-'의 意味 考察」全南大学教育大学院碩士論文

김용석(1975)「한국어 불완전명사 연구」延世大学大学院碩士論文

김차균(1981)「「을」과「겠」의 의미」『어우름173,174』한글학회

金清子(1983)「補助動詞 '보다'의 意味研究」서울大学大学院碩士論文

金衡東(1984)「補助用言의 범위 규정(것 이다)」世宗大学大学院碩士論文

金興洙(1983)「'싶다'의 통사의미특성」『관악어문연구8』서울大学

류시종(1989)「한국어 동사 '보다'에 대하여」서울大学大学院碩士論文

朴正伊(1992)「日本語助動詞와 韓国語先語末語尾의 配列順序에 관한 대조
연구」

慶尚大学校教育大学院碩士論文

裵賢淑(1989)「'싶다'構文의 意味分析」高麗大学大学院碩士論文

徐正洙(1978a)「ㄹ 것'에 대하여」『국어학 6 』국어학회

────── (1978b)「국어의 보조동사(토론회)」『언어3-2』한국언어학회

────── (1990)『국어문법의 연구 I · II 』한국문화사

────── (1995)『국어문법』뿌리깊은나무

────── (1996)『국어문법-수정증보판』한양대학교 출판원

서태룡(1988)『국어 활용어미의 형태와 의미』탑출판사

성광수(1984)「국어의 추정적 표현」『한글184』한글학회

성낙수(1987)「이른바 도움그림씨 '싶다'의 연구」『한글196』한글학회

송상목(1985)『現代国語의 助動詞 研究』한국정신문화연구원

申昌淳(1975)「現代韓国語의 용언補助語幹 '겠'의 意味와 用法』『現代国語文
法 4 』계명대학교 출판부

安明哲(1982)「現代国語의 様相研究」서울大学大学院碩士論文

安明哲(1988)「국어의 先語末語尾 및 補助動詞의 配列順과 発話의 意味構造
　　와의 関係」
『人文科学研究 6』大邱大学人文科学研究所
安秉坤(1982)「日本語 助動詞 研究」慶尚大学論文集(人文系)21
厳正浩(1990)「終結語尾와 補助動詞의 統合構文에 대한 研究」成均館大学大
　　学院博士論文
오승신(1986)「'-ㄴ지'의 통사적 기능전이에 따른 의미변화 연구」梨花女大大
　　学院碩士論文
李基用(1978)「言語와 推定」『국어학 6』국어학회
李寛圭(1986)「国語 補助敍述詞에 관한 研究」高麗大学大学院碩士論文
李南淳(1981)「'겠'과 'ㄹ 것'」『관악어문연구 6』서울大学
李南淳(1981)「現代国語의 時制와 相에 관한 研究」『국어연구46』국어연구회
李庸周(1993)『韓国語의 意味와 文法 I』三知院
李廷玟(1975)「言語行為에　있어서의　様相構造」『現代国語文法』계명대학교
　　출판부
　───　(1975)「국어의 補文化에 대하여」『어학연구11-2』서울대어학연구소
이정택(1986)「도움풀이씨에 대한 연구」延世大学大学院碩士論文
任洪彬(1985)「국어의 '통사적인'　空範疇에　대하여」『어학연구21-3』서울대
　　어학연구소
張京姫(1985)『現代国語의 様態範疇研究』탑출판사
車賢実(1983)「補助用言의 認識様相 I」『경기대논문집13』
　───　(1984)「'싶다'의 의미와 통사구조」『언어9-2』한국언어학회
　───　(1986a)「양상술어의 통사와 의미」『梨花語文論集8』梨花女大
　───　(1986b)「양상부사의 통사적 특성에 따른 의미분석」『말 11』연세대 한국
　　어학당
최현배(1971)『우리말본』정음사
許哲九(1990)「国語의 補助動詞研究」西江大学大学院碩士論文
홍사만(1993)『한·일어대조어학』탑출판사

【영어로 쓰인 것(ABC 순)】

Halliday. M. A. K(1970) Language Structre and Language Function, in New Horizons in Linguistics, ed. by John Lyons

Lyons,J(1977) Semantics I , II , London:Cambrige University Press.

Palmer. F. R.(1979) Modality and English Modals, Longman Liguistics Library.

—— (1986) Mood and Modality. Cambridge University Press.

예문 출처

【일본어로 쓰인 것】

(秋)　　　『秋ホテル』北方謙三/講談社

(一)　　　『一日じゅう空を見ていた』片岡義男/角川書店

(火)　　　『火焔樹』北方謙三/新潮社

(カ)　　　『カディズの赤い星』逢坂剛/講談社

(海上)　　『海岸列車(上)』村上春樹/講談社

(海下)　　『海岸列車(下)』村上春樹/講談社

(キ)　　　『キッチン』吉本ばなな/福武書店

(ぐ)　　　『ぐうたら交友録』遠藤周作/講談社

(軽)　　　『軽薄』吉行淳之介/角川書店

(こ)　　　『こころ』夏目漱石/新潮社

(幸上)　　『幸福という名の不幸(上)』曾野綾子/講談社

(幸下)　　『幸福という名の不幸(下)』曾野綾子/講談社

(三)　　　『三四郎』夏目漱石/講談社

(塩)　　　『塩狩峠』三浦綾子/新潮社

(写)　　　『写真』小松左京/講談社

(女)　　　『女王蜂』横溝正史/角川書店

(千)　　　『千羽鶴』川端康成/筑摩書房

(続・氷上)　『続・氷点(上)』三浦綾子/朝日新聞社

(続・氷下)　『続・氷点(下)』三浦綾子/朝日新聞社

(痴)　　　『痴人の愛』谷崎潤一郎/新潮社

(縮)　　　『縮み志向の日本人』李御寧/고려원

(と)　　　『友よ.静かに眠れ』北方謙三/角川書店

(日)　　　『日本人を考える』司馬遼太郎/文芸春秋

(人)　　　『人間失格』太宰治/講談社

(寝)　　　『寝顔やさしく』片岡義男/角川書店

(ノ上)　　『ノルウェイの森(上)』村上春樹/講談社

(ノ下)　　『ノルウェイの森(下)』村上春樹/講談社

(光)　　　『光あるうちに』三浦綾子/新潮社

(美)　　　『美人物語』片岡義男/角川書店

(氷上)　　『氷点(上)』三浦綾子/朝日新聞社

(氷下)　　『氷点(下)』三浦綾子/朝日新聞社

(ふ)　　　『ふたり景色』片岡義男/角川書店

(船)　　　『船乗りのフグフグの冒険』北杜夫/新潮社

(道)　　　『道ありき』/三浦綾子/新潮文庫

(燃)　　　『燃える波涛』森詠/徳間書店

(山)　　　『山猫の夏』船戸与一/講談社

(友)　　　『友情』武者小路実篤/筑摩書房

(雪)　　　『雪国』川端康成/筑摩書房

【한국어로 쓰인 것】

(길)　　　『길은 여기에』訳:이종환/설우사

(노訳김)『노르웨이의 숲』訳:김난주/한양출판

(노訳이)『노르웨이의 숲』訳:이미라/도서출판동하

(마)　　　『마음』訳:서석연/범우사

(빛)　　　『빛이 있는 곳에』訳:김윤옥/설우사

(빙)　　　『氷点』訳:최현/汎友社

(설)　　　『雪国』訳:金世煥/新丘文化社

(속빙)　　『속빙점』訳:최현/汎友社

(천訳이)『千羽鶴』訳:李浩哲/新丘文化社

(천訳유)『千羽鶴』訳:柳呈/태창문화사

(축)　　　『축소지향의 일본인』이어령/고려원

(키)　　　『키친』訳:김향/영웅출판

(해)　　　『해안열차』訳:김현희/고려원

(행)　　　『행복이란 이름의 불행』訳:김난주/한양출판

【잡지『シナリオ』에서 인용(발항:シナリオ作家協會)】

(女)　　　『女がいちばん似合う職業より』1991年1月号

(さ)　　　『さらば愛しのやくざ』1991年1月号

(ス)　　　『スキ!より』1991年2月号

(チ)　　　『チ-公物語より』1991年10月号

(釣)　　　『釣りハカ日誌２』1990年2月号

(ツ)　　　『ツルモク独身寮より』1991年5月号

(満)　　　『満月MR.MOONLIGHTより』1991年10月号

(M)　　　『Mr.レディ-夜明けのシンデレラ』1990年2月号

(山)　　　『山田ババアに花束』1991年2月号

【『다락원일한대역문고』에서 인용】

(日韓1巻)　　　伊豆の踊子

(日韓2巻)　　　羅生門

(日韓3巻)　　　港の少女

(日韓4巻)　　　日本漫談

(日韓5巻)　　　重要な部分

(日韓6巻)　　　桃太郎

(日韓7巻)　　　小学校教科書選

（日韓8巻）　　　　待っている男

（日韓9巻）　　　　動物

（日韓10巻）　　　熱帯樹

（日韓11巻）　　　日本の名随筆

（日韓12巻）　　　北国日記

（日韓13巻）　　　ユーモア傑作選

（日韓14巻）　　　失われた過去

（日韓15巻）　　　雪国(上)

（日韓16巻）　　　雪国(下)

（日韓17巻）　　　中学校教科書選

（日韓18巻）　　　高校教科書選

（日韓19巻）　　　夫婦の情景

（日韓20巻）　　　予約席

【사전류】

1．エッセンス日韓辞典/1989, 1, 20初版発行/民衆書林/安田吉実・孫洛範

2．エッセンス韓日辞典/1989, 1, 20初版発行/民衆書林/安田吉実・孫洛範

3．東亜新クラウン日韓辞典/1985, 1, 5初版発行/東亜出版社/東亜出版社編輯部

4．東亜新クラウン韓日辞典/1985, 1, 5初版発行/東亜出版社/東亜出版社編輯部

5．New Ace 日韓中辞典/1988, 1, 15/2版発行/金星出版社(韓国)・小学館(日本)共同

6．New Ace 韓日中辞典/1988, 3, 27/2版発行/金星出版社(韓国)・小学館(日本)共同

7．詳解日韓辞典/1983, 3, 10/11刷発行/高麗書林/金素雲

8．精解韓日辞典/1983, 10, 20/10刷発行/高麗書林/朴成媛

9．日韓・韓日大辞典/1976, 5, 10/大栄出版社/大栄出版社辞書部/鄭寅変

10．朝鮮語大辞典/1986, 9, 25再販発行/角川書店/大阪外国語大学朝鮮語研究室